数字政府研究与实践
Digital Government Research And Practice

（一）
Volume 1

金震宇　房　迎　主编

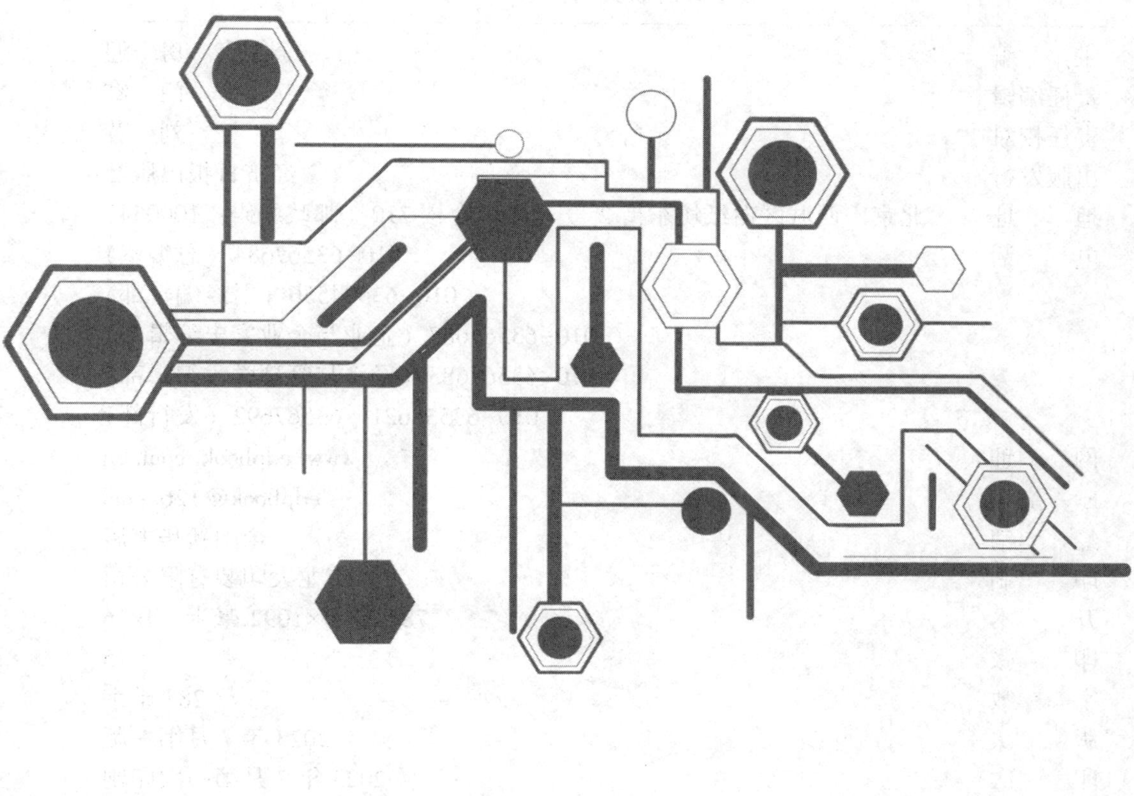

经济日报出版社

图书在版编目（CIP）数据

数字政府研究与实践.（一）/ 金震宇，房迎主编
.—北京：经济日报出版社，2023.7
ISBN 978-7-5196-1322-8

Ⅰ.①数… Ⅱ.①金… ②房… Ⅲ.①电子政务—研究—中国 Ⅳ.①D63-39

中国国家版本馆 CIP 数据核字（2023）第 081362 号

数字政府研究与实践（一）

主　　编	金震宇　房　迎
责任编辑	门　睿
责任校对	刘　芬
出版发行	经济日报出版社
地　　址	北京市西城区白纸坊东街 2 号 A 座综合楼 710（邮政编码：100054）
电　　话	010-63567684（总编室）
	010-63584556（财经编辑部）
	010-63567687（企业与企业家史编辑部）
	010-63567683（经济与管理学术编辑部）
	010-63538621　63567692（发行部）
网　　址	www. edpbook. com. cn
E - mail	edpbook@ 126. com
经　　销	全国新华书店
印　　刷	三河市龙大印装有限公司
开　　本	787 毫米×1092 毫米　1/16
印　　张	15
字　　数	282 千字
版　　次	2023 年 7 月第一版
印　　次	2023 年 7 月第一次印刷
书　　号	ISBN 978-7-5196-1322-8
定　　价	65. 00 元

本书编委成员

（按首字拼音排序）

参编人员：马　亮　邵　高　孙海运　郑　磊　郑跃平

序一

自1999年进入电子政务元年，经过20多年的发展，我国政务服务的整体格局发生了重大变化，尤其是在5G、人工智能、区块链、物联网以及大数据、云计算等数字技术的助力下，我国数字政府建设已驶入“快车道”。在宏观层面，数字政府建设事关中国数字化发展战略。加强数字政府建设对提高政府治理效率、加快政府职能转变、推动国家治理体系和治理能力现代化具有重要的价值和意义。数字政府建设在微观层面，关乎人民的福祉。最近几年来，借助“一件事一次办”“一网通办”“跨省通办”等载体，越来越多人民群众享受到了智慧便捷的政务服务。深化电子政务建设应用、加强数字政府建设的根本目的在于更好地为人民服务，不断增强人民群众的获得感、幸福感和安全感。

为进一步加强数字政府建设，2022年6月23日，国务院印发《国务院关于加强数字政府建设的指导意见》（以下简称《指导意见》），对全面开创数字政府建设新局面进行战略谋划和系统部署。《指导意见》作为关系中国数字政府建设的一份中长期文件，为数字政府建设提供了“施工图”，亦为加快数字化发展、推动国家治理体系和治理能力现代化提供了有力抓手。此前，中央和国务院在多份重要政策文件中强调信息化和数字化建设要求，其中《中华人民共和国国民经济和社会发展第十四个五年规划和2035年远景目标纲要》为数字政府发展的国家战略指明方向。

尽管《指导意见》从顶层设计上为各地区、各部门提供了“范本”，但现阶段数字政府建设依旧存在体制机制、理念、技术等痛点问题。在体制机制方面，地方数字政府建设涉及部门众多，跨部门业务协同面临重重阻力；在理念方面，以数字技术完善政府治理的意识仍有待加强；在技术方面，还需进一步打破不同部门之间的技术壁垒，通过流程再造，优化管理流程。

因此，多措并举推动数字政府建设驶入良性发展轨道至关重要。新时期数字政府建设应以行政改革和数字技术双轮驱动并使其能够深度融合。从宏观层面来说，要深化“放管服”改革，运用数字技术完善政务服务和监管，尤其是要进一步提高数据治理能力，加强数据共享共建，推动建成全国一体化政务大数据体系，构筑数字政府坚固基石。从微观层面来说，要坚持人本性，通过丰富“互联网+政务服务”模式，推动政务服务“网上办、掌上办、一次办”，加大面向社会和公众应用端的整合力度等，让技术应用方便群众办事、更加普惠民生。

“智政丛书”系列第七辑新增“数字政府”研究与实践篇，旨在打造学理、观点聚合的“新园地”，以启发未来数字政府建设新思考。同时，该特辑还记录了“智政院”专家、学者对“互联网+政务服务”“政府门户网站集约化”“政务服务多端一体化”等诸多领域建设工作的思考感悟、经验分享和研究探索。我希望今后能继续与“智政院”专家、学者们一起学习、交流和实践，通过凝智聚力赋能政务服务的创新发展。

汪玉凯

中共中央党校（国家行政学院）教授

国家信息化专家咨询委员会委员

中国行政体制改革研究会学术委员会副主任

序二

党的十八大以来，以习近平同志为核心的党中央就网络强国、数字中国、智慧社会和国家大数据战略等作出一系列重要部署。山东省省委、省政府深入贯彻落实党中央决策部署，扎实推进数字化工作，聚焦数字强省建设，坚持数字政府先行，以数字化驱动各级党政机关业务重塑、流程再造，推动服务“一网通办”、办公“一网协同”、决策“一网支撑”，加快打造整体高效的数字政府。

政务服务水平持续提升。深化“一次办”，大力推行“一网通办”“一窗受理”。深入实施“双全双百”工程，围绕企业和个人全生命周期的各100余项高频事项，推动实现集成办、极简办、全域办。以“爱山东”为统一品牌，加快建设全省一体、上下协同的政务服务体系。完善“爱山东”政务服务平台功能，发布“爱山东”移动端3.0版本，加快自建政务服务渠道整合。目前，注册用户数突破1亿，平均日活数超过800万。在2022年“第二届中国政务服务掌办指数发布会”上获评“A”级，位居全国第三。

机关运行效能不断增强。加快推进数字机关建设，做强做大“山东通”协同办公平台，推动机关办公“网上办、掌上办”。目前，“山东通”实名注册人数超过110万，人员覆盖全省各级党政机关工作人员、村（居）两委委员和基层网格员。加快实施机关内部“一件事”集成改革，着力打造公务员和事业单位工作人员职业生涯全周期管理、财政预算管理、机关事务管理等一批机关内部“一件事”一链协同应用。建成并持续优化全省统一的非涉密视频会议系统，进一步提高了会议效率。

数据创新应用深入推进。先后开展“数聚赋能”专项行动、大数据创新应用突破行动，围绕惠民便民、利企发展、社会治理等方面，省市县共联动打造典型应用场景。连续四年举办创新创业大赛，引导社会各方力量积极参与数据创新应用。2022年以来，深入推进“无证明之省”建设，大力推进“免证办”“减证办”“一码办”。目前，全省电子证照累计应用3.1亿余次，实现50个高频使用的电子证照在500个常用政务服务事项中全面推广应用。相关经验做法得到国务院主要领导批示肯定。

基础支撑保障全面夯实。先后开展“统云、并网、聚数”攻坚行动、“一个平台一个号、一张网络一朵云”建设，形成全省“一朵云”“一张网络”。完善全省一体化大数据平台，提升数据治理、数据共享、数据开放和数据分析能力。统筹公共视频监控资源建设、管理、应用，创新开展分类治理、标识标注等工作，走在全国前列。持续加强安全保障，数字强省安全底座进一步夯实。

“智政丛书”系列第七辑收录了各地聚焦“数字政府”建设，在“互联网+政务服务”“政府门户网站集约化”“政务服务多端一体化”等方面的典型经验做法，“山东模式”位列其中。我很高兴能够为本书作序，相信本书能够通过碰撞思想、凝聚智识，又一次激荡起“智政院”作为行业“智库”的澎湃力量。最后，我由衷地希望广大读者能够从这本书中得到一些启发和思考。

孙海运

山东省大数据中心党委书记、主任

目录

第一篇　数字政府研究与实践

第二篇　“互联网+政务服务”研究与实践

第三篇 政府门户网站集约化研究与实践

第四篇 政务服务多端一体化研究与实践

第一篇

数字政府研究与实践

我国数字政府发展趋势研究

汪玉凯

《中华人民共和国国民经济和社会发展第十四个五年规划和2035年远景目标纲要》（以下简称“十四五”规划和2035年远景目标纲要）对我国的数字化发展作出战略部署，其主要内容可以概括为“413”框架：“4”是指要建设网络强国、数字经济、数字政府、数字社会；“1”是指通过数字化转型驱动；“3”是指通过数字化转型，促进生产方式、生活方式和治理方式变革。

毫无疑问，这个战略框架对未来我国数字化发展将产生深远影响。从政府信息化来看，如果把1999年作为电子政务元年，经过20多年的发展，我国政务服务的整体格局已经发生了重大的变化。《2020联合国电子政务调查报告》显示，2020年中国电子政务核心指标排名跃升至全球第九位。《2022年全球营商环境报告》显示，与数字政府建设密切相关的营商环境全球排名也跃升至第31位。这些都表明我国的数字政府建设取得了突破性的进展。

一、“十四五”时期数字政府建设的方向与目标

“十四五”规划和2035年远景目标纲要对我国数字政府的发展给出了清晰的方向和目标，主要包括将数字技术广泛应用于政府管理服务，推动政府治理流程再造和模式优化，不断提高决策科学性和服务效率。加强公共数据开放共享、推进政务信息化共建共用、提高数字化政务服务效能，同时特别强调要加强涉及国家利益、商业秘密、个人隐私的数据保护等。

按照“十四五”规划和2035年远景目标纲要对数字政府发展的设计，未来数字政府建设应在目标、价值和路径三个层面稳步推进。

从目标上看，应在坚持科学、精细、智能、高效的总体框架下，推动经济社会高质

量发展，确保政府高水平运行，提供高质量公共产品，不断破解公共治理的难点和痛点。

从价值层面看，要坚持人本性、公共性、协同性的建设理念。所谓人本性，就是要坚持以人民为中心的发展思想，提高人民群众的便捷感、安全感、获得感、幸福感；所谓公共性，就是数字政府建设秉承“代表公共利益、行使公共权利、管理公共事务、提供公共服务、维护公共秩序、承担公共责任”的公共价值，坚持数字政府建设边界，不取代市场和社会的功能；所谓协同性，就是要通过广泛协同，发挥市场、社会组织乃至公众在公共治理中的作用。

从路径层面看，推动政府信息化无疑是实现国家治理现代化的必由之路。按照国家到2035年要基本实现国家治理体系和治理能力现代化的大目标，政府治理现代化应是首要目标。可以设想，基于数字技术在政府治理中的广泛应用和政府自身变革的加速，开放政府、协同政府、智慧政府等新的政府范式将进一步呈现。因此，从数字政府本身的建设路径看，必须坚持双轮驱动，即信息技术和行政改革并举，并使其能够深度融合。

同时，在分析我国数字政府发展趋势时，还需要对当前政府数字化转型过程中面临的问题有清晰的认识。比如，政府提供公共产品的手段有待进一步改善，公共数据治理还需要提高整合度、共享度、开放度，数字政府建设促进改善营商环境仍有很大的空间等。因此，如何进一步深化“放管服”改革，运用数字技术不断改善政务服务和监管，营造更好的营商环境，是数字政府建设必须要面对的重大课题。

二、数字政府建设的五大趋势

“十四五”时期，我国数字政府建设将进入快车道，其发展势头很可能呈现出五种发展趋势。

第一，数字化驱动政府结构优化将引起更多关注。随着5G、人工智能、区块链、物联网以及大数据、云计算等新技术不断被用于数字政府建设，政府可以在优化政府结构方面进行探索：一方面优化横向的部门设置，对机构进行调整；另一方面减少纵向行政层级，实现扁平化治理。这方面浙江温州的龙港市已经做了探索。该市是经国务院批准的镇改市试点，赋予其县级管理权限。2019年撤镇设市，全市党政机构共设置15个机构，直接管理92个社区，减少了街镇这一中间管理层。两年后，全市人口由38万增长到46万，主要经济指标均处于温州各县市前三位。这些成效是基于他们在创市之初就提出“大部制、扁平化、低成本、高效率”以及“数字化和行政改革双轮驱动”的整体思路。这说明数字化在优化政府结构方面的潜力是非常大的，有着广阔的前景。

第二，“互联网+政务服务”的模式将不断丰富，激发更多创新。创新政务服务模式、提高公共服务水平和公共治理水平，是数字政府建设的重中之重。未来围绕“互联网+政务服务”将成为创新最活跃的领域。其整体走向会围绕公共服务一网通办、城市运行一网统管、社会管理一网共治展开，并使其逐步走向融合。从公共服务一网通办看，将集中围绕“网上办、掌上办、一次办”以及跨部门、跨层级、跨区域展开，对高频办事项目实现全国一网通办，并以此为目标完善全国一体化政务服务平台和互联网监管平台；从城市运行一网统管看，将主要围绕城市的运行管理科学化、精细化、智能化的目标，提升城市的治理能力和水平，不断解决城市发展中的难点和痛点；从社会管理一网共治看，将主要围绕社会治理的共建、共治和共享，强化基层治理，把更多资源、资金向基层集聚，构建坚实的基层治理体系。

第三，改善政务环境，用数字化赋能营商环境优化。政务环境和营商环境有密切联系，构建便利、公平、廉洁、高效的政务环境，是优化和改善营商环境必不可少的条件。未来在数字政府建设中，一是便利，对企业和普通百姓而言，办事便利是首要的。二是公平，目前我国各类市场主体已经超过 1.5 亿户，大多数是小微企业和个体户，对于这些市场主体而言，政府的服务能否使他们感受到公平，是激发市场主体活力的关键所在。如何通过数字化赋能，确保政府政策的公平公正，无疑是改善政务环境的重要组成部分。三是廉洁，所有的政务服务都和公权力的行使与运行有关，如何避免权钱交易、杜绝政务服务中的腐败，是数字化必须重点关注的领域。四是高效，未来的数字政府建设，要把利用数字技术提高决策水平、改善政务服务方式和提高监管水平放在突出位置，还要把提高行政效率、降低行政成本作为重要目标。为此，未来可考虑在借助数字技术改善政务环境方面构建四大体系：优质的营商便利服务体系、完善的民生服务体系、强有力的市场监管体系、高效的社会治理体系。

第四，进一步提高数据治理能力。数据治理的重要性已经越来越引起人们的重视，提高数据治理能力成为影响数字政府建设的重要因素。要想在数据治理上取得真正的突破，除了注重技术支撑外，还需要把握住权力运行的“牛鼻子”。在这方面，浙江丽水的“政府内部办事最多跑一次”改革是一个很好的创新案例。其核心内容包括：一是把握“放管服”改革的主要矛盾，“最多跑一次”改革背后的逻辑是数据整合和消除障碍，重点是重塑部门关系、重构业务环节、整合共享数据、联动党群政府；二是消除了实施“互联网+政务服务”和大数据战略的内在体制机制障碍；三是导致政府内部业务重组、流程再造和部门协作等多方面发生重大变化；四是改变了传统政府管理的整体运行格局，为建设人民满意的服务型政府奠定了良好基础。

第五，加大对面向社会和公众应用端的整合力度。目前围绕政务服务和民生服务的App种类繁多，在方便群众的同时也带来了诸多不便。未来在数字政府建设中，要把构建超级App作为重要抓手。首先，要有明确的整体定位，把“超级App”作为移动政务服务的总入口、应用场景的聚集地、便民利民的主渠道，以及政府、市场、社会合作的大平台；其次，要重视解决App运行中的突出问题，如标准不一、各自为政、缺乏整合、个人信息外泄、缺乏有效监督等；第三，进行大规模整合，围绕政务服务、民生服务乃至老百姓的生活服务，整合政府、企业、社会等各类与公众服务管理密切相关的App应用，破除不同机构属性之间的制度和机制壁垒，以便民利民为价值导向，确定应用的领域和事项，其中政务服务、公共企业服务、医疗、交通出行、教育以及公共安全等要走在前列。

（本文原载于《中国网信》2022年第2期，有删改）

数字政府替代电子政务了吗？

——基于政务信息化与治理现代化的分野

中共中央党校（国家行政学院）翟　云

一、大变局下政府治理模式的重塑

在数字政府建设加快推进的过程中，学术界和实践界共同提出了一个思维困惑，即如何正确审视数字政府和电子政务的关系。从 CNKI 库 CSSCI 论文中以“电子政务”“数字政府”为主题进行搜索，2016—2020 年连续 5 年的期刊论文篇数分别为 175、142、138、123、122 和 2、4、19、37、80。很显然，与电子政务相关的学术论文数量明显下降，数字政府恰好相反。照此下去，数字政府会取代电子政务吗？二者关系问题不仅是理论界亟待探明的学术争议，亦是实务界亟须澄清的实践困惑。2002 年国务院信息化工作办公室成立，负责制定电子政务总体规划，协调、指导和推进电子政务建设。同年，中办国办转发《国家信息化领导小组关于我国电子政务建设指导意见》，标志着电子政务已经成为我国政府部门的固定职能。事实上，电子政务一度成为倒逼政府加快转变政府职能、提高政府服务效率和透明度、便利群众办事创业、进一步激发市场活力和社会创造力的重要推动力量。伴随着数字政府走进国务院部门和各级地方政府的议事议程和改革举措甚至“三定方案”，学术界厘清和回答以下三个议题显得尤为迫切：其一，数字政府和电子政务之间存在何种关系，是包含还是继承？其二，两者有哪些异同点？推动数字政府建设时，以往电子政务传统的发展模式是否仍然有效？其三，是否能打通两者间的沟壑，进一步优化体制机制、配套制度，形成助推政府治理的合力，打造出具有中国特色的本土化政府治理新范式？

面对上述议题，国内外学者大概可以分为四种观点：其一，数字政府和电子政务并无本质区别，可认为相同或基本相同。如 Aroon P 等提出电子政务可视为数字政府。[①] Ramon G 等将数字政府概念等同于联合国教科文组织（UNESCO）对电子政务的界定："公共部门使用信息通信技术（ICT）改善信息和服务提供，鼓励公民参与决策过程，使政府更负责、更透明、更有效。"[②] 国内一些学者也持类似看法。[③④] 其二，电子政务是数字政府的一部分。如李军鹏认为我国数字政府建设大体经历了政府上网、电子政务和数字政府 2.0 三个发展阶段。[⑤] 北京大学课题组亦提出"中国数字政府建设以政府自身的信息化建设为开端，以电子政务建设为抓手"。[⑥] 徐梦周认为"数字政府建设经历政务电子化、政务网络化以及政务智能化三个阶段"。[⑦] 其三，数字政府是电子政务的高级形态。如于安认为，"从电子政务进入数字政府新阶段，政府对信息技术的利用已经不再限于推进行政公开和办公自动化"。[⑧] Miriam Lips 认为，"数字政府的兴起……发挥了不可或缺的作用……意味着它不再被视为一个技术问题"。[⑨]《联合国电子政务发展报告》亦提及，"2020 年注定是电子政务全球基准年，人们比以往任何时候都更加意识到数字政府的重要性和相关性"。[⑩] 其四，数字政府与电子政务有较多差异。如有学者认为在"技术-组织"关系上，二者存在本质不同。[⑪] Svenja Falk 等指出，数字政府揭开了数字时代政府治理新篇章。[⑫] 纵观上述观点，学术界关于数字政府及电子政务关系的认识争议较多，甚至存在完全相左之见。从国内已公开文献看，针对上述争议展开的富有洞见之作鲜见，仅黄璜从政策维度尝试做了阐释，[⑬] 还有学者从技术、结构和职能上作了比较，[⑭] 仍无法完全消解实践界对数字政府与电子政务关系之间的困顿。一方

---

① Manoharan A P, Ingrams A. Conceptualizing E-Government from Local Govern ment Perspectives. State and Local Government Review, 2018, 50 (1).

② J Ramon Gil-Garcia, Sharon S Dawes and Theresa A Pardo. Digital Government and Public Management Research: Finding the Crossroads. Public Management Review, 2017, 20 (5).

③ 张世璟，张严. 数字政府在政府治理现代化中的理论内涵 [J]. 领导科学论坛，2021 (3).

④ 何圣东，杨大鹏. 数字政府建设的内涵及路径——基于浙江"最多跑一次"改革的经验分析 [J]. 浙江学刊，2018 (5).

⑤ 李军鹏. 面向基本现代化的数字政府建设方略 [J]. 改革，2020 (12).

⑥ 北京大学课题组. 平台驱动的数字政府：能力、转型与现代化 [J]. 电子政务，2020 (7).

⑦ 徐梦周，吕铁. 赋能数字经济发展的数字政府建设：内在逻辑与创新路径 [J]. 学习与探索，2020 (3).

⑧ 于安. 加快建设数字行政法 [N]. 法制日报，2021-06-18.

⑨ Miriam Lips. Digital Government-Managing Public Sector Reform in the Digital Era. London: Routledge Press, 2020. 6.

⑩ United Nations. E-Government Survey 2020. 2020-06-10.

⑪ 鲍静，范梓腾，贾开. 数字政府治理形态研究：概念辨析与层次框架 [J]. 电子政务，2020 (11).

⑫ Falk S, Rmmele A, Silverman M. Digital GovernmentLeveraging Innovation to Improve Public Sector Performance and Outcomes for Citizens. New York: Springer Press, 2017. 6.

⑬ 黄璜. 中国"数字政府"的政策演变——兼论"数字政府"与"电子政务"的关系 [J]. 行政论坛，2020 (3).

⑭ 鲍静，范梓腾，贾开. 数字政府治理形态研究：概念辨析与层次框架 [J]. 电子政务，2020 (11).

面，应及时对数字政府的不同理解和声音作出必要回应；另一方面，需要加深对数字政府上升为国家战略的全面理解和深刻把握。

二、从电子政务到数字政府：政府治理叙事的概念演化

本文拟首先从技术、实践、政策、学术四个维度同向审视电子政务和数字政府的发端。需要指出的是，探讨两者存在的复杂关系，既要考虑各自铺陈的叙事逻辑，也要兼顾不同场域的概念演化过程中与国家战略勾连和嵌入的时代方位。

（一）电子政务以政府信息化为叙事主线

公共部门使用信息和通信技术可追溯到20世纪70年代大型机和90年代的微型计算机的广泛兴起。技术方面，在过去20年中，各国政府利用信息和通信技术整合其内部职能，改进履职效率和服务效能。学者和实践者将这些不同的信息和通信技术趋势概念化，统称为电子政务。① 电子政务在当时主要通过互联网或者局域网在线提供便捷化和自动化的服务提升政府效能。为实现此目标，国家层面通常辅以政治制度和法律制度予以保障。例如，美国联邦政府于1980年通过了《文书缩减法案》（Paperwork Reduction Act）、1987年通过《计算机安全法案》（Computer Security Act）、1996年通过《克林格-科恩法案》（Clinger-Cohen Act）鼓励联邦政府数字化转型。根据Norris和Reddick调研结果，超过90%的美国地方政府已实现重要信息在线。② 日本政府于2000年3月正式启动了“电子政务工程”，通过网络系统办理各种申请、申报、审批等手续，被视为“全面进入办公电子化、无纸化时代”。③

我国电子政务的萌芽可以追溯到20世纪80年代，其最初的形态是工作网络化和办公自动化。1991年1月，40多家中央部委在京宣布“政务上网工程”全面实施，揭开了中国电子政务序幕，④ 后续发展历程可以分为萌芽孕育阶段（1978—1992年）、起步阶段（1993—2001年）、全面建设阶段（2002—2011年）、创新发展阶段（2012—2018

① Manoharan A P, Ingrams A. Conceptualizing E-Government from Local Government Perspectives. State and Local Government Review, 2018, 50 (1).

② Norris D F, Reddick CG. Local E-government in the United States: Transformation or Incremental Change?. Public Administration Review, 2013, 73 (1).

③ 中国科学院软件研究所万里红电子政务平台总体开发组. 国际上电子政务的发展情况 [J]. 计算机系统应用, 2001 (10).

④ 于文轩. 推行政务电子化的问题与对策 [J]. 党政论坛, 2000 (3).

年）等四个主要阶段，[①] 现已成为各级政府部门的固有职能。为更好审视电子政务在推动政府部门履职施政中的定位，我们可以将电子政务发展史上几个标志性文件加以观瞻（表1）。

表1　我国电子政务战略部署及主要内容（摘选）

年份	文件名称	战略内容	发展目标
2002	国家信息化领导小组关于我国电子政务建设指导意见	电子政务网络重点业务系统、政务信息资源、公共服务网络与信息安全保障体系、标准化体系、公务员信息化培训和考核法制建设	“十五”期间中央和地方各级党委、政府部门的管理能力、决策能力、应急处理能力、公共服务能力将得到较大改善和加强，初步形成电子政务体系框架
2006	2006—2020年国家信息化发展战略	改善公共服务、加强社会管理、强化综合监管、完善宏观调控	电子政务应用和服务体系日臻完善，社会管理与公共服务密切结合，网络化公共服务能力显著增强
2006	国家电子政务总体框架	服务与应用系统、信息资源、基础设施、法律法规与标准化体系、管理体制	以提高应用水平为重点，以政务信息资源开发利用为主线，建立信息共享和业务协同机制，更好促进行政管理体制改革，带动信息化发展
2014	国务院办公厅关于促进电子政务协调发展的指导意见	加强顶层设计，统筹电子政务协调发展、深化应用，提升支撑保障政府决策和管理的水平	电子政务网络建成；网络信息安全保障能力增强；信息共享、业务协同和数据开放水平提升；服务政府决策和管理的信息化能力明显提高；政府公共服务网上运行全面普及；电子政务协调发展环境更加优化

资料来源：作者自制。

在此期间，国内涌现出了一大批富有见地的研究成果。王颖较早提出了“电子政府”的概念，认为电子政府是政府管理信息化建设下的子概念，俗称“政府上网”；[②] 于凤荣提出，电子政务应从应用、服务及网络通道等三个层面构建。[③] 随着2002年《国家信息化领导小组关于我国电子政务建设指导意见》的印发，学术界掀起了研究电子政务的小高潮，并引发了电子政务与办公自动化、政府上网的区别和联系之探讨。[④]

---

① 翟云. 改革开放40年来中国电子政务发展的理论演化与实践探索：从业务上网到服务上网［J］. 电子政务，2018（12）.

② 王颖. 电子政府——中国政府改革的新取向［J］. 南京社会科学，1999（9）.

③ 于凤荣，王丽. 电子政府与现代政府之比较［J］. 中国行政管理，2001（11）.

④ 姚乐野. 关于发展我国电子政务的思考［J］. 四川大学学报（哲学社会科学版），2002（4）.

如汪玉凯提出，“电子政务实际上就是平常我们所说的政务工作信息化”；① 2004 年，中国行政管理学会代表团参加第 26 届国际行政科学学会代表大会时提出，“电子政府强调的是应用电子技术，提高办事效率”；② 杨艳东则认为，“实质上是对现有的工业时代的政府形态一种改造”。③ 从其影响看，电子政务有望对中国政府的行政管理模式产生影响，④ 效益主要体现在内部办公效率，而不是对外公共服务，⑤ 被视为政府提高行政能力、效率的技术和手段。⑥ 这些观点集中反映了彼时国内学界对电子政务的概念认知。

（二）数字政府以治理现代化为叙事主线

从学术界来看，数字政府最初被看作与电子政务等同的概念。如 Aroon P 等提出电子政务可视为数字政府、智能政府和在线政府。⑦ 这也是引起二者概念混淆和前述争议的起源。中国本土语境下，与电子政务发源于学术界不同，数字政府率先出现在政府政策话语体系中。从技术角度来看，以云计算、大数据、人工智能、物联网、量子计算为代表的新兴技术风起云涌，第四次工业革命更是对全球经济社会的组织机制和运作模式产生了空前的影响。这就意味着，数字政府与电子政务是在完全不同的土壤上诞生的。

与生俱来的赋能基因，赋予了数字政府更加重大的历史使命。2016 年，浙江省省委经济工作会议首次公开提出“最多跑一次”改革，旨在打破“精简—增设—再精简—再增设”的怪圈，倒逼政府推进管理模式变革，⑧ 迅速在全国各地效仿并写入中央文件。2018 年 5 月，中办、国办印发《关于深入推进审批服务便民化的指导意见》，把浙江省“最多跑一次”经验做法作为典型经验之一向全国全面推广。“最多跑一次”改革为数字化转型提供了稳定的动力结构，⑨ 被视为数字政府的开创性项目。广东省则是从体制机制入手，创新“政企合作”新模式、打造“整体政府”，为数字政府改革扫清体制机制障碍。⑩ 自此，数字政府建设明显升温。随着地方政府在体制机制、部门协

---

① 汪玉凯. 中国政府信息化与电子政务 [J]. 新视野，2002 (2).

② 行人. 中国行政管理学会代表团参加第26届国际行政科学学会代表大会 [J]. 中国行政管理，2004 (11).

③ 杨艳东. 电子政务与政府管理创新 [J]. 理论探索，2005 (4).

④ 龙飞. 电子政务对中国行政管理模式的影响 [J]. 科技进步与对策，2003 (11).

⑤ 吴昊，孙宝文. 当前我国电子政务发展现状、问题及对策实证研究 [J]. 国家行政学院学报，2009 (5).

⑥ 杨凤春. 论中国电子政务建设中的政府能力平衡问题 [J]. 江苏行政学院学报，2008 (6).

⑦ 何显明，张鸣. 重塑政府改革的逻辑：以“最多跑一次”改革为中心的讨论 [J]. 治理研究，2018 (1).

⑧ Manoharan A P, Ingrams A. Conceptualizing E-Government from Local Government Perspectives. State and Local Government Review, 2018, 50 (1).

⑨ 张鸣. 从行政主导到制度化协同推进——政府数字化转型推进机制构建的浙江实践与经验 [J]. 治理研究，2020 (3).

⑩ 逯峰. 广东“数字政府”的实践与探索 [J]. 行政管理改革，2018 (11).

同、法治保障等方面取得一些共性经验，数字政府建设上升到国家战略的呼声越来越高。党的十九届四中全会明确要求，推进数字政府建设，加强数据有序共享。《中华人民共和国国民经济和社会发展第十四个五年规划和2035年远景目标纲要》进一步作出“提高数字政府建设水平”的重大战略部署。从“推进”到“提高”，仅二字之差，但字里行间已可端详出数字政府于国家治理的重要意义。此外，截至2020年12月底，全国有15个省、12个市计划或颁布了数字政府规划文件。[①]

数字政府甫一提出，旋即吸引了中国学术界的广泛关注。诸多学者以高度的政治责任感和强烈的历史使命感，将一批具有富有想象力和敏锐洞察力的作品付诸笔端，描摹出数字政府于今日中国之治的历史意义和战略框架。《中国行政管理》杂志社于2017年第7期重办“数字政府治理”栏目，聚焦信息社会政府治理的新机遇、新情况、新任务、新问题，而其直接指向就是“适应和引领新一轮科技革命孕育兴起对政府管理工作要求，贯彻落实党中央、国务院的重大战略决策部署，加快推进政府治理体系和治理能力现代化”。[②] 戴长征、鲍静基于社会形态演变进程的考察，认为：“建立……的数字政府是人类社会数字化进程的必然要求”，[③] 掀起了数字政府研究热潮。技术维度，“政府即平台”成为政府转型的新趋向，[④] 在由电子政务阶段的“使用性工具”向数字政府阶段的“治理式平台”跃升过程中，引发了信息赋能[⑤]和伦理探寻[⑥]的双重解析。从改革标向看，数字政府天生就是以推进国家治理现代化为直接指向的[⑦]。

由此，相比电子政务，数字政府的内涵可归结如下：在党的集中统一领导下，以推动国家治理现代化为出发点，强化技术嵌入和数据赋能，推动数据按需有序共享和政务流程优化，从“碎片化”管理走向“整体型”治理，实现政务部门高效协同、数据要素活力充分释放、网上服务一张网供给、社会治理精细运转、公共参与积极有序、决策支撑精准高效、基础保障安全可管可控的一种政府运行新形态。这种“体制创新+机制创新+技术创新+业务创新+治理创新”五维一体的形态架构，既继承了传统电子政务推动政务信息化的发展任务，又基于新的历史方位提出了更宏大的历史使命。如，各地大数据局的成立充分体现了国家行政机构改革不断迈进深水区，而“最多跑一次”“不见

---

① 王伟玲. 我国数字政府顶层设计的理念辨析与实践指向［J］. 行政管理改革，2021（5）.

② 中国行政管理杂志社编辑部.“数字政府治理”栏目开办说明［J］. 中国行政管理，2017（9）.

③ 戴长征，鲍静. 数字政府治理——基于社会形态演变进程的考察［J］. 中国行政管理，2017（9）.

④ 北京大学课题组. 平台驱动的数字政府：能力、转型与现代化［J］. 电子政务，2020（7）.

⑤ 戴祥玉，卜凡帅. 地方政府数字化转型的治理信息与创新路径——基于信息赋能的视角［J］. 电子政务，2020（5）.

⑥ 孟庆国，崔萌. 数字政府治理的伦理探寻——基于马克思政治哲学的视角［J］. 中国行政管理，2020（6）.

⑦ 周文彰. 数字政府和国家治理现代化［J］. 行政管理改革，2020（2）.

面审批”“一网通办”“一网通管”等不断涌现的服务模式更是全面彰显了数字政府全面推进治理现代化的意味。很显然，仅凭传统电子政务是难以企及的。我国在疫情防控期间的成功经验更是可以有力佐证，一方面传统的政府信息化设施不可或缺，另一方面又必须依赖现代治理理论的有力指导。在这样的认识下，数字政府建设对于实现国家治理现代化具有重要作用和意义,① 并有望接过电子政务的接力棒。

（三）两种叙事主线间的异同与继承

既然电子政务和数字政府分别以政务信息化和治理现代化作为叙事逻辑，那么，政务信息化和治理现代化在国家数字化转型整个历史过程中的关系应如何界定？本文认为，政务信息化和治理现代化有各自提出的历史背景，既要区分两者的差异点，又要充分考虑国家治理需求的变迁要求以技术治理驱动政府治理的现状，将两者有机融合继承，共同重塑政府和社会、政府和市场乃至政府部门之间的边界，更加凸显社会和市场在助力政府治理中的主体作用，以达到善治的目标。因此，关于两种叙事主线间的异同性可重点基于唯物主义历史观和矛盾论的哲学思辨加以观瞻。

第一，如何看待电子政务和数字政府概念的演化？电子政务将效率行政这一公共行政理念视为起源。20 世纪 80 年代后的新公共管理理论尽管提出市场行政理论、反对传统的官僚行政理论，但实际上并未放弃效率行政理念，故被称作“后官僚行政理论”。办公自动化、业务协同化等电子政务的最初发展形态，基本遵循着效率行政和新公共管理的改革意旨。譬如，电子政务在很大程度上强化了政府部门间协同，提高了办公效率，但面对诸如市场的高效参与抑或政务服务的多样化、精细化以及定制化的现实需求都显得气力不足。毕竟，仅靠以行政效率为指导的发展理念尚不足完成服务型政府的历史使命。因此，从这个意义上说，电子政务可视为数字政府的先导性工程。

第二，数字政府的出现能否延续电子政务未竟使命呢？一方面，电子政务不断从根本上反思和调整政府公共行政理念，并在最终转向服务行政理念的过程中同步调整。2003 年发生的“SARS 危机”应该就是一个重要契机。彼时，西方各国开始更加重视直接引入公民参与公共行政。② 我国电子政务也在不断吸取国外先进经验基础上进行转型，深化包括电子政务在内的一系列手段，适时适度推进行政制度和体制变革，加快行政民主化进程。③ 另一方面，数字政府毫无保留地继承了电子政务迈向服务型政府的整

---

① 周文彰. 数字政府和国家治理现代化 [J]. 行政管理改革，2020 (2).

② 古洪能，吴玉宗. 服务型政府建设的政治制度供给比较研究 [J]. 内蒙古社会科学 (汉文版)，2012 (5).

③ 孙学玉，杜万松. 政治民主向行政民主拓展的逻辑与保障 [J]. 中共中央党校学报，2004 (11).

体走向。特别是党的十八大以来，电子政务和数字政府的交叉融合趋势体现得更淋漓尽致。如《“十三五”国家政务信息化工程建设规划》就以建成满足国家治理体系和治理能力现代化要求的政务信息化体系为导向，以期达到“宏观调控科学化、政府治理精准化、公共服务便捷化、基础设施集约化”的发展目标。从目前国家层面筹划“十四五”电子政务和信息化相关政策导向看，电子政务本身的内涵在不断拓展，正沿袭“政务信息化-治理现代化”跃升线路。如，2021年颁布的《中华人民共和国数据安全法》在第五章政务数据安全与开放部分，规定了“国家大力推进电子政务建设……”“建设、维护电子政务系统……”等相关条款。由此审视，电子政务与数字政府天生带有的治理基因是一脉相承的（尽管前者在发展前期并不明显），两者加快继承发展，势必在未来很长一段时期将会共同演绎国家治理现代化的叙事史诗。综上，国家治理现代化视角下电子政务与数字政府的分野与继承框架图也就跃然纸上了（图1）。

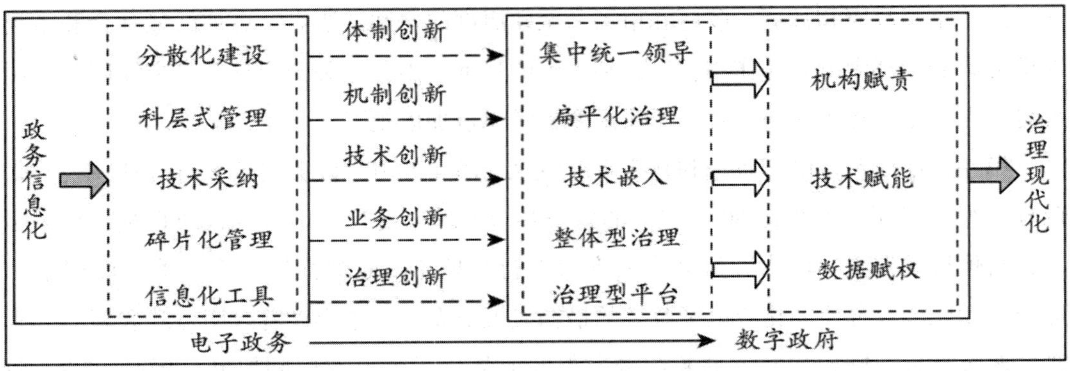

图1 国家治理现代化视角下电子政务与数字政府的分野与继承框架

资料来源：作者自制。

需要指出的是，国家治理现代化视角下电子政务与数字政府的分野与继承应充分考虑到电子政务涵盖主体的多样性。电子政务的实施主体可分为狭义和广义两个测度：从狭义范围来看，电子政务和数字政府都限于“政府”的信息化或数字化转型；从广义范围来看，电子政务可分为电子政府、电子党务、电子法院及其他相关形态，而数字政府则仅限于政府部门的数字化转型。电子政务和数字政府的继承关系则是立足于历史方位，后者既继承和拓展了前者的发展理念、技术基础和主要框架，又以治理现代化发展主线贯彻始终。

同样不容忽视的是，数字政府绝非仅仅是政府内部的数字化转系，而是以前述之“五大创新”带动政府自身数字化，并以此为牵引，带动经济、政治、文化、社会、生态文明建设全过程各个方面数字化转型，进而全面加快国家治理现代化进程。在这方面，单靠传统电子政务显然是不能企及的。或许，这是数字政府与电子政务同异之间的答案本源。这在不经意间给电子政务向数字政府继承和发展中提出了新的研究议题。

三、接榫继承：从政务驱动到治理驱动的渐进靶向

研究范式，是方法的方法，是工具应用和研究方向的指南。[①] 从20世纪80年代电子政务开始兴起到当下数字政府成为新兴趋势，有必要基于研究范式视角，从机构赋责、技术赋能、数据赋权三个维度进一步从微观层面研判数字政府与电子政务继承发展的新议题和新靶向，进而寻求两者融入国家治理现代化的伟大历史征程的发展进路。

（一）机构赋责

党的十九大以来，我国政府治理模式以数字政府机构改革为新依托的导向愈发清晰：一方面，基于百年巨变中的历史方位，中国经过几十年砥砺前行和快速发展，综合国力和全球影响力百年未有；另一方面，特别是疫情期间，全球各国遭受结构性和周期性矛盾共振双重影响，国际格局进入深度转型调整期。这种“时空对比”给我国政府治理模式变革提供了一个历史性的发展机遇。故此，“疫后”窗口期给加快完善国家行政体制、优化政府职责体系和优化政府组织结构，切实提高行政效率服务质量，全面提高政府效能带来了难得的历史机遇期。毫无疑问，加快机构调整和职能优化已经成为深化国家行政体制改革的重点举措、建设数字政府的重要依托。反观这种时空对比的结果就是，政府职能需以数字化转型为牵引，加快数字经济、数字社会和数字生态建设齐驱并进，推动国家高质量发展、经济行稳致远和社会安定和谐。这既是数字政府由地方探索上升为国家战略的初衷，客观上也要求国家相关体制机制的强力保障。

电子政务和数字政府作为国家治理体系的重要组成部分，给党和国家机构改革不断提出新需求。反之，后者亦需充分考虑到电子政务和数字政府于国家治理的现实意义而主动予以同步调整。改革开放以来，党和国家的机构改革已经进行了8轮。从本次改革的特点看，电子政务和数字政府管理和建设的体制机制发生了深刻变化，在逻辑层面突出“职责归类”，在内容层面加强“统筹协同”，在结构层面明确“府际差异”，[②] 进而对电子政务和数字政府继承发展提出了机构赋责新议题。

① 蓝志勇．新科学对推动哲学社会科学和公共管理研究范式创新的启示［J］．中国行政管理，2021（3）．

② 吕同舟．府际关系视角下大城市政府职责体系构建——基于《深化党和国家机构改革方案》的解读［J］．南开学报（哲学社会科学版），2018（6）．

一是形成健全高效的顶层设计和统筹机制。从中央层面看，中办、国办、中央网信办、国家发改委、工信部、财政部在电子政务和数字政府方面的相关职能定位更加清晰，有望消解传统的“九龙治水”困境。地方层面，截至2020年底，全国已有28个省级政府成立了数据管理机构，负责指导本地区数字政府建设。[①] 尽管组建方式与行政权力等方面有些许差异，如粗略可分为省政府直属机构、部门管理机构和挂牌机构三类，均直接指向传统政务信息化和政府数字化转型整体空间布局，但囿于既有职能和协同分工尚存交叉，加之目前跨部门协作更趋频繁，如“互联网+监管”涉企业信用监管需要行业主管部门（如自然生态环境保护、市场监管部门等）、税务、综合执法、法院等多部门协同，可见，数字政府建设过程中既要考虑与电子政务既有机制的合理继承和有机融合，也要构建多元主体共建共享共治的数字政府协同体系。[②]

二是机构职能应充分体现工具理性和价值理性的高度统一。传统电子政务起源于工具理性，更注重供给侧改革，政府部门通过信息化手段实现网上办公与信息公开。由电子政务向数字政府的跃升则体现了更多的价值色彩。理由在于，数字政府更注重需求侧的现实困境，从而实现由工具理性到价值理性再到治理属性的转变。如目前政务服务“跨省通办”就是以着眼解决企业和群众跨区域、跨部门、跨层级办事难办事慢等诸多藩篱，扮演了多元利益协调的“协同组织”角色，一定意义上弥补了电子政务的不足。政务服务“好差评”制度更是公众参与政府管理的良好契机。故可认为，本次机构改革充分考虑到电子政务和数字政府的继承发展。在此意义上，以大数据局为代表的电子政务和数字政府管理机构的设立和优化也算是避免落入技术和路径依赖的窠穴，实现“基于场景的公共价值排序或层级结构”[③] 的实践应然。当然，从长远看，立足于机构改革倒逼电子政务和数字政府加快协同，后期重点关注的议题包括：①大数据局场域下电子政务和数字政府建设边界的重构；②电子政务和数字政府建设与政务服务职能的协同；③央地及跨域治理的互动机制、话语实践及行动策略；④数字政府与传统信息化建设模式的博弈与统一等。上述思辨指向是从政务信息化走向治理现代化过程中必须回答的议题，当然，唯有信息化和治理现代化同向而行才能更好消解这些藩篱。

（二）技术赋能

西方工业化进程中技术进步扩大了政府行政规模，加速结构转型，丰富行政职能，

① 王伟玲. 我国数字政府顶层设计的理念辨析与实践指向［J］. 行政管理改革，2021（6）.

② 张克. 省级大数据局的机构设置与职能配置：基于新一轮机构改革的实证分析［J］. 电子政务，2019（6）.

③ Gjalt de Graaf, Hester Paanakker. Good Governance: Performance Values and Procedural Valu es in Conflict. The American Review of Public Administration, 2015, 45（6）.

对政府的行政治理结构影响深远。[①]电子政务的兴起源于责任政府和法治政府视角下如何利用信息技术加快政府职能转变，并作为间接推动经济增长现实增长点的作用逐渐走近政府视野。[②]从理论层面看，电子政务的概念最初被定义为“应用现代化的电子信息技术和管理理论，对传统政务进行持续不断地革新和改善，以实现高效率的政府管理和服务”。[③]电子政务为政府行政职能转变的现实化与有效化提供了一定的物质设备和技术支持，被视为中国改革的新动向[④]和推动我国行政管理体制改革的重要动力，[⑤]继而引发了电子政府和现代政府之激烈论辩。事实已经证明，信息技术打破了政府、社会、市场及公众等治理主体间的“有形”界限，扩大了治理对象的整体范围及规模，有助于形成共治目标。从上述意义看，信息技术的确改变了政府权力的运行规则。

随着全球格局的重塑，特别是新冠肺炎疫情蔓延以来，民众对政府治理模式和需求发生了显著的变化，尤其是在政府公共产品供给方式和效能等传统预期外提出了新需求，由此给电子政务技术治理驱动政府治理的路径和模式带来了新挑战。

第一重挑战，疫情防控和经济社会统筹发展的现实需求要求大数据、人工智能、区块链技术以技治重塑政府治理模式。霍布斯在《利维坦》中简要概述了国家作为一个“技术制成的利维坦”即“人造的人”是如何诞生的。[⑥]毋庸置疑，一切经济发展和社会运行活动，特别是国家治理，饱含着技术色彩。从疫情防控需求来看，既要确保疫情可防可控可治，又要确保社会平稳运行和经济高质量发展，于国家治理而言无疑是个多难问题。如果按照传统政务信息化的发展思路，仅靠政府力量和工程化的思维模式显然很容易陷于困境。由政务信息化向治理现代化的嵌入和跃升，其目标正是意在消解上述困境。正如习近平总书记指出的，纵观人类发展史，人类同疾病较量最有力的武器就是科学技术，人类战胜大灾大疫离不开科学发展和技术创新。[⑦]例如武汉市红十字会引入“云仓物流管理系统”，成功化解了组织危机；[⑧]央视频等官媒开启的火神山、雷神山医院建设的慢直播，吸引了数亿网友观看，被称为“云监工”，极大地推动了监督方式的

---

① 尹栾玉，隋音. 技术创新对治理模式的挑战及风险防范 [J]. 中国特色社会主义研究，2020 (Z1).
② 于凤荣，王丽. 电子政府与现代政府之比较 [J]. 中国行政管理，2001 (11).
③ 王颖. 电子政府——中国政府改革的新取向 [J]. 南京社会科学，1999 (9).
④ 杨世运. 电子政务的发展与对策 [J]. 中国科技论坛，2001 (4).
⑤ 夏卿. 电子政务：推动我国行政管理体制改革的重要动力 [J]. 云南社会科学，2003 (S1).
⑥ 〔英〕托马斯·霍布斯. 利维坦 [M]. 黎思复，黎廷弼，译. 北京：商务印书馆，1985. 1-3.
⑦ 习近平. 为打赢疫情防控阻击战提供强大科技支撑 [J]. 求是，2020 (6).
⑧ 王磊. 情境、认知与策略：技术嵌入组织的逻辑——以新冠肺炎疫情防控中武汉市红十字会为例 [J]. 求实，2021 (3).

有序性，具有助推公众与政府间良性互动的赋能功效。①

第二重挑战，如何对技术本身进行治理？20 世纪末名噪一时的未来主义学派代表人物丹尼尔·贝尔从技术治理角度预测，后工业社会实质上是“智能技术”为基础的技治社会，即智能治理社会。② 从技术本体论来讲，人工智能具有一定的技术逻辑，不易被人类“异化”，因此可以佐证上述技治社会的必然性。信息化、网络化和智能化的多重嵌入试图解决备受诟病的传统科层制困境，但解构科层制的愿景却又陷入了科层制的伦理悖论：以政府主导的技治模式削弱了民主参与以及可能会固化传统的治理弊端。正如马克斯·韦伯对其“技术官僚统治”“专家无人性”的担忧一般，现代社会正在为我们铸就一个技治的貌似理性的“铁笼”。

由此，电子政务和数字政府继承发展过程中需高度关注两个议题：技术伦理和算法滥用。无论是技术哲学经验转向代表阿尔伯特·伯格曼（Albert Borgmann）论及的装置范式（device paradigm）还是芬伯格的“技术民主化”及维贝克的“道德物化”，都曾引起学界的广泛思考，即不能忽视技术哲学思想中关键的政治与伦理向度。③ 如区块链作为核心技术自主创新的重要突破口，有助于推动政府部门之间数据共享和业务协同中的职能重塑。其在突发公共卫生事件中，能够助推公权力机关履职尽责、缓解基层防控压力、消除网络谣言的滋生扩散、有力强化应急管理能力，④ 但囿于“技术发展对善和恶都带来无限可能性”，⑤ 容易诱发寒蝉效应、破坏话语机制和扩大数字鸿沟等难题。不容忽视的是，区块链去中心化的特性也极易引起系统性风险。而算法给现代治理提出的最大威胁则表现在安全、伦理和隐私三个方面。如何将伦理、道德、法律等嵌入智能系统，防范技术赋能变成技术负能，⑥ 使技治走向善治？如何使算法黑箱走出“傲慢与偏见”和算法滥用，将“数字利维坦”关进制度的笼子里？在政府权力运行规则和流程重塑的过程中，只有彻底消弭技术崇拜和民主价值之间的矛盾，才可使权力运行避免陷入“技治主义”（technocracy）。

① 于琴. 监督话语与政治过程：重大突发性公共卫生事件应对中的舆论监督——以“云监工”的监督话语分析为例［J］. 重庆社会科学，2021（3）.

② Daniel Bell. Twelve Modes of Prediction：A Preliminary Sorting of Approaches in the Social Sciences. Daedalus，1964，93（3）.

③ 谭泰成. 伯格曼技术哲学的政治与伦理向度［J］. 自然辩证法研究，2021（5）.

④ 张爱军，梁赛. 突发公共卫生事件的区块链路径：应用场景、伦理风险及平衡进路［J］. 武汉理工大学学报（社会科学版），2021（1）.

⑤ ［美］诺伯特·维纳. 控制论［M］. 郝季仁，译. 北京：科学出版社，2016：56.

⑥ 胡卫卫，陈建平，赵晓峰. 技术赋能何以变成技术负能？——“智能官僚主义”的生成及消解［J］. 电子政务，2021（4）.

（三）数据赋权

数据是新时代的“数字宝矿”，是当今世界最有价值的战略资源和新一轮国际竞争的核心。[①] 数据赋能的理念已形成共识，如何挖掘数据要素潜能和激发数据要素活力是电子政务和数字政府的历史应然。“赋能”的概念最早出现于 20 世纪 80 年代积极心理学理论中，指借助言行、态度、环境的变化给人以“正能量”的过程。[②] 也有学者将权力的再分配[③]和社会参与能力[④]作为赋能的蕴涵。数据如何赋能？大数据专家杰夫·乔纳斯（Jeff Jonas）提出要让数据“说话”。[⑤] “孤立的数据是没有价值的”，[⑥] 于电子政务和数字政府而言，数据赋能既需打通数据壁垒、汇聚数据湖、构建业务模型等具体场景，推动形成“用数据说话、用数据决策、用数据管理、用数据创新”发展新格局，建立坚实的数据安全基座，确保涉及国家机密、商业秘密和个人隐私的数据安全，还要有效防范数据垄断。这既是激发数据要素活力的内生动力，亦是电子政务和数字政府共力推动国家治理现代化的使命之需。

第一，由打破壁垒到形成数据共享共用新机制。从经济学来看，数据和技术有两点相似之处：一是非排他性，即数据和技术的使用不影响其他人的使用，即是非排他的；二是两者传播的边际成本为零。数据使用规模收益的递增决定了使用数据的人越多，收益就越高。数据的这种特质决定了首先须破解部门需求响应慢、数据孤岛现象多、服务协同性差、业务一致性弱的问题。正如协同学理论创始人赫尔曼·哈肯（Herman Haken）所提出的，协同是系统要素（或子系统）间的相互作用和配合，经过在时间、空间和功能上形成相应的自组织结构，最终由从无序演化为有序的状态。[⑦] 电子政务、数字政府的传承与发展必然坚持协同理念，构建并形成以政府为主导，企业、社会、个人多元参与的数据协同治理机制和利益协调、平等协商、共商共建共享的制度框架。

第二，有效防范数据垄断和数据滥用。早在 1999 年，我国 80%的社会信息资源已

---

① 杨东. 数据争夺是新一轮国际竞争核心［J］. 中国金融，2019（15）.

② Spreitzer G. Giving Peace a Chance：Organizational Leadership，Empowerment，and Peace. Journal of Organizational Behavior，2007，28（8）.

③ Swift C，Levin G. Empowerment：An Emerging Mental Health Technology. Journal of Primary Prevention，1987，8（1）.

④ Zimmerman M A. Taking Aim on Empowerment Research：On the Distinction between Individual and Psychological Conceptions. American Journal of Community Psychology，1990，18（1）.

⑤ ［英］维克托·迈尔-舍恩伯格，肯尼思·库克耶. 大数据时代：生活、工作与思维的大变革［M］. 盛杨燕，周涛，译. 杭州：浙江人民出版社，2013：28.

⑥ 赵国栋，等. 大数据时代的历史机遇：产业变革与数据科学［M］. 北京：清华大学出版社，2013：31.

⑦ Haken H. Synergetics of Brain Function. International Journal of Psychophysiology，2006，60（2）.

掌握在政府部门手中。[①] 历经20多年的快速发展，电子政务在实现向数字政府高级形态的跃升过程中带动着社会数字化和经济数字化转型发展。期间，以阿里、腾讯、百度为代表的互联网平台企业逐渐迅速涉足政府信息化业务，更多数据开始快速向企业汇聚集中形成形态各异的数据“堰塞湖”。假以时日，社会信息资源的80%可能会由政府部门掌控让位于企业掌控，而后者将形成事实上的“数据平台寡头”。彼时，数据垄断者凭借数据优势随意设置市场进入壁垒、降低隐私条款、大数据杀熟事件频发，数据在转变为一种生产资料时不时加剧“弱肉强食”的丛林法则，阻碍了数据流动和资源有效分配，并导致政治民主落入陷阱等问题。[②] 没有合理的数据流动，国家治理很容易陷入“强者愈强，强者通吃”的困境，即“赢者通吃”（winner-take-all）。透视未来的国家治理，一方面，可充分利用电子政务和数字政府内涵的技术赋能作用，推动形成行为监管和工具监管相融合的混合方式，如可基于区块链去中介化、高度自治的数据账本，将数据生产者、数据使用者、数据监管者从传统的“上网”到“上链”，这种扁平化治理模式，有望重构数据利益关系乃至数据产业的生产关系，可视为提升监管能力的新赋能。另一方面，要强化法治保障。目前来看，国家已经颁布《中华人民共和国数据安全法》，并将“收集、存储、使用、加工、传输、提供、公开”等环节框定为数据生命周期，为数据流通和交易奠定了法律基石。[③] 从数据赋能角度来看，鉴于数据权利是一种新型的财产权，后续可在操作细节上进一步明晰数据确权的基本边界。

当然，于数字政府而言，还要按照充分发挥市场在资源配置中的决定性作用，更好地发挥政府的作用，促进有效市场和有为政府更好地结合，突破市场发展垄断的历史局限性，不断提升数据要素自由流动和高效配置，为国家治理现代化不断注入源头活水。

四、结论与探讨

半个世纪前，罗伯特·达尔（Robert Dahl）在《行政学的三个问题》中深刻指出，“从某个国家的行政环境归纳出来的概论，不能立刻予以普遍化，或被运用到不同环境的行政管理中去”。在数字政府治理领域，全球目前尚未出现可供我们直接现学现用的“舶来品”，无法“求新声于异邦”的现状倒逼中国必须基于数字政府实践场域，探索具有本土化特色的政府数字化转型范式和理论体系。本文的研究正是基于上述之思考展

① 李志伟. 政府上网谁受益［N］. 光明日报，1999-02-24.

② 李齐. 数字时代的权力生产与政府责任［J］. 中国行政管理，2019（11）.

③ 申卫星. 论数据用益权［J］. 中国社会科学，2020（11）.

开的，从电子政务与数字政府历史演化入手，剖析了不同视野下两者叙事主线的异同点，构建了“机构赋责-技术赋能-数据赋权”三维一体的继承发展框架，初步回答了数字政府与电子政务关系的时代疑虑。尽管如此，在理解从电子政务到数字政府的演进过程中，也不能简单地认为数字政府是电子政务的高级发展阶段，而是必须站在中国实现中华民族伟大复兴战略全局和百年未有之大变局的交汇期的历史位置上加以综合研判。

道阻且长，行则将至。身处当代中国伟大变局，信息技术在赋能治理现代化的历史长河中，其本身已由基本支撑工具演变为国家行政体制改革和政府职能转变的赋能利器。期间，电子政务的名谓几经变化，如办公自动化、业务网络化、数据共享化、互联网+政务①等为主导的既有模式，一度有力推动着政府决策科学化、社会治理精准化、公共服务高效化进程。从学术界研究共识来看，E-government 1.0 将信息技术视为政府治理变革的重要助力，E-government 2.0 更直接和鲜明地将 ICT 在政府中的应用与外部变化关联起来。目前数字政府则接过电子政务接力棒，成为“十四五”时期国家行政体制改革的主战场，无论是政策文件、信息化建设还是组织机构重构，都鲜明地体现出了政府数字化转型的强烈意愿。从这个意义上看，数字政府有点类似电子政务未来模态 E-government 3.0 的意味。融合了数字循证决策、技术嵌入和组织重构的数字政府治理范式正悄然掀起一场不可逆转的治理革命。当然，未来随着技术形态的演化及国家治理的现实需要或许会涌现出诸如智慧政府或智能政府的新形态。最重要的是，在国家全域数字化转型的宏大背景下，② 无论政府数字化转型的名谓如何变化，必须始终聚焦“大问题”研究，诸如将数字政府治理的权责边界、角色职能定位于解决技术、伦理风险和数据垄断背后的本质问题。毕竟，数字政府视域下，牵住政府治理权责边界和角色定位这个“牛鼻子”，立足我国本土实际情况，丰富和发展具有中国特色的国家治理理论体系，这应成为国内公共管理界学者们未来很长一段时期孜孜不倦的追求。

（本文原载于《中国行政管理》2022 年第 2 期，有删改）

① 翟云.“互联网 + 政务”：现实挑战、思维变革及推进路径［J］. 行政管理改革，2016（3）.
② 翟云，蒋敏娟，王伟玲. 中国数字化转型的理论阐释与运行机制［J］. 电子政务，2021（6）.

数字政府如何降低行政负担

中国人民大学公共管理学院　马　亮

一、引言

行政负担是公民和企业在同政府部门打交道的过程中需要承担的各类成本，包括学习成本、服从成本和心理成本等，对政府绩效、营商环境和社会公平影响深远。① 比如，一些政府部门“门难进、脸难看、事难办”，给前来办事的民众和企业设置重重障碍，使他们办不成事、办不好事，服务体验很差，影响了政府公信力和社会形象。行政负担是影响政府绩效和公信力的关键因素之一，而基于新一代信息技术的数字政府建设被视为降低和消除行政负担的重要手段之一。但是，数字政府能否及如何降低行政负担还没有得到充分研究。

数字政府建设是国家战略的集中体现，也是国家治理体系与治理能力现代化的战略着力点，并在降低行政负担方面发挥重要作用。② 不同于单纯以政府事务数字化为主的电子政务，数字政府意味着政府的全方位数字化转型，是通过数字技术打造的政府新形态。党的十九届四中全会首次提出“数字政府建设”，国家“十四五”规划提出提高数字政府建设水平。自 2019 年全国一体化政务服务平台上线试运行以来，全国数字政府建设的一体化趋势不断加快。2022 年，国务院印发《国务院关于加强数字政府建设的指导意见》。近些年来数字政府建设发展迅猛，不断满足人民对美好生活的向往。

党的十八大特别是 2015 年以来，“最多跑一次”改革、“零跑动”“不见面审批”“秒批”等“放管服”改革席卷全国。通过简政放权、放管结合、加强事中事后监管、优化和创新服务等一系列改革举措，这些数字化改革有力降低了民众和企业同政府部门

① Herd P, Moynihan DP. Administrative Burden: Policymaking by Other Means [M]. New York, NY: Russell Sage Foundation, 2018.

② 马亮. 数字政府建设：文献述评与研究展望 [J]. 党政研究，2021 (3): 99-111.

打交道的难度和成本，并大大提升了公共服务体验。“放管服”改革之所以能够取得如此之大的成就，同其所推行的“互联网+政务服务”密不可分。恰恰是通过引入互联网、大数据、人工智能等新一代信息技术，使数字政府建设得以便利公众和企业的办事流程，并使行政负担持续降低。①

值得注意的是，数字政府在降低行政负担的同时，也在无形之中带来了新问题。数字政府建设尚未有效解决“信息孤岛”“数字鸿沟”等问题，各地区各部门之间不均衡不充分发展的问题依然突出，使数字政府和行政负担发生了微妙的变化。与此同时，一些地区和部门盲目相信数字政府可以降低行政负担，大举投资和贸然上马数字政府建设项目，导致该领域频现烂尾工程。又如，老年人、残障人士和偏远山区居民往往因为不会或无法上网而成为“数字难民”，难以享受数字政府的技术红利，信息障碍也使其所面临的行政负担不减反增。再如，数字政府建设不彰和走样，“指尖上的形式主义”使行政负担以新的形式浮现。② 此外，数字政府建设不力，代办、帮办等使大量行政负担从公众和企业转嫁到政府部门，导致基层工作人员疲于奔命，使基层负担有增无减。③凡此种种，既说明数字政府有降低行政负担的巨大潜力并取得了较好成效，但也会导致新问题的出现。

尽管行政负担是全球公共管理研究的新兴热点议题，但是国内研究才刚刚起步，从数字政府角度对其加以研究的较少。④ 这使我们难以全面精准地理解和评估行政负担，并解释数字政府对行政负担的影响过程和作用机制。本文对数字政府如何降低行政负担的已有研究进行综述，并提出未来有待实证检验的理论命题。我们考察了数字政府通过何种途径和在什么情况下会降低行政负担，以及数字政府为何也会导致行政负担不减反增。本文探讨数字政府影响行政负担的作用机制和边界条件，并提出了通过数字政府来降低负担的对策建议。

二、研究综述：数字政府何以影响行政负担?

数字政府（digitalgovernment）是在电子政务（e-government）的基础上提出的概念，不仅指政府部门利用信息技术进行决策、监管和服务，而且意味着政府作为一个整

① 马亮.“放管服”改革：理论意蕴与政策启示［J］.江苏师范大学学报（哲学社会科学版），2020，46（5）：88-99.

② 翟云.政务服务“好差评”制度：政策意蕴、理论阐释与路径建构［J］.行政管理改革，2020（3）：66-72.

③ 颜昌武，杨郑媛.加压式减负：基层减负难的一个解释性框架［J］.理论与改革，2022（1）：76-86.

④ 马亮.政务服务创新何以降低行政负担：西安行政效能革命的案例研究［J］.甘肃行政学院学报，2019（2）：4-11.

体的全方位数字化转型，旨在打造全新的政府形态①。数字政府从最初的政府上网工程，再到后来的社交媒体应用，再到当前的“放管服”改革、“互联网+政务服务”，越来越重视大数据、云计算、人工智能、区块链、5G 等新兴信息技术的应用。建设数字政府是适应新兴信息技术迅猛发展和广泛普及的必然要求，会极大地降低交易成本和行政负担，并能够对科技创新、营商环境、民生福祉和党政决策等方面发挥一举多得的积极作用。

随着移动互联网的日益普及，数字政府越来越从 PC 端转向移动端，移动政务成为数字政府建设的主导方向。② 以“城市大脑”为代表的智慧城市建设，也在加快推动数字政府建设朝向智能化方向发展。浙江省、上海市等地都提出了数字化变革的行动方案，纷纷发力通过数字政府加快政府治理现代化。与此同时，政府数据开放日益流行，推动企业创新和公民参与，使合供、共同设计等成为可能。因此，数字政府建设有利于提速基层社会治理创新，并倒逼政府全面深化改革、监管和服务流程再造。

基于新一代信息技术的数字政府建设，被认为是减轻基层负担和行政负担的重要手段，并在政府管理和社会治理中广泛应用。对西安市效能革命的研究显示，数字政府建设可以通过多种路径降低行政负担。③ 多案例研究发现，“互联网+政务服务”降低了行政负担，强化了政企沟通，并优化了营商环境。④ 还有学者以退税无纸化改革为例，发现行政负担降低增加了企业出口贸易。⑤

信息技术是作为效能提升工具而被引入的，却反而增加了基层负担，这同特殊的制度结构、技术的应用方式、技术系统的便利性和个人信息能力等四个方面因素的影响和共同作用有关。⑥ 有研究发现，信息技术引入的确降低了公众的服从成本和心理成本，但是却增加了公众的学习成本，使他们需要花费时间学会怎么操作⑦。

数字政府降低行政负担的可能性是建立在一定的前提条件上的，而这些前提条件可

① 黄璜. 中国“数字政府”的政策演变——兼论“数字政府”与“电子政务”的关系［J］. 行政论坛，2020，27（03）：47-55.

② 马亮. 数字政府建设：文献述评与研究展望［J］. 党政研究，2021（3）：99-111.

③ 马亮. 政务服务创新何以降低行政负担：西安行政效能革命的案例研究［J］. 甘肃行政学院学报，2019（2）：4-11.

④ 廖福崇.“互联网+政务服务”优化了营商环境吗？——基于31省的模糊集定性比较分析［J］. 电子政务，2020（12）：99-109.

⑤ 梁平汉，邹伟，胡超. 时间就是金钱！退税无纸化改革、行政负担与企业出口［J］. 世界经济，2020（10）：52-73.

⑥ 钟伟军. 技术增负：信息化工具为什么让基层干部压力重重？——基于扎根理论的探索性研究［J］. 电子政务，2021（10）：116-124.

⑦ Madsen CØ, Lindgren I, Melin U. The accidental caseworker – How digital self-service influences citizens´ administrative burden［J］. Government Information Quarterly, 2022, 39（1）：101653.

能并不存在，或者使数字政府导致行政负担不减反增。此外，弱势群体在使用信息技术时往往会面临很强的心理障碍，对自己的信心不足，更不会使用新技术，结果在无形之中将他们挡在门外。① 随着越来越多的公共服务线上办理，需要考虑怎么鼓励人们转换办事习惯，从线下办理走向线上办理。

尽管数字政府对政府管理、经济发展和社会治理带来了翻天覆地的变化，但是有关数字政府对行政负担的影响的研究还不多见。与此同时，这些研究分散在不同国家和场景，得出了不同的结论，使我们还无法理解数字政府究竟在多大程度上和通过何种路径影响行政负担。此外，目前对数字政府的分析还局限于信息发布、自动填报等方面，而没有将大数据分析、人工智能等新一代信息技术纳入其中，也没有充分评估这些新技术对行政负担的影响。因此，有必要加强研究数字政府和行政负担之间的关系，为通过数字政府来降低行政负担提供理论依据。

已有文献围绕行政负担的概念和前因后果、数字政府对行政负担的影响等问题进行了大量研究，然而数字政府是否、为何及如何减轻行政负担，数字政府是否会带来新的行政负担或导致行政负担的隐性增加，数字政府在何种情况和条件下会影响行政负担，这些问题还没有得到充分研究。

本文认为，未来值得研究数字政府如何影响行政负担，并围绕如下主要问题开展研究：①数字政府如何降低行政负担？数字减负何以可能？哪些因素会推动数字政府建设，进而带动行政负担的降低？数字政府降低行政负担的作用机制有哪些？②在何种情况下，数字政府会使行政负担得以降低？数字政府为何适得其反，导致负担不减反增？行政负担是否会倒逼数字政府建设？对上述问题进行研究，有利于我们构建中国情境下的行政负担理论，并解释数字政府如何降低行政负担，因此具有重要的理论意义和现实价值。

从理论意义来说，相关研究将对行政负担和数字政府的研究文献做出边际贡献。对这些问题进行研究，特别是识别数字政府影响行政负担的作用机制和边界条件，可以丰富我们对数字政府和行政负担的理解，并填补该领域的研究空白，发展出新的理论视角和解释框架。结合新公共治理、代表性官僚、街头官僚、数字治理、行为科学等理论，探讨数字政府影响行政负担的内在逻辑、作用机制和边界条件，有利于构建有中国特色的行政负担理论。实证分析数字政府与行政负担之间的关系，厘清数字政府影响行政负担的内在过程和发生机理，有利于深化数字时代的公共管理理论体系，并为行政改革和

---

① Linos K, Carlson M, Jakli L, et al. How Do Disadvantaged Groups Seek Information About Public Services? A Randomized Controlled Trial of Communication Technologies [J]. Public Administration Review, 2021.

政府创新提供决策依据。

就现实意义而言，对行政负担的概念化和操作化，可以为各级政府部门诊断、衡量和降低行政负担提供参考依据，推动行政负担的全面监测和持续降低。研究行政负担以及数字政府如何对其加以影响，可以为各级政府部门提供决策依据，使其能够更加合理高效地建设数字政府，进而全方位降低行政负担。降低行政负担会提升民众的满意度和获得感，进而提高他们对公共服务绩效的评价和对政府的信任，因此具有重要的现实政策意义。揭示数字政府如何影响行政负担，能够指导各级政府更好地建设数字政府并降低行政负担，避免建设不当和运营不力而导致行政负担不减反增。此外，对行政负担的研究也会启发和推动基层减负，提升基层工作人员的工作效率并降低其工作压力，推动政府绩效提升。

三、数字政府影响行政负担的作用机制

（一）理论框架

本文研究的核心任务是考察行政负担的结构和成因，以及数字政府如何影响行政负担，进而对治理效能产生影响。从数字政府和行政负担的关系而言，具体研究框架如图1所示。

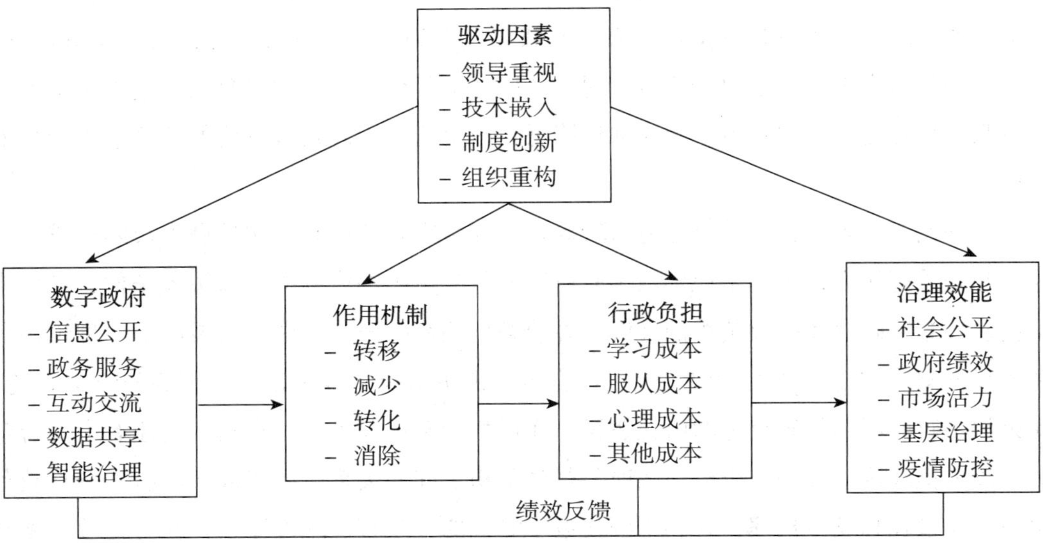

图1　数字政府与行政负担的研究框架

笔者认为领导重视、技术嵌入、制度创新、组织重构等驱动因素会影响数字政府，而数字政府包括信息公开、政务服务、互动交流、数据共享和智能治理等构件。行政负担包括学习成本、服从成本、心理成本和其他成本，而数字政府会通过转移、减少转化、消除等作用机制来影响行政负担，对不同成本的影响程度和方式也不尽相同。进而言之，行政负担的降低会对治理效能产生影响，在社会公平、营商环境、科技创新、基层治理、疫情防控等场景带来深远影响。最后，作为一个开放系统，行政负担和治理效能的改变也会反过来作用于数字政府及其背后的驱动因素，进而形成行政负担的前因后果闭环。

（二）数字政府影响行政负担的作用机制

数字政府会影响行政负担，所以应重点研究数字政府对行政负担的影响，特别是其作用机制和边界条件。具体来说，未来应重点研究的问题包括：数字政府如何降低行政负担？数字政府通过哪些中介变量和作用机制发挥作用？不同类型的数字政府是否会带来不同的作用？不同类型的行政负担是否受到不同因素的影响？

政府管理和公共服务均涉及供给和需求两个方面，而行政负担及其降低主要可以从供给侧出发，考察其起源和降低途径。① 数字政府是数字化的、正式化的、非私人化的、透明性的、处处留痕的，并可以通过转移、减少、转化、消除等途径降低行政负担。具体来说，结合已有研究，我们提出如下数字政府影响行政负担的作用机制，并期望未来研究可以对其进一步探究和验证。

（1）转移。行政负担之所以会发生，是因为政府部门将原本应由其承担的成本转移或转嫁到公众一侧，使公众的行政负担陡增。政府部门将行政负担从上级转移到下级，从一个部门转移到另一个部门或其他组织，从编内人员转向编外人员，从公众和企业转向公务员，而行政负担本身并没有实质性变化。降低公众的行政负担，至关重要的是将其从公众转移到政府。② 数字政府有助于推进行政负担的转移，使过去由公众和企业负担的各类成本，转而由政府部门的工作人员承受。这种情况往往发生在地方政府部门希望减免行政负担，但是上级基本制度不变，所以不得不将其转移到政府部门。但是，这种行政负担的转嫁有可能使“民不聊生”演变为“官不聊生”。比如，一些地区推动“网上办”，但是老百姓的办事习惯没有转变，办事能力尚未提升，所以不得不通

① Camillo CA. Understanding the mechanisms of administrative burden through a within-case study of Medicaid expansion implementation [J]. Journal of Behavioral Public Administration, 2021, 4 (1).

② Herd P, DeLeire T, Harvey H, et al. Shifting Administrative Burden to the State: The Case of Medicaid Take-Up [J]. Public Administration Review, 2013, 73 (s1): S69-S81.

过帮办、代办等过渡形式推进，而办事人员则因此而疲于应付。

（2）减少（reduction）。行政负担的各类成本都可能因为数字政府而得以减少，主要通过调整（modification）、简化（simplification）、合并（aggregation）或理顺（streamlining）等具体方式。在行政负担的三类成本中，数字政府降低最明显的是服从成本，其次是学习成本和心理成本。行政负担的减少主要表现在服从成本方面，比如人们找政府办事的材料份数、制式表格的字段数量、办事程序的环节数量、等候的时间长短、跑动的次数和地理距离等等，都可能因为数字政府而明显减少。如果必须线下办理，则通过下放权限和技术赋能而实现就近办理，达到“一刻钟”政务服务圈的效果。但是，这种量上的减少仍然会存在行政负担的残留，需要持续不断的数字化变革加以深化。

（3）转化（transformation）。转化意味着不同行政负担维度之间的转变或转换关系。在数字政府的驱动下，不同行政负担之间会发生转化，出现此消彼长的现象。比如，因为新技术的引入需要学习和掌握数字技能，而很多人不具备必需的设备、知识和技能，所以服从成本降低了，但是会转化为学习成本。与此同时，办事需要跑动的次数减少了，花费的时间减少了，但是公众对信息技术和数字政府的不信任，可能会使其心理成本增加。

（4）消除（elimination）。数字政府可能通过取消（cancellation）、自动化（automation）、智能化（robotization）、替代（substitution）等具体方式彻底根除行政负担。比如，将审批改为备案或“法无禁止即许可”，取消一些不必要的证明材料，或者通过数据库校验来判定居民身份是否符合条件，通过人脸识别核实居民身份，等等。更为重要的是，行政负担所依存的制度得以改革，如行政许可的程序、资格要求、证明材料等，使过去要办的可以免办，过去串联办理的改为并联或容缺审批，过去要本人亲自到场的可以代办或异地办理，而政府可以提供和共享证明材料。这意味着数字政府要想根除行政负担，不仅意味着信息技术的引入和应用，而且需要组织内外的制度变革。

命题1：数字政府会降低行政负担，但是数字政府对行政负担的影响既可以是直接的，也可以是间接的。

数字政府会降低行政负担，但是也可能催生行政负担，导致行政负担的数字化或数字负担。因此，数字政府会带来公众、企业和公务员等的行政负担增加。比如，数字政府导致行政负担的转嫁。公众、企业在前台最多跑一次，政府公务员在后台却要跑多次（如二次录入），而过渡时期线上线下的双重要求也会带来行政负担的成倍增加。以电子签章为例，上级对下级的放权不够、既有法律法规的改革不到位，都并没有使行政负担减轻。成为数字政府本身的界面兼容性、友好性较差，线上花费更多时间、跑不通路、办不成事，使线下负担转化为线上负担，带来学习成本和心理成本的增加。此外，在信息化工具和技术的应用中，存在手段与目的相背离的“数字形式主义”现象，使基层干部压力倍增。

更为重要的是，行政负担在不同人群之间的分配可能会因为数字政府而发生微妙的改变，进而威胁到社会公平。在网约车、互联网医疗等领域都出现了类似的现象，即这些新兴模式极大地便利了人们的交通出行和医疗预约，但是也使老年人和其他弱势群体面临无车可打和无医可求的尴尬，不得不依靠其他方式进行救助。数字政府的刚性程序，往往压缩和限制了公务员的行政自由裁量权，而削足适履导致的标准化悖论在于边缘群体可能难以享受数字红利。① 比如，对美国福利资格自动化处理系统的研究显示，计算失误和刻意排斥带来的福利剥夺，造成了“自动不平等”，高科技的算法管理锁定、管制和惩罚贫困人口，使穷人陷入“数字济贫院”一样的生存困境，可以说是谱写了一曲“数字时代贫困人口的悲歌”。②

数字政府和数字鸿沟使行政负担的社会分配进一步不均衡，特别是老年人和残障人士面临社会不公平，需要数字政府界面的适老化改造和信息无障碍建设。对老年人和残疾人的制度性歧视，核心反映在行政负担上，因此要推动信息无障碍。信息障碍同政府部门有关，但是也同用户端关系密切。如果能够提升老年人和残障人士的数字素养，那么也会使其行政负担大幅降低，实现信息无障碍。与此同时，老年人担心受骗而更倾向于“面对面交流”和“眼见为实”，所以对于互联网+政务服务的接受度有待提升。

命题 2：数字政府并不必然会降低行政负担，甚至在某些情况下还会加重一些群体的行政负担，或者使行政负担改头换面重新出现。

表面上看技术是中性的，但是技术会受到制度的制约，因此行政负担是否会由于信息技术的引入而降低，是一个悬而未决的问题。数字政府的跑偏、异化、失灵，都可能使行政负担不减反增。数字政府能否降低行政负担取决于一系列因素，这包括政府部门之间的协同、领导干部和公务员的共情力和同理心、企业和公民的数字政府知晓和应用。比如，在降低行政负担方面，单兵突进的数字政府建设就逊于齐头并进的。

在肯定数字政府降低行政负担的同时，我们要认识到行政减负的不可逆性也同样至关重要。否则一些原有的行政负担可能被减除了，但是很快就通过巧立名目或改头换面

---

① Bovens M, Zouridis S. From Street-Level to System-Level Bureaucracies: How Information and Communication Technology Is Transforming Administrative Discretion and Constitutional Control [J]. Public Administration Review, 2002, 62 (2): 174-184.

② 〔美〕弗吉尼亚·尤班克斯. 自动不平等：高科技如何锁定、管制和惩罚穷人 [M]. 李明倩，译. 北京：商务印书馆，2021：3-13.

而死灰复燃。这可能使行政负担像“打地鼠”游戏一样没完没了，也使利益相关者在“减负—增负—减负”的死循环中难以自拔。2021 年 1 月，中央整治形式主义为基层减负专项工作机制办公室印发《关于进一步规范移动互联网应用程序整治指尖上的形式主义的通知》，要求着力解决重痕不重绩、多头报送等问题，整治“指尖上的形式主义”。因此，未来可以研究何种模式的数字政府会推动行政负担降低，以及导致行政负担不减反增的数字政府症结何在。

命题 3：数字政府能否降低行政负担取决于一系列因素，包括制度环境、社会文化、组织结构、领导风格等方面。

行政负担的背后是公民和企业的一系列注意力分配、行为和动作，因此降低行政负担就不是政府一厢情愿的问题，而是需要特别关注他们的行为是如何改变的。比如，学习成本意味着公民和企业需要花费大量时间、投入大量精力、查阅各种资料、求证各种来源，才能搞清楚怎么同政府打交道和办事。再如，服从成本主要反映在公众和企业需要在各个地区和部门之间来回跑，准备和提交各种报表材料。因此，从行为出发来研究行政负担，探究如何降低行政负担，是未来应该开展的研究，并据此可以为政府和企业通过利用信息技术来降低行政负担提供决策依据。①

命题 4：基于行为科学和循证决策而设计和实施的数字政府解决方案，可以推动行政负担持续降低。

公共管理学被视为一门设计导向的应用学科，需要借鉴行为科学（behavioral science）来进行循证（evidence-based）决策和管理。比如，近些年来特别强调的“助推”（nudge），就是通过政策优化来使公共政策更加简单易懂、自动实现、富有吸引力，进而达到四两拨千斤和事半功倍的良效。数字政府的灵活性和便利性，意味着可以通过快速 AB 测试来进行动态精细调整，并寻找行政负担最低的最优路径。比如，数字政府用户界面的设计和布局可以因人而异和量身定制，通过不同人群的测试来确定最合适的解决方案，进而能够达到降低行政负担的目的。再如，人们主要依赖搜索引擎来获取政府办事信息，对搜索引擎的改造和优化（如将网言网语列为搜索关键词、搜索结果的智能定制化排序），将会极大地降低人们的学习成本，进而降低“病急乱投医”带来的服从成本和心理成本。此外，设计更加友好简洁的用户指南等行政导引，也有助于降

① Carrigan C, Pandey SK, Van Ryzin GG. Pursuing Consilience: Using Behavioral Public Administration to Connect Research on Bureaucratic Red Tape, Administrative Burden, and Regulation [J]. Public Administration Review, 2020, 80 (1): 46-52.

低行政负担。[①]

未来可以对行为科学、“助推”、循证决策、政策实验室等进行研究，选择适合用于降低行政负担的解决方案，并考察其在降低行政负担方面的成效。比如，政府应进一步深化“放管服”改革，降低和转嫁民众的行政负担给公务员，降低企业和公务员的行政负担，通过基层减负促进基层治理现代化。[②] 与此同时，要利用数字政府的互联网优势降低行政负担，改革政府行政许可程序，建立大数据共享平台。实现政府与多部门共同构建无障碍信息环境，重视行政相对人的信息普惠和精准化信息诉求，推动信息无障碍、消除数字鸿沟。此外，未来研究可以系统收集“放管服”改革、营商环境优化等领域的行政负担降低案例，提炼可以进一步推广普及的解决方案，并提出可供有关部门参考的对策建议。

四、加强数字政府建设、降低行政负担的政策建议

本文研究了数字政府建设对行政负担的影响，并构建了初步的理论框架，解释数字政府和行政负担之间的关系。我们的研究显示，数字政府有降低行政负担的巨大潜力，但是数字政府未必就会降低行政负担。为此，需要在数字政府建设中关注这些影响因素和环境条件，推动数字政府建设并降低行政负担。

首先，数字政府会降低行政负担，但是数字政府对行政负担的影响既可以是直接的，也可以是间接的。这意味着要进一步加快推动数字政府建设，使行政负担随着政府数字化转型而得以大幅持续降低。政府部门可以通过许多措施来降低行政负担，但是数字政府建设是降低行政负担的关键有效措施，需要在未来得到更多重视。与此同时，政府部门也应关注和监测行政负担，避免行政负担过重而带来的问题，并采取各类数字化手段降低监管和服务对象的行政负担。

其次，数字政府并不必然会降低行政负担，甚至在某些情况下还会加重一些群体的行政负担，或者使行政负担改头换面重新出现。数字政府如果设计不当、实施有偏或分布不均，都会导致行政负担不降反升，或者使不同领域和群体的人们面临行政负担的不公平。特别是在数字政府建设初期和数字化转型期间，要特别关注数字政府可能带来的行政负担增加问题。与此同时，要进一步弥合数字鸿沟，使更多人可以享受数字红利，

---

① 李德国，郑炜. 服务设计如何推动公共部门的价值创造：一项针对办事指南的混合研究［J］. 中国行政管理，2021（4）：22-30.

② 马亮. “放管服”改革：理论意蕴与政策启示［J］. 江苏师范大学学报（哲学社会科学版），2020，46（5）：88-99.

降低行政负担分布不均问题。

再次，数字政府能否降低行政负担取决于一系列因素，包括制度环境、社会文化、组织结构、领导风格等方面。要想使数字政府发挥应有的降低行政负担作用，就需要在这些方面做文章，使数字政府和行政负担的联动性进一步增强。比如，领导重视对于数字政府建设至关重要，也会影响数字政府能否降低行政负担。再如，如果没有大刀阔斧的制度改革和政策创新，那么数字政府会面临制度约束和政策限制，也难以发挥降低行政负担的作用。此外，围绕数字政府建设应推动组织重构，使组织结构同数字化转型相匹配，进而为降低行政负担创造条件。

最后，基于行为科学和循证决策而设计和实施的数字政府解决方案，可以推动行政负担的持续降低。什么样的数字政府可以降低行政负担，以及通过何种方式影响行政负担，这些都还需要进一步的科学研究，以便于为数字政府建设提供政策指引。特别是要从公务员、民众和企业的行为入手，从行为科学的角度进行研究，提炼这些行动主体的行为规律，并据此设计更加科学有效的数字政府，从而实质性降低行政负担。从循证决策的角度而言，很多显著降低行政负担的做法可能都是“助推”，看似微不足道的设计，但是却可能“四两拨千斤”，发挥事半功倍的作用。因此，应推动更多政府部门参与政策试点和实验，从行为科学和设计科学入手，推动数字政府建设的设计革新，使其能够为降低行政负担提供更好的条件。

（本文原载于《行政管理改革》2022年第9期，有删改）

需求导向下的数字政府建设图景：认知、使用和评价

中山大学政治与公共事务管理学院/数字治理研究中心

郑跃平　孔楚利　邓羽茜　李楚昭　廖宸婕　杨学敏

一、研究背景与问题提出

随着数字技术的不断发展，新业态、新模式、新服务加速渗透至我国经济社会各领域，数字时代已然全面到来。聚焦数字政府领域，新一代数字技术不断推动政府数字化和智能化运行，为推进国家治理体系和治理能力现代化提供有力支撑。“以人民为中心”始终是数字政府建设的出发点和落脚点，党的十八大以来，我国数字政府建设的创新实践如雨后春笋般相继涌现。“一网通办”“一网统管”“一网协同”“个人数字空间”“接诉即办”等新生数字化政府管理服务名词日渐被社会大众所熟知；政府依托新技术作为治理工具，持续推动实现政府决策科学化、社会治理精准化、公共服务高效化。①

早在 2016 年，中办、国办联合印发《国家信息化发展战略纲要》，明确提出要深化电子政务应用，以信息化手段感知社会态势、畅通沟通渠道、辅助科学决策、推动国家治理体系和治理能力现代化。2017 年，以习近平同志为核心的党中央在不同场合多次表达对网络信息化事业的高度重视②③，强调要深化大数据、人工智能、区块链等现代

① 习近平主持中共中央政治局第二次集体学习并讲话［EB/OL］.（2017-12-09）［2022-02-08］. http：//www. gov. cn/xinwen/2017-12/09/content_ 5245520. htm.

② 习近平主持中共中央政治局第二次集体学习并讲话［EB/OL］.（2017-12-09）［2022-02-08］. http：//www. gov. cn/xinwen/2017-12/09/content_ 5245520. htm.

③ 网信事业发展必须贯彻以人民为中心的发展思想［EB/OL］.（2021-03-09）［2022-04-30］. http：//www. cac. gov. cn/2021-03/08/c_ 1616778114556073. htm.

技术在民生领域的运用，坚持以人民为中心，促进和改善民生，抓住民生领域的突出矛盾和难题，强化民生服务，弥补民生短板。

但在过去几年的数字化转型实践中，数字政府建设却在一定程度上呈现出供给侧导向为主的态势，具有形式数字化、过度数字化的特征①，缺乏对公众需求的准确理解与体系化把握。一方面，在供给侧，部分地方政府过度追求数字化创新，热衷采用最新数字技术和智能化软硬件设施，却未能有效满足公众真实需求，造成资源的浪费。“南方+”曾报道称，某政务服务大厅配置数十台电脑与政务服务一体机，硬件先进、功能齐全、服务广泛，但办事群体使用意愿不高、使用率较低。② 另一方面，在需求侧，公众需求没有得到及时有效回应③，不同群体在对数字政府的接入、使用和获取能力上都存在较大差距。④ 研究表明，电子政务失败的最常见原因之一就是无法满足公民的期望。⑤ 例如，中山大学“深化商事制度改革研究”课题组 2020 年发布的营商调研报告指出⑥，目前数字政府需求侧建设不充分，存在数字政府业务不全、无法全流程线上办理、平台操作不便、无法线上咨询等问题，用户需求并没有得到充分满足，导致公众不仅没能享受“便民”惠利，还加重了办理成本。

为此，随着各地数字政府基础设施不断完善，我国越来越重视需求侧导向下数字政府建设的全局性、整体性、系统性统筹部署。2019 年，国务院办公厅颁布《国务院办公厅关于建立政务服务“好差评”制度提高政务服务水平的意见》，要求通过全面及时准确地了解企业与群众对政府服务的感受和诉求，有针对性地改进政务服务，提高服务整体效能和水平。2020 年，国务院办公厅针对老年群体数字鸿沟问题，颁布了《切实解决老年人运用智能技术困难实施方案》，关注老年群体高频事项和服务场景，切实解决老年人智能化技术使用问题，为老年群体提供更周全、贴心和直接的便利化服务。2022 年 4 月 19 日，中央全面深化改革委员会第二十五次会议审议通过的《关于加强数字政府建设的指导意见》提出，“要把满足人民对美好生活的向往作为数字政府建设的出发点和落脚点，打造泛在可及、智慧便捷、公平普惠的数字化服务体系，让百姓少跑

---

① 钟伟军. 公民即用户：政府数字化转型的逻辑、路径与反思［J］. 中国行政管理，2019（10）：51-55.

② 营商环境研究工作室. 调研 2021〔19〕｜惠州：“惠服务一件事”.［EB/OL］.（2021-10-28）［2022-02-09］. https：//static. nfapp. southcn. com/content/202110/28/c5880511. html.

③ 北京大学课题组，黄璜. 平台驱动的数字政府：能力、转型与现代化［J］. 电子政务，2020（07）：2-30.

④ 郑跃平，王海贤. 移动政务的现状、问题及对策［J］. 公共管理与政策评论，2019，8（02）：74-84.

⑤ Trimi S，Sheng H. Emerging trends in M-government［J］. Communications of the Acm，2008，51（05）：113-126.

⑥ 中山大学《深化商事制度改革研究》课题组，中山大学国家治理研究院. 2020 营商大调研②｜数字政府不好用，企业面临新“三难”［EB/OL］.（2020-11-17）［2022-02-09］. https：//www. thepaper. cn/newsDetail_ forward_ 10006163.

腿、数据多跑路。”由此凸显出，我国政府数字化转型需要进一步重视公众的用户需求和体验，提升转型效能，将投入资金和创新成果更好地转化成政府数字化服务能力，让改革红利更好地惠及公众。“推动数字政府需求侧转型，深化数字政府 2.0 建设”成为日渐迫切且重要的命题，也是本调查研究的核心关注。因此，本文以公众需求为切入点，探索公众导向视角下的数字政府建设图景，反映数字政府需求侧建设成效与问题，为深化数字政府建设提出建议。

本文主要有六个部分：第一部分为引言，介绍研究背景并提出研究问题。第二部分为文献综述，系统梳理以往数字政府需求导向价值研究，并在此基础上提出需求导向下的数字政府建设评估框架，从公众对数字政府的认知、使用和评价三个维度来整体描绘数字政府建设新图景。第三部分是研究方法，对本研究的数据采集和分析方法进行介绍。第四、第五部分是研究发现和讨论，旨在通过数据统计结果分析展现公众对数字政府建设的认知、使用与评价情况，深入挖掘与探讨需求导向视角下数字政府建设目前存在的问题与不足，为深化数字政府建设提出建议。最后的结论部分对本文进行总结，讨论研究不足并展望未来理论与实践探索的方向。

二、构建并深化数字政府建设的需求导向

当数字政府建设不断求新求变时，公众在服务获取过程中是否真正拥有获得感、幸福感和安全感？数字政府创新是否真正落到实处并产生实效？在前沿技术创新与更迭过程中，公众是否面临更大程度的数字排他性甚至是“自动化不平等”①②？数字政府发展是否真正能满足社会不同群体的多样化需求？这些迫切需要政府提升对公众需求的关注。

（一）数字政府建设的“需求导向”理念

以往政府数字化转型的讨论多关注供给侧，数字政府建设实践也更侧重于通信技术基础设施与服务的供给，呈现出技术驱动、自上而下的“以供给为中心”的发展模

① Nam T. Determining the type of e-government use [J]. Government Information Quarterly, 2014, 31 (02): 211-220.

② 尤班克斯 F. 自动不平等：高科技如何锁定、管制和惩罚穷人 [M]. 李明倩，译. 北京：商务印书馆，2021：3-13.

式。[①②] 这导致数字政府建设存在“供给-需求”错配、公众使用率低、政府资源浪费等问题，严重制约了数字政府可持续发展。

随着数字化改革深入推进，数字政府建设开始强调“以公众需求为中心”的发展模式[③④]，即瞄准公众需求，借力数字化技术精准改善公共服务的过程与结果，提升公众数字化服务体验，重构政府与公众互动方式。[⑤] 以需求导向为核心的政府数字化转型，不仅可以降低行政成本、改善政府服务效能、提升政府公共服务的整体水平，还能释放数字化的放大、叠加和倍增作用，为引领数字经济与数字社会发展奠定制度性基础，成为数字时代公共部门在面对诸多“复杂性”时的破题之道。

满足人民对美好生活的向往始终是我国数字政府建设的出发点和落脚点，衡量政府数字化转型成功与否的关键也在于是否实现公共服务向“以人民为中心”的转变。[⑥] 因此，需求导向下数字政府建设强调以需求为基础、双向互动的整体协同治理模式。[⑦] 一方面，“以需求为基础”指向政府优先考虑公众需求和使用者体验。即，精准识别社会多元化、差异化和个性化需求，制定满足公众不同层次需求的公共政策，完善公众所需的数字化基础设施和配套服务，不断促进政府优化自身差异化服务供给的能力与质量。[⑧] 另一方面，“双向互动”则指向在需求导向理念下以政民沟通促进合供。即，借助数字化技术，在增进公众对政府服务管理工作了解的基础上，收集其对政府服务方式、内容与过程的态度、看法与评价，以合供反哺优化政府数字化转型，推动政府决策科学化。

对此，本研究提出，数字政府建设应从需求导向出发，聚焦公众需求，有效识别、分析公众需求并给予准确回应，改善公众的数字政府服务体验，推动数字政府资源、服务供给与公众需求的精准匹配，形成“公众需求-政府供给”良性循环，共同推动数字政府价值释放和可持续发展（图 1）。

---

① Shin D H. Ubiquitous city: Urban technologies, urban infrastructure and urban informatics [J]. Journal of Information Science, 2009, 35 (05): 515-526.

② 郑跃平. 专栏导语：构建“以需求为中心”的电子政务 [J]. 公共行政评论, 2016, 54 (06): 1-3.

③ Ho T K. Reinventing local governments and the e-Government initiative [J]. Public Administration Review, 2002, 62 (04): 434-444.

④ 翁士洪. 数字时代治理理论——西方政府治理的新回应及其启示 [J]. 经济社会体制比较, 2019 (04): 138-147.

⑤ Milakovich M E. Digital governance: New technologies for improving public service and participation [M]. London: Routledge, 2012: 30.

⑥ 张成福, 谢侃侃. 数字化时代的政府转型与数字政府 [J]. 行政论坛, 2020, 27 (06): 34-41.

⑦ Dunleavy P. Digital era governance: IT corporations, the state, and e-government [M]. Oxford: Oxford University Press, 2006: 227-229.

⑧ 张成福, 谢侃侃. 数字化时代的政府转型与数字政府 [J]. 行政论坛, 2020, 27 (06): 34-41.

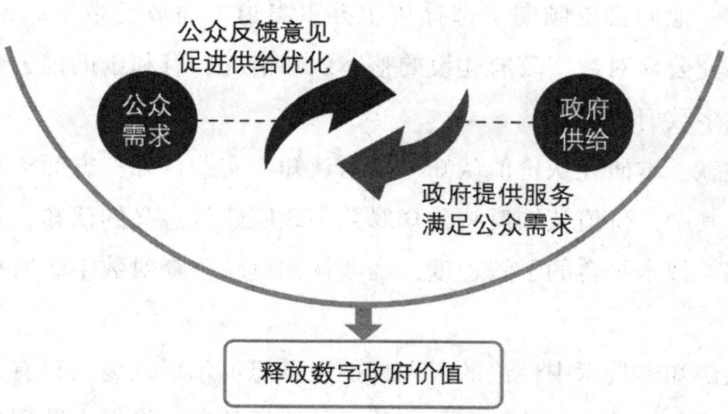

图1　数字政府“公众需求-政府供给”良性循环

（二）“需求导向”下公众对数字政府的认知、使用和评价

为促进公众需求与政府供给的匹配，需要推动数字政府建设回归公众需求侧，识别公众需求，探索公众视角下数字政府发展现状。本文从认知、使用和评价三个维度探究公众对数字政府的需求与感知，进而全面认识数字政府当前的建设成效，从需求侧出发助力数字政府建设。

1. 认知维度：公众对数字政府建设的整体认知

新技术的引入和推广首先是建立用户系统认知的过程，即对技术的特征、功能等属性的基本认知。基于此，公众认知主要指向其对数字政府建设蓝图、基本价值、技术定位与实际成效的整体理解与认识。

已有文献多从技术与组织关系的视角来探讨政府数字化转型议题并形成系列理论洞见①，包括技术决定论、技术结构化理论、情境中心论与社会中心论等。早在工业化时代，研究多聚焦于组织变革及其绩效。随着数字技术更迭与使用主体个性化发展，学界开始更多关注微观视角下的技术实践特征与个体认知。②

上述聚焦技术与个体认知的研究为理解政府数字化转型下个体的认识与感知提供思路。以往研究多聚焦于供给侧主体认知，探索治理主体对大数据技术的理解情况，从而针对性提升公共部门的数字化能力与行为绩效。在需求侧认知下，数字政府建设的可持续性与需求侧公众认知紧密相关，认知是使用的基石，当公众的认可度与感知性需求均

① 张燕，邱泽奇. 技术与组织关系的三个视角［J］. 社会学研究，2009，24（02）：200-215，246.

② 邱泽奇. 技术与组织：多学科研究格局与社会学关注［J］. 社会学研究，2017，32（04）：167-192，245-246.

不能得到满足时，他们会更倾向于选择传统办事渠道，而放弃数字政府渠道①。因此，从需求侧全面探究公众对数字政府建设的整体认知情况，有利于助推公众真正认可、使用并合力促进数字政府建设。

基于已有文献，本研究从价值认知、技术认知、实践认知三方面构建公众对数字政府的认知指标。其中，价值认知反映公众对数字政府建设意义的认知，技术认知反映公众对数字政府相关技术平台的了解程度，实践认知反映公众对数字政府创新实践情况的了解程度。

第一，价值认知。技术中性论的温和拥护者雅思贝尔斯认为，只有人才可能赋予技术意义，对技术目的与功能的认知影响着技术的应用效果。接触大数据技术的主体在知识水平、社会地位、业务需要等方面有所不同。相应地，他们对大数据技术的有用性也会产生不同层次的认知。其中，有的认为大数据技术相对有价值，有的则认为其无关紧要。因此，价值认知指标主要了解公众对所在城市数字政府建设的价值认知，如提升政务服务质量、改善政府治理能力、促进城市经济发展等，以期探究公众对数字政府建设目的的接受度。

第二，技术认知。当下，各政府部门广泛使用新兴信息技术来进行管理与服务。在对数字政府建设具备基本的价值认知和接受度后，公众在信息获取、服务使用与公共参与过程中更大范围地接触数字化界面或平台，并对其中各类数字化技术产生更具体化的认知需求。因此，技术认知指标主要了解公众对所在城市数字政府相关技术或信息化平台的了解程度。

第三，实践认知。大数据技术发展及其应用不断改变着政府内部组织结构与业务流程，拓展政府与公众沟通交流的互动模式，助推社会整体协同治理变革。② 公众对数字政府建设实践的了解，有助于推动其自身对当前数字政府建设更为全面化与体系化的认识。同时，在技术认知储备的基础上，提升公众对数字政府建设实践的认知度将有助于政府部门优化数字政府创新，并改善政府与社会间的协同治理。具体而言，公众的实践认知差异一方面来源于数字技术本身多样化的内在属性，另一方面来源于个体认知水平的参差不齐。因此，实践认知关注公众对所在城市的数字政府创新实践的了解程度。

2. 使用维度：公众对数字政府的使用情况

公众是数字政府的服务对象，也是数字政府的使用主体。公众对数字政府及其数字

---

① Anthopoulos L G, Reddick C G, Giannakidou I, et al. Why e-government projects fail? An analysis of the Healthcare. gov website [J]. Government Information Quarterly, 2016, 33 (01): 161-173.

② 张成福，谢侃侃. 数字化时代的政府转型与数字政府 [J]. 行政论坛，2020, 27 (06): 34-41.

化服务的使用对数字政府建设的可持续发展具有重要意义。一方面，数字政府建设的价值在于服务和使用，公众的使用是数字政府的运营与发展的重要动力；另一方面，公众的使用为政府提供信息，以精准识别公众需求，来改善用户体验，提升政府服务供给质量。因此，从使用维度出发，感知公众的服务需求与反馈评价，以需求导向引领数字政府朝着“能用、好用、管用”方向迈进。

基于此，使用维度关注公众对数字政府建设的使用情况。本研究从使用场景、使用渠道、使用能力三个方面衡量公众对数字政府的使用行为。其中，使用场景反映公众使用行为发生的场域情景；使用渠道反映公众使用行为的渠道选择偏好；使用能力反映公众使用数字政府的技能掌握程度。

第一，使用场景。公众使用数字政府时最常见的三个场景包括获取信息、与政府进行电子交易、参与政府决策。① 随着数字政府的演化与发展，公众对数字政府的使用不断扩展，Nam② 总结出数字政府的五种用途：一是服务使用，获取通用性公共服务；二是信息使用，查找一般信息；三是政策研究，搜集并研究政策信息；四是参与决策和讨论；五是合作，政府与公众共同制定政策、提供信息和服务。基于此，本研究提取的公众使用数字政府的场景指标主要包括信息获取、服务递送和电子参与。

第二，使用渠道。随着信息与通信技术的发展，互联网成为公众获取政府信息的重要来源。然而，互联网使用是公众接触数字政府的基础，较低的互联网可访问性将会严重制约公众使用。③ 对此，数字政府致力于以易访问、易理解的形式，为公众提供相关信息、服务和参与路径。④ 互联网渠道使用情况在一定程度上可以反映数字政府使用的覆盖范围和重要程度。使用渠道体现公众使用数字政府所依托的路径，也能反映出公众更偏好通过何种方式进行使用，主要包括官方网站、官方移动政务渠道、第三方移动政务渠道等，数字政府需覆盖更广泛的使用群体，实现更广泛的互动沟通。⑤

第三，使用能力。随着数字化转型深入，公众“数字化生存”成为常态，提升公

---

① Marchionini G, Samet H, Brandt L. Digital government [J]. Communications of the ACM, 2003, 46 (01): 25-27.

② Nam T. Determining the type of e-government use [J]. Government Information Quarterly, 2014, 31 (02): 211-220.

③ Dimitrova D V, Chen Y C. Profiling the adopters of e-government information and services: The influence of psychological characteristics, civic mindedness, and information channels [J]. Social Science Computer Review, 2006, 24 (02): 172-188.

④ Dimitrova D V, Chen Y C. Profiling the adopters of e-government information and services: The influence of psychological characteristics, civic mindedness, and information channels [J]. Social Science Computer Review, 2006, 24 (02): 172-188.

⑤ Macintosh A . Characterizing e-participation in policy making. IEEE, 2004: 10.

民数字素养已上升为国家战略。[①] 同时，尽管公众使用率不断提升，但数字鸿沟仍十分严峻。使用能力是体现数字鸿沟的重要因素之一[②]，数字政府的使用能力反映公众的数字素养和对数字政府的适应情况，也是缩小数字鸿沟的重点方向。基于此，使用能力主要包括平台操作技能、信息查询技能、沟通交流能力、原创制作技能等。

3. 评价维度：公众对数字政府的评价情况

Jaeger[③] 认为，数字政府建设涉及信任、安全、隐私、可及性、熟悉程度、意识和公共服务的质量等诸多方面。在数字政府绩效评估方面，王益民[④]从六个方面构建数字政府评估体系，包括数字基础准备度、数字环境支撑度、数字服务成熟度、数字协同治理度、数字公众参与度和数字技术使用度。Oliver[⑤] 从公众需求视角出发，提出满意度与服务质量密切相关。Kristensen 等[⑥]指出，公众不满意的原因可能是技术失败，或者技术和服务的设计问题。在此基础上，Alawneh 等[⑦]提出了电子满意度决定因素分析框架，包括安全与隐私、信任、可及性、公共服务质量和公共服务的意识。与此同时，已有很多研究还关注基础设施建设、互动、易用性等其他因素。

建设服务型政府是国家治理体系与治理能力现代化的应有之义，加强数字政府建设是创新政府治理理念和方式的重要举措，对建设服务型政府意义重大。周文彰[⑧]指出，数字政府具有信息化、管理网络化、办公自动化、政务公开化的特点，有助于促进决策科学化、社会治理精准化、公共服务高效化、政府治理民主化。在满足人民美好生活需求的目标指引下，数字政府建设应围绕公众真切的使用需求展开，进一步了解其对数字政府建设的使用评价，从而更好地推进服务型政府建设，这主要包括数字政府服务质量评价和整体效能评价。

第一，服务质量评价。数字政府服务质量在互联网时代成为公共服务质量的重要组

---

① 蒋敏娟，翟云. 数字化转型背景下的公民数字素养：框架、挑战与应对方略［J］. 电子政务，2022（01）：54-65.

② Ferro E, Helbig N C, Gil-Garcia J R. The role of IT literacy in defining digital divide policy needs [J]. Government Information Quarterly, 2011, 28 (01): 3-10.

③ Jaeger P T. The endless wire: E-government as global phenomenon [J]. Government information quarterly, 2003, 20 (04): 323-331.

④ 王益民. 数字政府整体架构与评估体系［J］. 中国领导科学，2020（01）：67-69.

⑤ Oliver R L. Whence consumer loyalty? [J]. Journal of marketing, 1999, 63 (4_ suppl1): 33-44.

⑥ Kristensen K, Martensen A, Gronholdt L. Customer satisfaction measurement at post Denmark: Results of application of the European customer satisfaction index methodology [J]. Total Quality Management, 2000, 11 (04): 1007-1015.

⑦ Alawneh A, Al-Refai H, Batiha K. Measuring user satisfaction from e-government services: Lessons from Jordan [J]. Government Information Quarterly, 2013, 30 (03): 277-288.

⑧ 周文彰. 数字政府和国家治理现代化［J］. 行政管理改革，2020（02）：4-10.

成部分。已有研究针对公共服务质量评估提出一系列方法与理论。Parasuraman① 从 11 个维度评估电子服务的质量，包括接入、导航的简便、效率、个性化、安全与隐私、负责任、信任、知识付费、页面美观、可靠性和灵活性。Buckley② 在总结已有研究的基础上，提出电子服务质量的主要衡量维度涉及效率、可靠性、隐私和用户满意度。本研究重点关注满意度、易用性、效率和隐私担忧等四个指标。

第二，整体效能评价。数字政府提供的服务作为政府公共服务的一部分，也会影响到公众对政府形象的整体性评价。例如，Lee 和 Kim③ 指出，当公民对政府有更大的信任，并与线下社会团体联系较弱时，他们往往会成为更积极的电子参与者。此外，当公民参与者得到政府回应时，会更积极地投入电子参与。Harrison 等④认为，数字政府将促进政府与公民之间更透明、更具参与性和合作性的互动，从而促进建设更加民主的“开放政府”。Welch 和 Moon⑤ 发现，数字政府的公民满意度与公民对政府的信任呈正相关。结合已有研究，本研究从政民互动、廉洁公平与监督问责等指标来衡量数字政府整体实际效能。

（三）分析框架

对此，本研究在借鉴国内外数字政府建设相关研究的基础上，提出公众对数字政府认知、使用与评价三维度分析框架（图 2），探讨公众视角下数字政府需求侧建设现状与问题，深入地推进我国数字政府建设可持续发展。

第一，认知维度。认知是公众使用数字政府的前提。认知维度包括公众对城市数字政府的价值认知、对数字政府建设相关技术的了解程度以及对创新实践的知晓程度。

第二，使用维度。公众的使用是数字政府的价值所在。一方面，对公众而言，数字政府的认知将更好地推动数字服务的使用，而良好的使用体验将可能影响后续评价与公众反馈；另一方面，对政府而言，公众使用是数字政府建设与发展的内在动力，也彰显出公众对数字服务供给的肯定与认可。使用维度包括公众使用数字政府的场景与用途、

---

① Parasuraman A, Zeithaml V A, Berry L. SERVQUAL: A multiple-item scale for measuring consumer perceptions of service quality [J]. Journal of Retailing, 1988, 64 (01): 12-40.

② Buckley J. E-service quality and the public sector [J]. Managing Service Quality, 2003, 13 (06): 453-462.

③ Lee J, Kim S. Citizens´e-participation on agenda setting in local governance: Do individual social capital and e-participation management matter? [J]. Public Management Review, 2018, 20 (06): 873-895.

④ Harrison T M, Guerrero S, Burke G B, et al. Open government and e-government: Democratic challenges from a public value perspective [J]. Information polity, 2012, 17 (02): 83-97.

⑤ Welch E W, Hinnant C C, Moon M J. Linking citizen satisfaction with e-government and trust in government [J]. Journal of Public Administration Research and Theory, 2005, 15 (03): 371-391.

使用渠道的偏好以及使用能力的掌握。

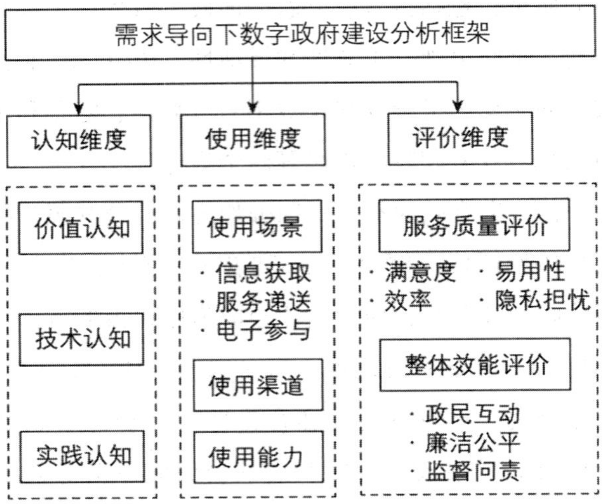

图 2　公众对数字政府认知、使用和评价三维度分析框架

第三，评价维度。公众对数字政府的评价指向公众的使用反馈，是政府了解公众需求和优化数字化服务的重要途径。评价维度包括公众对数字政府的服务质量评价和整体效能评价；服务质量评价包括公众对数字政府的满意度、易用性、效率与隐私担忧等方面的评价；而整体效能评价则包括政民互动、廉洁公平与监督问责等方面。

三、研究方法

（一）问卷调查

本研究采用问卷调查法，从需求导向出发，收集数字用户的主观认知、使用体验与评价数据，描绘公众对数字政府建设的整体感知情况，全面理解公众需求视角下的数字政府建设现状、问题与提升空间，助力数字政府建设与可持续发展。

（二）样本选取

在问卷调查的研究对象方面，本研究选取省会及以上城市的市民。选择省会及以上城市的原因在于：其一，在集约化政府服务建设的背景下，省会及以上城市具有承上启下的战略地位，是贯彻中央政策的重要载体；其二，我国省会及以上城市作为重点发展城市，在数字经济发展、数字化基础设施建设以及互联网文化等各方面都具有优势，正因如此，这些城市也较好地代表了其所在地域数字政府建设与创新的前列水平。本研究问卷调查样本涵盖我国36个城市（不含港澳台地区），包括省会城市、副省级城市以及直辖市（表1），在样本选取上具有一定的代表性，能较好地反映我国大部分地区数字政府建设的发展现状。

表1　问卷调查样本城市

1	北京	13	济南	25	石家庄
2	沈阳	14	昆明	26	太原
3	成都	15	拉萨	27	天津
4	大连	16	兰州	28	乌鲁木齐
5	福州	17	南昌	29	武汉
6	广州	18	南京	30	西安
7	贵阳	19	南宁	31	西宁
8	哈尔滨	20	宁波	32	银川
9	海口	21	青岛	33	长春
10	杭州	22	厦门	34	长沙
11	合肥	23	上海	35	郑州
12	呼和浩特	24	深圳	36	重庆

（三）数据采集与分析

1. 数据采集

本研究在全面梳理国内外相关研究的基础上设计调查问卷，聚焦需求导向视角，选取省会及以上城市的公众作为研究对象，主要关注数字政府需求端使用主体对数字政府的认知、使用与评价三个维度的具体情况，从而全方位了解需求导向下数字政府建设的现状和存在的问题。该问卷由中山大学数字治理研究中心于2021年10月至12月对我国36个省会及以上城市的公众开展调查，回收有效问卷11719份。

2. 数据分析

为更深入了解公众视角下我国数字政府建设情况，运用数理统计和对比分析方法对问卷数据进行描述性统计以及交叉比较性分析，旨在了解现阶段我国需求侧导向的数字政府建设现状以及存在的问题，探讨未来可持续发展的方向与路径。

四、研究发现：公众对数字政府建设的认知、使用和评价

总体而言，在认知维度上，公众对数字政府建设的整体价值表示广泛认可，但其对数字政府建设的技术认知尚不充分，对数字政府建设的实践认知仍有较大提升空间。在使用维度上，民生类信息及服务的公众使用率较高，电子参与积极性不足；公众总体上偏好使用互联网渠道，而官方网站又是首选；公众的基础性数字技能掌握度较高，但发展性数字技能有待提升。在评价维度上，数字政府服务质量整体评价较高，但个人信息安全有待提升；公众对建设更加开放、廉洁的数字政府抱有更多期待。

（一）认知维度

总体而言，公众对数字政府建设的重要性和价值表示广泛认可，但其对数字政府建设的技术认知和实践认知尚不充分，有较大提升空间。

1. 价值认知：数字政府建设的整体价值得到公众广泛认可

公众需求是各地政府推行数字化政务服务的重要前提。当被问及“您认为所在城市数字政府建设的重要性如何”时，58.55%的受访者认为“非常重要”，31.56%的受访者认为“比较重要”，8.05%的受访者认为“一般”，还有1.53%和0.31%的受访者认为数字政府建设“不太重要”或“很不重要”。数字政府建设的整体价值认知趋向共识化，这反映出数字政府建设的意义和重要性得到公众广泛认可。

2. 技术认知：公众对数字政府建设的技术认知尚不充分

当被问及“您对所在城市数字政府相关技术或信息化平台的了解程度如何”时，“非常了解”的受访者占比3.8%，“比较了解”的受访者占比26.79%，了解程度“一般”的受访者占比25.93%，“比较不了解”的受访者占比35.68%，“非常不了解”的受访者占比7.8%，即绝大多数公众对数字政府建设技术认知在“一般”水平左右波动，公众对政务服务新兴信息技术与平台的认知尚不充分。

3. 实践认知：公众对数字政府建设的实践认知仍有较大提升空间

当被问及“您对所在城市的数字政府创新实践了解程度如何”时，仍有近七成的受访者表示不了解数字政府创新实践情况。其中，“非常了解”的受访者仅占比2.95%，

“比较了解”的受访者占比 11. 04%，“一般了解”的受访者占比 20. 84%，“比较不了解”的受访者最多，占比 51. 46%，“非常不了解”的受访者占比 13. 71%。在分布态势方面，大多数公众对数字政府建设的实践情况认知处于较低水平，总体上落后于技术认知，更与价值认知形成明显落差，说明公众对一站式数字政务服务、移动政务等数字政府创新实践的认知仍有较大提升空间。

（二）使用维度

数字政府已融入多种使用场景，公众使用时更偏好采用互联网渠道中的官方网站，然而，公众对数字政府的整体使用率并不高，使用能力也有待提升。

1. 使用场景：民生类信息及服务的获取率较高，电子参与积极性不足

在信息获取场景中，数字政府提供民生服务类、人力资源类、社会经济发展类、政府对外管理类、政府内部管理类等五种信息。在过去半年内，受访者主要获取民生服务类信息，如社会政策、突发公共事件应急预案以及食品药品卫生监督情况，占比高达 41. 02%。其次，21. 42%的受访者关注人力资源信息，如公务员招考录用信息的获取。20%的受访者关注社会经济发展类信息，如国民经济和社会发展规划、统计信息、政府集中采购等。同时，受访者在一定程度上也注重获取政府内部管理类信息和政府对外管理类信息，占比分别为 10. 56%和 19. 35%。然而，仍有 37. 91%的公众从未使用过数字政府平台获取信息。可见，数字政府建设提高了信息的可及性，尤其是民生服务类信息，但整体使用率仍有待提升。

在服务递送场景中，数字政府提供缴费服务类、生活服务类、户政执照服务类、权利与救助服务类四种服务。在过去半年内，受访者主要利用互联网获取缴费服务和生活服务，其中，使用过社保缴纳、个税申报、教育水电等缴费服务的受访者占比为 52. 21%；使用过法律咨询、气象服务、防疫服务等生活服务的受访者占比为 43. 35%。相对而言，受访者较少使用数字政府平台获取“户政执照服务”（如身份户籍、婚育婴幼、出入境等）和“权利与救助服务”（如五险一金、优待救助服务等），占比分别为 12. 31%和 9. 54%。由此可见，公众更注重获取偏向民生、贴近生活类的服务，究其原因，缴费服务和生活服务覆盖了公众日常生活中的常态需求，而户政执照以及权利与救助服务往往是特定情境下的非常态性需求。此外，仍有 31. 31%的受访者从未用过数字政府平台获取相关服务，公众使用率仍存在提升空间。

公众使用数字政府平台的另一重要场景是开展电子参与活动，以向政府表达意见或建

议，为推进政府决策科学化提供支持，具体包括政府引导和自发参与两种形式。过去半年内，受访者主要参加政府组织的线上民意调查、网络听证会、网络投票，“我向总理说句话”建言征集活动等，占比达 16.22%。其次，受访者也较多在数字政府平台上咨询或投诉，占比为 14.85%；以及在社交媒体上讨论政策内容或公共议题，占比为 13.88%；同时，还有 6.66%的受访者使用过线上的领导留言板或领导信箱反映问题、提供意见建议；2.55%的受访者在线投诉举报不合理政府官员行为或政策执行。此外，高达 64.89%的受访者从未通过数字政府平台参加过相关活动，表明公众电子参与的积极性不高。

2. 使用渠道：公众偏好互联网渠道，首选政府官方网站

互联网为公众参与政务活动提供了新型参与路径。当被问及“过去半年内，获取政务信息或服务时使用更多的是线下渠道还是互联网渠道”时，公众更偏好使用“互联网渠道”，如政府网站/政务 App、微信/微博等，占比为 66.36%；但仍有 20.58%的公众选择“线下渠道”参与政务活动，如线下政务服务中心等。此外，13.06%的公众从未使用过相关网络渠道获取政务信息或服务。由此可见，数字政府已经进入大部分公众的日常生活，但其覆盖面仍不够广泛深入，公众参与意识有待提升。

对于线上渠道而言，参与政务活动的渠道主要包含官方网站、官方移动政务渠道、第三方移动政务渠道三种类别。其中，官方网站包括政府门户网站、政务热线 12345 网站平台等；官方移动政务渠道包括移动政务客户端或小程序；第三方移动政务渠道包括微信城市服务、支付宝市民中心等。当被问及“在获取政务信息、服务或进行电子参与时，根据当前使用情况多少对三类不同的线上渠道进行排序”时，公众存在一定的渠道偏好。在使用过线上渠道来获取政务信息、服务或进行电子参与的公众当中，选择政府官方网站作为优先渠道的公众最多，占比为 33.71%，将第三方移动政务和官方移动政务渠道作为优选渠道的分别占比 23.89%和 19.69%；同时，40.55%的公众将官方移动政务渠道列为第二渠道选择；34.23%的公众将第三方移动政务渠道视为第三渠道选择。使用渠道反映公众对不同平台的偏好程度及感知便利度等，首选官方网站展现出公众对官方网站的信任与认可，而官方移动政务渠道和第三方移动政务渠道因移动端提供服务而提升公众使用便利度。

3. 使用能力：基础性技能掌握度较高，发展性技能有待提升

数字政府平台的技术性特质对公众使用提出能力要求。公众使用数字政府平台所需技能按照掌握难度可排序为“平台操作技能 < 信息查询技能 < 沟通交流能力 < 原创制

作技能”。当被问及“比较擅长哪些使用技能”时，高达75.07%的公众自评擅长的技能为“信息查询技能”，即在政府官方平台进行信息搜索；其次是“沟通交流技能”，即在政府官方平台上与行政人员进行在线交流，占比为38.44%；第三是“平台操作技能”，即申请/保存/下载/填写政府官方平台上的数据、报告等，占比为37.52%。以上技能均为使用数字政府的基础性技能，公众掌握度较高。此外，仅有13.80%的公众掌握“原创制作技能”，即利用在线素材在政府官方平台进行言论发表。“原创制作技能”是极具延展性、主观能动性的技能，但现阶段公众对该技能的掌握程度总体较低。由此可见，公众运用基础性技能可以较好地使用数字政府及其服务，但发展性技能仍需提升。

（三）评价维度

在评价维度方面，公众对数字政府的服务质量和整体效能予以较高评价，但在隐私安全与监督问责方面仍有更高期待。

1. 数字政府服务质量整体评价较高，但个人信息安全有待提升

第一，满意度：数字政府服务质量获八成以上受访者的满意评价。在数字政府满意度方面，29.31%的受访者对数字政府“非常满意”；“比较满意”的受访者最多，占比54.05%；给予“一般”评价的受访者占比14.82%；仅有占比1.12%的受访者对数字政府服务“比较不满意”，以及占比0.70%的受访者感到“非常不满意”。这表明目前公众对数字政府服务的评价整体呈现积极向好的态势。

第二，易用性：超八成公众能独立使用数字政府服务。在数字政府易用性方面，有39.05%以及48.33%的受访者对“没有他人帮助也有信心使用数字政府服务”的表述表示“非常认同”和“比较认同”，有8.74%的受访者表示“一般”，仅有3.06%的受访者表示“比较不认同”以及0.82%的受访者表示“非常不认同”。这说明省会及以上城市的数字政府建设在易用性方面表现良好。

第三，效率：数字政府效率获八成以上公众认可。在数字政府效率方面，对于“数字政府能够使办事流程更简单，节约了我的时间和成本”这一表述，50.25%的受访者表示“非常认同”，43.81%的受访者表示“比较认同”，4.43%的受访者表示“一般”，还有1.07%以及0.44%的受访者分别表示“比较不认同”或“非常不认同”。可见，数字政府建设能够有效提升政务服务效率，并获得公众的普遍认可。

第四，隐私担忧：超五成公众担心隐私风险，构成数字政府建设重要关切。在隐私

担忧方面，超过五成受访者对隐私泄露、信息违规使用等信息安全风险持有担忧态度。其中，20.75%的受访者表示“非常担忧”，36.03%的受访者表示“比较担忧”，17.32%的受访者表示“一般”，17.77%的受访者表示“比较不担忧”以及8.13%的受访者表示“非常不担忧”。这表明，大部分公众比较担心数字政府隐私安全问题，这可能潜在影响后续一系列数字政府参与行为。

2. 公众对建设更加开放、廉洁的数字政府抱有更多期待

一方面，数字政府带来更加公平可及的公共服务递送，强化保障政府信息公开与监督问责。另一方面，公众也对数字政府建设的整体效能有更多的期待。

第一，政民互动：公众对数字政府建设促进政民互动表示认同。在政民互动方面，超过八成受访者认为数字政府建设能促进公众与政府之间的对话交流。36.55%的受访者表示“非常同意”，44.67%的受访者表示“比较同意”；有14.26%的受访者表示“一般”；仅有4.52%的受访者不认同数字政府对于政民互动的促进作用。其中，表示“比较不同意”的受访者占比3.07%，表示“非常不同意”的受访者占比1.45%。数据表明，大多数受访者认可数字政府对政民互动的积极促进作用。

第二，廉洁公平：数字政府积极推动廉洁公平建设并广受公众认可。在廉洁公平方面，超过八成受访者认为数字政府能够推动政府更加公平公正。其中，选择“非常认同”的受访者最多，占比46.90%；其次是“比较认同”的受访者，占比39.06%；选择“一般”评价的受访者占比8.14%；选择“比较不认同”的受访者占比3.37%；选择“非常不认同”的受访者占比2.53%。这表明公众普遍认可数字政府能够优化办事流程，进一步推动廉洁政府建设。

第三，监督问责：公众认为数字政府对推动公共监督具有积极作用。在监督问责方面，对于“数字政府能够让我更容易地监督政府的所作所为”的表述，36.40%的受访者表示“非常认同”，44.43%的受访者表示“比较认同”，12.18%的受访者表示“一般”，4.58%的受访者表示“比较不认同”，2.41%的受访者表示“非常不认同”。数据表明，绝大多数公众认为数字政府对促进政府信息与行为公开化、透明化等方面具有积极作用，有助于公众监督政府行为。

（四）群体差异

数字鸿沟是当前数字政府建设面临的严峻挑战，这是数字政府倡导需求侧建设的一个重要原因，也是数字政府亟须解决的重大议题。面对公众差异化的社会经济水平以及

多元化需求，数字政府的服务创新应当把握不同公众群体的社会差异性，提供更为多元化、个性化、泛在化的公共服务，尽可能使更广泛的公众受惠、受益。因此，下文将从年龄与学历两方面展现不同群体对数字政府在认知、使用与评价维度上的需求差异。

1. 年龄层面：中年群体对数字政府的认知水平、使用率及易用性评价均高于老年与青少年群体

从认知维度看，数字政府建设的认知度在不同年龄层间的分布呈现“倒 U 型”。“46~55 岁”公众对数字政府建设的技术认知及实践认知得分率最高，分别为 58.97%和 51.11%；“36~45 岁”公众认知得分率居其次；“25 岁及以下”与“65 岁以上”公众认知得分率显著低于其他年龄段，即中年群体对数字政府的认知度明显高于老年段与青少年段。其中，实践认知得分率的年龄差异更大，最高得分率与最低得分率之间相差 7.66 个百分点，技术认知得分率则相差 6.74 个百分点，可见年龄差异对公众实践认知的影响更显著。

从使用维度看，本研究将公众“从未获取过信息”赋分为 0，“获取过一种信息”赋分为 1，“获取过两种信息”赋分为 2，以此类推，服务获取的赋分同理。信息和服务获取的种类反映出公众数字政府使用的广度。最终各年龄段得分如下：在信息获取上，55 岁以下的群体均至少获取过一种信息，其中，“36~45 岁”的群体信息获取种类最多；56 岁以上群体较少使用数字政府获取信息。服务获取则呈现出更为明显的数字鸿沟。“65 岁以上”老年群体得分仅为 0.61，可见极少老年人使用数字政府获取服务，并有大部分老年人从未使用数字政府获取服务，而“25~35 岁”“36~45 岁”“46~55 岁”群体的服务使用率显著高于老年群体，平均使用过一种以上的服务类型。

从评价维度看，不同年龄层公众在数字政府易用性评价上存在差异。“36~45 岁”公众对数字政府易用性评价最高，高达 85.13%；“26~35 岁”与“46~55 岁”次之，在 84%左右；“25 岁及以下”公众易用性评价为 83.27%；“65 岁以上”公众易用性评价明显低于其他年龄段群体，仅有 79.44%。这也在一定程度上表明，数字政府的易用性建设整体向好，但需更重视适老化需求。

2. 学历层面：高学历群体对数字政府的认知水平和使用能力更优，隐私担忧与学历呈 U 型关系

在认知维度，“本科或大专”“研究生及以上”两类高学历群体在技术认知和实践认知方面的得分率更高，相对而言，低学历群体的认知得分率明显偏低。此外，不同学历群体在技术认知得分率上存在较大差异，最高得分率（研究生及以上，58.58%）与最低得分率（初中及以下，49.66%）之间相差8.92个百分点，而其在实践认知得分率上相差5.02个百分点，可见学历差异对公众的技术认知影响更为明显。另外，尽管高学历群体相较于低学历群体具有较高的认知水平，但在高学历群体间，公众对数字政府的实践认知得分率却由“本科或大专”学历的48.67%下降至“研究生及以上”学历的47.27%。

在使用维度，就电子参与而言，“本科或大专”及以上学历的群体参与过数字政府活动的比率明显高于其他学历群体。此外，本研究将公众“从未进行电子参与”赋分为0，“进行过一种电子参与行为”赋分为1，“进行过两种电子参与行为”赋分为2，以此类推，以电子参与的种类反映公众参与的广度。结果显示，“本科或大专”学历群体的参与范围最广（参与率60.19%，得分0.60），“初中及以下”学历群体的参与范围最小（参与率32.09%，得分0.32）。在高学历群体中，“研究生及以上”学历群体的电子参与率（54.31%）和电子参与得分（0.54）反而低于“本科或大专”学历群体（参与率60.19%，得分0.60）。

公众电子参与活动要求掌握一定的数字化技能。在不同学历的群体中，“平台操作技能”和“信息查询技能”的掌握程度均随学历提高而上升，“沟通交流能力”和“原创制作技能”的掌握程度在前三个学历层次中均随学历而提升，但“研究生及以上”学历群体对这两种技能的掌握程度低于“本科或大专”学历群体。整体而言，“本科或大专”及以上学历人群对数字化技能的掌握程度更高，即高学历在一定程度上与数字素养呈现正相关关系，赋能公众更顺畅地使用数字政府。

在评价维度，公众对数字政府的隐私担忧程度与学历之间呈现出“U”型态势。“研究生及以上”“初中及以下”学历的两类群体更加担忧隐私风险，约80%的受访者对隐私泄露、信息违规使用持担忧态度；相对而言，受教育程度处于中段的“高中或中专”“本科或大专”的群体则对隐私风险的担忧程度较低，接近77%的受访者持担忧态度。整体而言，公众普遍担忧隐私安全问题，不同学历群体的隐私担忧程度相差较小，隐私担忧程度最高群体与最低群体之间仅相差3.07个百分点，可见信息隐私问题受到全民关注，隐私担忧程度普遍较高。

（五）“需求导向”下的数字政府建设整体水平再认识

本研究以公众需求为导向，构建需求视角下的数字政府建设城市梯队排名，按照同等比例对认知、使用、评价三维度赋分，各维度占30分，总分共计90分，在标准化处理后获得各城市总体得分情况。

1. 杭州、宁波、厦门等城市表现亮眼，抢跑公众需求端数字政府建设

根据各城市总分得分率从高到低排序，本研究将得分率排名前 3 的城市划分为第一梯队；将得分率排名 4~10 的城市划分为第二梯队；将得分率排名 11~24 的城市划分为第三梯队；将得分率排名 25~36 的城市划分为第四梯队。根据各城市得分率和发展特征，本研究将 36 个重点城市划分为领跑型、发展型、稳进型、潜力型四个梯队（图 3）。

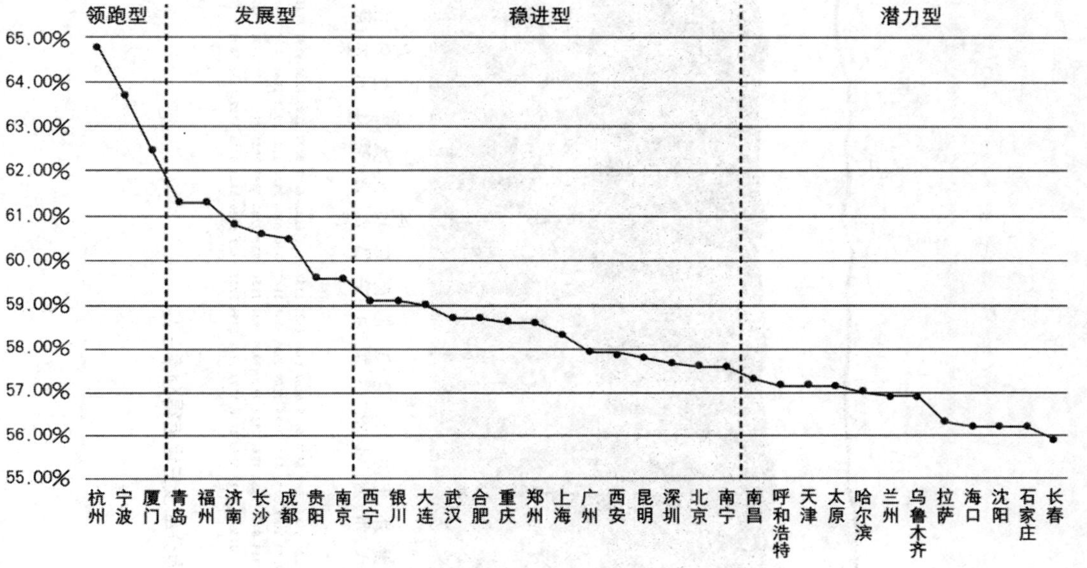

图 3　城市数字政府建设得分率梯度划分

整体而言，尽管现阶段各城市在供给侧建设方面投入与创新情况不同，但是从公众需求导向视角来看，我国各城市数字政府建设的整体得分较低，所有城市得分率均在 65%以下，反映出公众尚未充分享受政府数字化转型所带来的便利与福利。同时，各城市间需求侧数字政府建设得分率差距不大，得分率最高的杭州市为 64.79%，得分率最低的长春市为 55.91%，得分率仅相差 8.88%。

分梯队而言，第一梯队的杭州、宁波、厦门三个城市远远领先其他城市，三地以经济基础较好、政府重视程度较高等优势推动数字政府需求侧建设，属于领跑型。第二梯队为发展型城市，青岛、福州、济南、长沙、成都五个城市得分率在 60%以上，呈发展壮大趋势。与第一梯队相比，第二梯队在认知维度的实践认知上略显劣势。第三梯队为稳进型，梯队内差异较小，主要在认知维度和使用维度上具有差距。第四梯队为潜力型，反映该梯队内数字政府建设水平整体较弱，公众对数字政府建设的满意度不高，但同时意味着这些城市具备较大发展潜力。

2. 领跑城市在三维度均表现突出，青岛、福州等城市单维度拉动效应明显

根据总分得分率的高低排序，下文分别呈现各城市三维度得分率的具体情况（图4）。

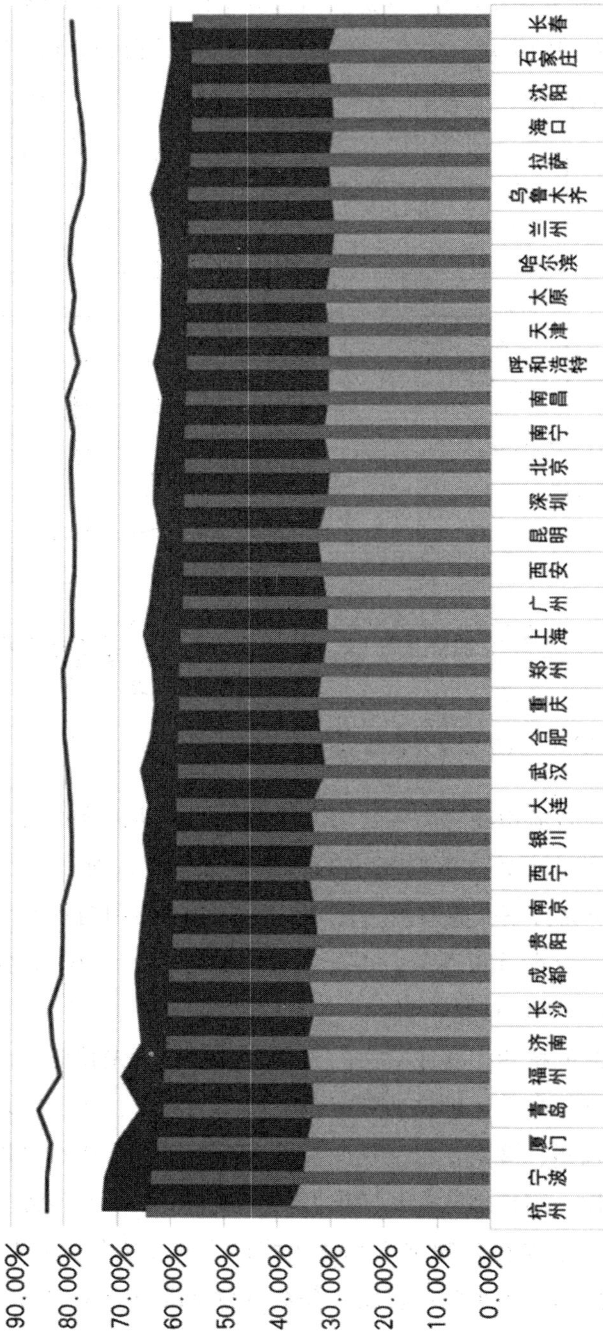

城市	认知得分率	使用得分率	评价得分率	总分得分率
杭州	72.98	38.16	83.22	64.79
宁波	72.54	35.37	83.25	63.72
厦门	70.43	34.52	82.48	62.48
青岛	65.95	33.16	84.82	61.31
福州	69.38	33.70	80.78	61.29
济南	65.69	34.67	82.16	60.84
长沙	66.21	32.95	82.70	60.62
成都	66.78	34.34	80.54	60.55
贵阳	66.19	32.44	80.24	59.62
南京	65.44	33.18	80.24	59.62
西宁	64.44	34.27	78.60	59.11
银川	65.29	33.26	78.76	59.10
大连	64.37	33.89	78.88	59.05
武汉	65.85	30.98	79.38	58.73
合肥	64.08	32.04	80.04	58.72
重庆	63.34	32.62	79.98	58.65
郑州	63.84	31.69	80.31	58.62
上海	65.44	30.91	78.62	58.32
广州	64.24	30.87	78.68	57.93
西安	63.55	31.86	78.18	57.86
昆明	62.37	32.69	78.30	57.79
深圳	63.58	30.83	78.59	57.67
北京	63.36	30.41	79.01	57.59
南宁	62.57	31.63	78.54	57.58
南昌	61.82	30.54	79.52	57.29
呼和浩特	63.42	30.66	77.40	57.16
天津	62.02	30.46	78.97	57.15
太原	62.03	31.25	78.11	57.13
哈尔滨	61.80	30.13	79.13	57.02
兰州	62.58	29.44	78.73	56.92
乌鲁木齐	63.91	30.02	76.81	56.91
拉萨	62.18	30.45	76.38	56.34
海口	62.36	29.57	76.90	56.28
沈阳	61.21	29.97	77.64	56.27
石家庄	59.96	30.71	78.11	56.26
长春	60.10	28.94	78.67	55.91

图4　我国各城市总体得分率及三维度得分率总览

（1）各城市三维度得分率与总分得分率在整体变化趋势上保持一致

总体得分率高的城市在各维度得分率上也相对较高。杭州、宁波、厦门三个领跑型城市在三个维度的表现均处于前列。此外，城市间总分得分率差异较小，但各城市在不同维度的得分率则起伏较大，多个城市呈现出“凸点”或“凹点”，尤其是青岛市在评价维度的得分率与福州市在认知维度的得分率的“凸点”均较为突出，可见多数城市的数字政府建设实践在单一维度表现相对优异，但难以同时兼顾认知、使用、评价三维度的公众需求。

就同一维度而言，各城市间得分差异较大。尽管各城市在三维度的总分得分率差异较小，但各维度得分率呈现较大差异。其中，认知维度得分率最高为72.98%，最低为59.96%，相差13.02%；使用维度得分率最高为38.16%，最低为28.94%，相差9.22%；评价维度得分率最高为84.82%，最低为76.38%，相差8.44%。由此可见，我国各城市的数字政府建设在公众认知水平和使用率方面的差距相对较大。

就同一城市而言，不同维度间差异较大。整体来看，评价维度得分率较高，使用维度得分率较低。其中，西宁市、大连市、杭州市的三个维度得分率最为接近，分别为44.33%、45.00%、45.06%；青岛市、长沙市、长春市三个维度的得分率相差最远，分别为51.66%、49.75%、49.73%。由此可见，有的城市三维度发展较为均衡，有的城市则在某一维度表现更突出，各具特色。

在认知维度上，杭州、宁波、厦门得分率名列前三，与总体得分率排名一致。具体而言，福州、上海、呼和浩特等城市的认知维度得分率对总体得分率具有一定的拉动效应。乌鲁木齐虽位于第四梯队，但认知维度表现较好。青岛和济南的认知维度得分率则与总体得分率匹配程度较差，存在向下偏离的情况。

在使用维度上，杭州和宁波位列前二，与总体得分率排名一致。西宁、大连等城市的使用维度得分率对总体得分率具有较强的拉动效应。石家庄市在总分得分率上排名靠后，但在使用维度上具有相对优势。青岛和贵阳的使用维度得分率与其总分匹配程度较差，使用维度得分率拉低总体得分率。

在评价维度上，城市评价维度得分率排名与总分得分率排名差异较大。具体而言，青岛的评价维度得分率以85.82%位居榜首，远超杭州、宁波和厦门三个领跑型城市。长沙和郑州的评价维度得分率对总体得分率也具有一定的拉动效应，而大连、银川和西宁在评价维度得分率略显劣势，与总分得分率相比呈现出向下偏离的特征。此外，长春虽在总体得分率排名落后，但在评价维度上表现相对较好。

（2）青岛市：以评价维度拉动总体得分率

青岛市在评价维度上拉动效应明显（表 2）。具体而言，其认知维度得分率和使用维度得分率与平均值差别在 1%左右；但评价维度得分率排名第 1，高出平均值 5.3%，最终拉动青岛总分得分率高出平均值 2.64%，并使其总分得分率位列第 4。评价维度下设两个二级指标，青岛在服务质量评价得分率为 89.50%，在整体效能评价得分率为 80.20%，均位列第一，可见青岛市的数字政府建设普遍得到公众满意和认同。然而，青岛市在使用维度排名靠后、表现欠佳，与评价维度差距较大，可见将公众较好评价转化为公众的真正采纳仍具有极大的发展空间和潜力。

表 2　青岛市关键指标得分率及排名

一级指标	总分得分率	认知维度得分率	使用维度得分率	评价维度得分率	评价维度二级指标详情	
					服务质量评价得分率	整体效能评价得分率
平均得分率	58.67%	64.48%	32.02%	79.52%	84.20%	74.84%
青岛市得分率	61.31%	65.95%	33.16%	84.82%	89.50%	80.20%
青岛市排名	4	8	11	1	1	1

（3）福州市：认知维度拉动整体得分率

福州市在认知维度上拉动效应明显（表 3）。具体而言，其使用维度得分率和评价维度得分率与平均值差别较小，但认知维度得分率位列第 4，高出平均值 4.9%，最终拉动总分得分率高出平均值 2.62%，排名跃升至第五。认知维度下设三个二级指标，福州市在价值认知、技术认知和实践认知的得分率分别为 91.55%、61.99%和 54.58%。其中，价值认知得分率超过 90%，可见绝大多数福州市市民认为数字政府是重要的，也较为关注数字政府的发展进程。然而，福州市的使用维度与认知维度存在一定程度的偏离，在公众具备良好认可和关注的基础上，引导公众更多使用的潜能较大。

表 3　福州市关键指标得分率及排名

一级指标	总分得分率	认知维度得分率	使用维度得分率	评价维度得分率	认知维度二级指标详情		
					价值认知得分率	技术认知得分率	实践认知得分率
平均得分率	58.67%	64.48%	32.02%	79.52%	89.38%	56.51%	47.55%
福州市得分率	61.29%	69.38%	33.70%	80.78%	91.55%	61.99%	54.58%
福州市排名	5	4	8	7	3	4	4

3. 数字政府建设服务供给与公众需求错配

随着数字化时代的发展与演变，公众对公共服务提出越来越高的要求，日渐倒逼政府创新公共服务供给模式转型①，以期提供更低成本、更优质、更多样化的公共服务。然而，随着政府数字化进程的深入推进，“以公众需求为导向”的数字政府建设理念产生了一定程度的偏离，实际建设仍围绕和遵循着“以供给为导向”的发展模式，供给与需求错配是现阶段我国数字政府建设存在的主要矛盾。② 对此，本研究基于公众需求侧视角来探究我国数字政府建设的整体情况。研究发现，我国数字政府建设整体效果不佳，公众对于数字政府的认知、使用、评价的得分整体不高，特别是公众对数字政府的使用仍处于较低水平，且公众对数字政府的使用在不同人群方面存在明显的差异。由此可见，现阶段我国数字政府建设在需求侧相对缺位。在数字政府建设过程中，公众需求没有得到足够有效重视，也未能充分发挥公众在推动供给侧建设时的合供效能。

此外，研究发现，北京、深圳、广州等在数字政府供给侧建设较好的城市，在需求侧的公众认可度并不高。而银川、西宁等在数字政府供给侧建设上相对缺乏亮点的城市反而在需求侧获得了更好的表现。这可能与数字政府的发展基础以及“供给-需求匹配”有密切关联。举例而言，广州人口密度更大，政务办事网点分布较密集，线上线下政务服务建设均较为出色，因而，政府数字化服务和产品的推出可能更多呈现为“锦上添花”，为公众提供线下之外的多元选择机会。相对而言，银川、西宁等城市地域广袤，线下政务办理点相对分散，线下办事的时间精力成本较高，数字政府线上服务切实地提高了公众的办事效率、降低了公众政务事项办理的交易成本，最大限度地释放了线上政府服务高效与便捷的价值，公众可能更倾向于使用更为便捷的线上渠道。由此可见，公众是否享受数字政府红利受多重因素影响，需要结合供需两侧进行情境性分析，在深化数字政府整体建设的同时强化线上服务的优势，让建设成果真正惠及群众。

五、讨论

（一）“需求导向”下的数字政府建设

现阶段，我国数字政府建设在供给端发展迅速，但在公众需求端的整体表现不佳，

---

① 吴克昌，闫心瑶．数字治理驱动与公共服务供给模式变革——基于广东省的实践［J］．电子政务，2020（01）：76-83.

② 郑跃平．专栏导语：构建“以需求为中心”的电子政务［J］．公共行政评论，2016，54（06）：1-3.

公众的需求、期待以及用户体验依然没有得到充分体现。[①] 此外，北京、上海、广州、深圳等城市在数字政府建设供给侧表现优异，却在需求侧建设排名中略显逊色，反映出这些城市数字政府建设对于公众需求的重视不足，供需之间匹配度不高。现阶段我国数字政府建设正处于快速发展期，各城市的创新成果日新月异、你追我赶，俨然陷入了供给侧导向“数字政府只要建设就会实现所有设想的利好”的“技术决定论”魔咒。[②] 然而，技术并不独立于使用者，数字政府建设的真正价值在于更好地满足人民对美好生活的向往，更好地满足公众需求。[③] 这就要求数字政府建设重塑需求导向的发展视角：以需求为先，推动数字政府建设构建需求与供给有效匹配机制。

（二）公众对数字政府的整体认知、使用与评价

基于分析结果，本研究进一步探讨现阶段我国公众对数字政府的认知、使用和评价情况，以期从整体视角反思需求导向下数字政府建设优化机制。

1. 认知维度：数字政府建设技术与实践认知缺位，需多措并举扩大有效宣传

在认知维度上，公众普遍认为数字政府建设重要，接受度普遍向好，说明数字政府在提升政务服务质量、改善政府治理能力、促进城市经济发展等一系列建设目标方面的设置符合公众的期望。

然而，当前公众对数字政府建设的技术认知与实践认知程度尚不充分，对数字政府的了解程度仍有很大提升空间，这可能与数字政府推广渠道相对单一、数字鸿沟困境等因素有关。认知水平的高低影响着公众是否“会用”数字政府、能否“用好”数字政府。为进一步释放数字政府价值存量，政府需要进一步加强对数字政府相关技术与创新实践情况的宣传和普及，让公众真正体验到数字政府的改革成果，积极参与到数字政府建设的过程中，推动数字政府共建共享共治。

具体而言，在数字政府未来的宣传工作中，一方面，要创造性地采取更丰富的宣传形式，促进线上与线下宣传渠道相结合；另一方面，对数字政府了解程度不足的群体进行精准宣传，实现公众间的口碑传播，达到高质量的宣传效果。

---

① 钟伟军．公民即用户：政府数字化转型的逻辑、路径与反思［J］．中国行政管理，2019（10）：51-55.

② Norris D F. E-government…not e-governance…note-democracynotnow!：Notever?［C］//ICEGOV 2010，Proceedings of the 4th International Conference on Theory and Practice of Electronic Governance，Beijing，China，2010：339-346. https：//doi. org/10. 1145/1930321. 1930391.

③ Kraemer K，King J L. Information technology and administrative reform：Will e-government be different?［J］. International Journal of Electronic Government Research，2006，2（01）：1-20.

2. 使用维度：数字政府公众使用率有待提高，供需双边更需齐出力

尽管数字政府在供给侧不断创新数字化服务，但需求侧的公众使用情况却并非十分理想。其中，甚至有部分公众从未使用过数字政府来获取信息和服务。究其原因，一方面，数字政府本身宣传和服务推广力度不足，公众对数字政府的功能和服务不够了解；另一方面，数字政府提供的信息或服务未能真正满足公众需求，因而无法吸引更多公众使用。此外，高达半数的公众从未进行过电子参与，反映出我国数字化的政民互动还处于较低水平。从公众角度而言，这反映出公众参与积极性不高、主动性不足，参与意愿不强。从政府角度来看，一方面，政府宣传力度会影响公众参与。当政府宣传力度不足时，公众可能并未接触过此类渠道或不知如何参与；另一方面，政府的回应效能影响公众参与，当政府回应能力不强时，公众的参与期望不高。相反，当政府对公众需求作出有效回应时，电子参与者更可能产生强烈的持续参与动机。①

部分公众未曾使用数字政府获取信息、服务或进行电子参与，还可能源于公众对线下渠道的使用偏好。究其原因，在选择通过线下渠道来参与政务活动的群体中，有33.08%的公众认为线下渠道更方便，这可能是因为当地政务服务窗口地理位置较好和服务本身不断优化等。23.91%的公众则认为线下渠道更安全，能更好地保护个人隐私。近年来，信息过度采集和泄露事件频发，使得部分公众产生隐私焦虑和担忧。此外，17.17%的公众表示不知道有互联网渠道的存在或是如何通过该渠道获取信息或服务，这意味着政府仍需加大力度宣传电子政务有关服务及其优势与价值。② 15.13%的公众则认为线下渠道更高效，大幅节省时间和精力，这可能是由于线上渠道需要公众自行操作，如人脸识别与身份认证、阅读使用规则等繁琐步骤使得公众所感知的时间成本增加；相对而言，线下渠道的相关事务均可交由工作人员办理，且随着线下政务服务不断完善而提质增效，部分公众感知线下渠道服务效率更高。10.72%的公众表示不习惯互联网渠道，其中原因可能在于：一是公众自身的数字化能力和技术接纳能力不高，在短时间内难以快速适应；二是数字政府相关界面、步骤和程序等未能较好地匹配公众使用习惯，使得后者在短期内难以较为熟练地使用数字化服务。由此可见，数字政府的便捷性、安全性、有效性、宣传力度仍有待提升。

---

① Lee J, Kim S. Active citizen e-participation in local governance: Do individual social capital and e-participation management matter? [C] // Hawaii International Conference on System Sciences. IEEE, 2014: 2044-2053. doi: 10.1109/HICSS.2014.259.

② Alawneh A, Al-Refai H, Batiha K. Measuring user satisfaction from e-government services: Lessons from Jordan [J]. Government Information Quarterly, 2013, 30 (03): 277-288.

3. 评价维度：数字鸿沟与隐私担忧仍显著，政民互动与监督问责建设待加强

数字政府服务质量得到公众普遍认可。在服务质量评价方面，效率评价最高，易用性其次，满意度再次，三者的总体认可度均在 80%以上。然而，在弥合数字鸿沟、优化使用体验方面，数字政府建设仍需进一步完善。隐私担忧普遍存在，半数群众对隐私泄露、信息违规使用持担忧态度。这体现出数字政府在保护个人信息安全，加强个人隐私保护方面仍任重道远。

在整体效能评价方面，公众整体认可数字政府在推进政民互动、廉洁公平、监督问责方面的作用，三个指标均有超过八成的公众表示认同。同时，三者间仍存在差异。数字政府在促进廉洁公平方面的公众认可度最高，而政民互动、监督问责的公众认可度则相对低且大体持平。可见，数字政府在促进自身数字化转型方面的作用已得到了公众的普遍认可。但是，数字政府建设在促进民情反馈、民意监督方面的作用还需要进一步加强，尤其需加强政府与公众的互动质量，搭建对话沟通、信息公开的数字化平台，促使公众切身感受到数字政府的沟通桥梁作用。

4. 群体差异：不同年龄、学历群体对数字政府的认知、使用、评价具有显著差异

（1）不同年龄群体：时代背景和家庭角色等促使不同年龄群体呈现需求差异

中年群体对数字政府的认知、使用与评价情况均优于老年与青少年段，这可能与各年龄层群体的时代背景和家庭角色有关。中间年龄段的群体虽然并非数字原住民，但是由于工作和生活需要，他们在主动或被动的情况下频繁使用诸如数字政府等互联网相关平台。其中，“46~55 岁”的 70 后群体受到的互联网冲击最大，直面互联网发展潮流，在工作和生活环境中主动或被动掌握更多数字技能。“36~45 岁”的 80 后群体则多从高中时期开始接触互联网，整体技术接受程度较高，对于数字政府的认知水平和使用率不断提升。值得注意的是，这一年龄段群体对数字政府信息获取和服务获取的使用率最高，就信息获取而言，由于其正处于工作阶段，可能需要获取相关信息。就服务获取而言，家庭发展与维系大多由中年群体支撑，其更可能需要使用“缴费服务”“生活服务”等数字化服务。而对于 90 后与 00 后这批数字原居民而言，尽管他们从小接触互联网，但是由于缺乏使用场景和具体情境，他们对于数字政府的认知和技能也略微欠缺。“65 岁以上”老年群体因其自身习惯、思想观念等原因，对数字技术接纳较为缓慢，甚至有一定程度的“技术排斥”。在需求侧，老年群体面临着数字鸿沟的内在困境，亟须系统增强数字政府建设的包容性。

（2）不同学历人群：数字素养、技术认同度、隐私担忧在不同学历群体间差异明显

公众在参与数字政府的过程中需要具备一定的数字素养，而教育在其间起到了一定的赋能作用。高学历群体对数字政府的认知水平、电子参与率和使用能力更高，原因可能在于其更了解数字政府的规则并掌握相关技能，因而呈现出更高水平的数字素养。此外，“研究生及以上”学历群体在数字政府建设的实践认知、电子政务参与率方面不如“本科或大专”学历群体，这可能是由于高学历群体虽然在客观上更有能力参与电子政务，但在主观上因熟知数字政府隐私风险而存在“技术犬儒”现象，技术接纳意愿相对较低。

同时，学历为“研究生及以上”“初中及以下”的两类群体更加担忧隐私风险。从技术信任和技术犬儒主义的视角出发，一方面，对于“初中及以下”受教育程度的群体而言，其可能缺乏对数字政府以及相关技术的了解，对陌生未知事物更容易产生抗拒心理，从而更加担忧数字政府能否有效保护其个人隐私；相较而言，对于学历较高的人群，他们可能对数字政府有更深入的认识和使用体验，更了解隐私泄露的危害性以及隐私保护技术现阶段的发展水平，并为之感到焦虑，从而对隐私担忧的程度也可能相对较高。另一方面，对于学历为“高中或中专”“本科或大专”的两类群体而言，其隐私担忧程度较低。这可能在于，他们对于数字政府有基础性认知，同时也更有机会亲身接触数字政府并且愿意信任这一新生事物，因而给予了较高评价。

六、结论

伴随全球数字技术快速发展，中国数字政府建设迈入深化改革的新发展阶段。然而，我国的政府数字化转型建设在一定程度上倾斜供给侧而相对忽视需求侧，以致于出现政府智能化创新成果使用率低、数字化基础设施闲置等资源浪费情况，以及部分公众需求无法得到及时回应与有效满足等问题。实际上，公众的“低采纳率和低关注度”问题一直困扰着转型实践者。[①] 为此，需求导向下的数字政府建设正是旨在探索数字用户是否关注、采纳以及满意数字化服务与产品，并对三者进行科学评估。这将有助于在更系统地把脉公众需求的基础上，明确我国数字政府建设未来的探索方向，践行“以人民为中心”的发展思想，更好地建设满足人民群众美好生活需求的数字政府。

为此，本研究聚焦数字政府使用主体（公众）的需求，通过对全国36个省会及以

① 孟庆国，李晓方．公共部门数字化转型：供需视角与转型深化［J］．电子政务，2022（05）：2-8.

上城市的公众进行问卷调查，系统评估数字用户是否关注（认知）、采纳（使用）以及满意（评价）数字化政务服务，从整体上描绘需求导向视角下数字政府建设的真实图景，并强调数字政府建设需求导向的重要价值。在此基础上，本文进一步反思数字政府建设现阶段存在的问题与不足，以期为数字政府未来发展提供一些建议。

研究发现，现阶段我国数字政府建设对公众需求的重视程度整体不足，公众对政府数字化服务的认知水平、使用率和满意程度总体不高，迫切需要在需求导向牵引下展开更加精细化的建设。具体而言，在认知维度，公众对数字政府建设的价值普遍认同，认为其具有极大的发展潜能，但对数字政府建设的技术认知与实践认知还存在较大提升空间，这在一定程度上阻碍了公众对数字政府使用与建设的实质性参与；在使用维度，公众对数字政府的信息获取与服务使用率较高，电子参与使用率则相对较低，公众对数字政府使用的积极性亟待提升。在数字政府使用过程中，公众总体偏好使用互联网渠道，同时对基础性使用技能的掌握程度更高，而对于发展性技能的掌握仍有很大提升空间；在评价维度，数字鸿沟问题仍是现阶段数字政府建设亟待解决的关键难题之一，需重视和改善更具包容性的用户体验。隐私问题成为公众关切的重要问题，个人信息安全是数字政府建设可持续发展的基石，加快构建数字政府全方位安全保障体系，全面强化数字政府安全管理责任越来越迫切。此外，公众对数字政府建设在促进“网上办事不求人”、推动政民互动与强化监督问责的作用方面寄予希望，期待建设一个更加开放、廉洁的数字政府。在群体差异上，研究发现，中年群体对数字政府的认知、使用与评价的整体得分率更高，三个维度均高于青少年群体与老年群体；高学历群体对数字政府的认知水平与使用能力更优，隐私担忧程度则与学历呈现“U 型”关系。

未来，需要强化乃至重塑数字政府建设的思维模式与价值观念，回归“公众需求”的价值导向，以公众关切出发，全面了解服务对象的需求和意愿，让数字政府建设成果真正发挥实效、惠及民众。数字化转型本身并非数字政府建设的最终目的，以数字技术驱动政府治理体系整体变革，更好地回应多元化的需求，不断满足人民群众对美好生活的向往才是其根本价值所在。目前，我国处于加强数字政府建设的新发展阶段，需要从公众对数字政府的认知、使用和评价维度出发推动数字政府需求统筹，同时也需重视公众需求侧三维度之间的良性循环关系。

首先，政府需进一步加强对数字政府相关技术、创新实践情况与积极价值的宣传，引导公众更加关注并充分了解数字政府的功能与用途，真正增进自身对数字政府建设的整体认同感，并通过增加“共识”来推动政府数字化产品和服务的共创共享。

其次，在公众使用过程中，政府一方面需要提高更具包容性的数字化信息与服务供给水平和有效回应能力，设计更人性化的线上线下服务平台，全面改善公众对数字政府的使用体验，从而最大程度提高公众使用和参与的需求。尤其是需要针对差异化的群体需求与能力差距，加强数字政府适老化建设。另一方面，政府也需要强化、引导并广泛开展数字素养和技能培训，并使用恰当的奖励机制（如积分奖励、经济福利等）来鼓励公众使用数字化产品和服务①，这将有助于提高公众的使用水平，提升数字政府资源的利用效率。实际上，访问和使用官方网站、官方移动政务、第三方移动政务等是网络时代“公民主动接触政府（citizen-initiated contacts）”的一种新形式。在这个过程中，对政府信息、公共服务和电子参与或决策的特定需求是公民主动接触政府的催化剂②，而这些基于互联网渠道的数字化信息、服务和参与供给体系对公民需求的满足能力和用户友好性将会极大影响公民主动接触政府并有效反馈的可能性，进而影响政府识别、回应公民需求的能力，以及政府与社会间的协同水平。

最后，利用数字化技术手段多渠道全方位收集民意和传达民意，强化需求侧“以评促建”，真正赋予公众评价权利，以人民群众是否满意为根本尺度，倒逼提升数字政府建设动力和发展效能。公众评价反映出公众需求和需求满足之间的期望差距，更加重视和强化公众评价不仅能折射和更具针对性地引导数字政府建设的供给侧改革方向，也能反过来激发公众再次主动接触政府的行为③，更好地推动和构建“共同创造服务（serviceco-creation）”整体生态，让数字政府释放出更大的社会价值。

（本文原载于《电子政务》2022年第6期，有删改）

① Chohan S R, Hu G. Strengthening digital inclusion through e-government: Cohesive ICT training programs to intensify digital competency [J]. Information Technology for Development, 2022, 28 (01): 16-38.

② Thomas J C. Citizen-initiated contacts with government agencies: A test of three theories [J]. American Journal of Political Science, 1982 (08): 504-522.

③ West D M. E-government and the transformation of service delivery and citizen attitudes [J]. Public Administration Review, 2004, 64 (01): 15-27.

政府数据资产管理的内涵、要素框架与运行模式

武汉大学信息资源研究中心　夏义堃　管　茜

一、引言

政府在其运行过程中，形成和积累了大量的人口数据、地理空间数据、环境数据、交通数据、教育数据、统计数据等数据资源，政府数据因其权威性、公共性、多源性而蕴含其他数据无法比拟的巨大价值。为顺应公共服务的市场化改革浪潮，20 世纪 80 年代末 90 年代初，美国、欧盟开始探索包括政府信息在内的公共信息开发利用的市场化改革，为政府数据资产管理的理论探索与实践创新奠定了基础。

随着大数据、人工智能技术与产业的发展，政府数据的资产价值受到国内外社会的广泛关注。2019 年，党的十九届四中全会把数据与劳动、资本、土地、知识、技术、管理一并视为生产要素，《2019 年中国大数据产业发展白皮书》提出"政府数据资产管理与应用将成为接下来的行业关注热点"。同年，《加拿大联邦公共服务数据战略路线图（*Data Strategy Roadmap for the Federal Public*）》将数据资产管理作为战略推进的三个支柱之一，提出应采取有效举措，如开展数据资源规划、提升数据质量和数据管护等，以便政府数据能够被发现和再利用。① 欧洲委员会指出"数据经济"将数据视为"未来经济的基石"，决定着商业的成功和经济的未来繁荣。② 如何有效管理政府数据，将更多资源性工具型政府数据转变为资产性要素型增值数据已经成为当前政府数据治理

① Government of Canada. Report to the Clerk of the Privy Council: Data Strategy Roadmap for the Federal Public Service [EB/OL]. [2021-10-23] https://www.canada.ca/content/dam/pcobcp/documents/clk/Data_ Strategy_ Roadmap_ ENG.pdf

② European Commission. A European strategy for data [EB/OL]. (2020-02-19) [2021-10-26] https://ec.europa.eu/info/sites/default/files/communication-european-strategy-data-19feb2020_ en.pdf

亟待解决的重要现实问题。

在学术界，政府数据资源的价值挖掘与效益实现一直是相关学科关注的热点问题。伴随政府数据管理的演进，不同时期学界关注的焦点有所差异。政府数据开放运动之前，包含政府数据在内的公共部门数据资源市场化再利用的必要性问题、开放许可、定价以及市场公平等各方探讨交流的重点。伴随政府数据开放运动，开放数据再利用模式、成本效益、数据质量以及价值评估等成为关注焦点。而人工智能技术的发展，特别是各国人工智能战略的颁布，数据驱动型经济已成为各国抢占大数据和人工智能产业制高点的关键突破口，数据确权、数据垄断、数据流通以及市场化交易等成为政府数据资产管理需要正视和解决的紧迫问题。

目前，国内外学者的研究主要围绕以下问题展开。在政府数据资产属性方面，学术界普遍认可政府数据资产是具有可控制、可计量、可变现并能够带来各种直接和间接经济效益的政府数据[①②③]，而政府机构是数据资产的发布者、建设者、使用者[④]；在数据确权方面，明确的权利归属是资产性产品的前提要件，“数据价值链”的复杂性导致数据确权更具挑战性[⑤⑥]，传统所有权并不适合数据资产，会导致数据碎片化，并因交易成本的高昂而无法实现经济规模发展[⑦]，有学者建议分配数据权利，采用更新颖的数据使用权等做法[⑧]；在政府数据资产流通方面，有人提出数据资产价值的实现源自对不断扩大的数据流的识别、商品化和使用[⑨]，元数据质量是影响数据资产使用的主要因素[⑩]，

---

① 朱泽，段尧清，何丹．面向政府数据治理的数据资产价值系统仿真评估［J］．图书馆论坛，2012，41（6）：6.

② 朱丹．政务数据资产价值评估与价值实现研究［D］．广州：华南理工大学，2017.

③ Zech H. Information as Property［J］. Social Science Electronic Publishing，2015（6）：192.

④ Gebka E，Castiaux A. A Typology of Municipalities' Roles and Expected User' s Roles in Open Government Data Release and Reuse［J］. Eletronic Government，2021（12850）：137-152.

⑤ 齐爱民，盘佳．数据、数据主权的确立与大数据保护的基本原则［J］．苏州大学学报．2015（1）：65-69.

⑥ 林文声，王刚，王美阳．农地确权、要素配置与农业生产效率：基于中国劳动力动态调查的实证分析［J］．中国农村经济，2018（8）：64-82.

⑦ Francesco Banterle. Data Ownership in the Data Economy：A European Dilemma［M］. Switzerland：Springer Nature Switzerland AG，2020：199-225.

⑧ Zech H. Data as a tradable commodity［A］. European Contract Law and the Digital Single Market. The Implications of the Digital Revolution［C］. Intersentia，2016：51-79.

⑨ BLAYNE HAGGART. THE GOVERNMENT' S ROLE IN CONSTRUCTING THE DATA-DRIVEN ECONOMY［EB/OL］.（2018-03-05）［2021-10-26］https：//www. cigionline. org/articles/governments-role-constructing-data-driven-economy

⑩ Quarati A，MD Martino，Rosim S. Geospatial Open Data Usage and Metadata Quality［J］. International Journal of Geo-Information，2021，10（30）：1-17.

要通过政府元数据标准体系来实现政府数据资产和资产管理平台的标准化。①②③ 同时，许多学者认为政府数据资产开发利用中的数据垄断问题不可避免，并对数据垄断的特点及应对等展开了深入探讨④⑤⑥；在政府数据资产管理的监管、价值评估方面，隐私保护以及足够的数据监管是必要的⑦，数据价值评估是数据资产化的重要步骤⑧，范佳佳（2018 年）提出了政府数据资产可持续运营评估的理论模型。⑨

“尽管‘数据作为一种资产’的论述在当今已被广泛接受，但包括公共部门在内的组织往往无法以成功的、相同的资产管理方式来管理和评估数据。这就破坏了利用无形信息的大量数据化所带来的各种可能的机会。”⑩ 从当前数字经济发展的实际运行来看，到底哪些政府数据属于数据资产、政府数据资产化的途径方式以及如何管理等问题仍存在林林总总的观念误区，有必要进行深入的概念梳理和逻辑探讨。

二、政府数据资产管理的内涵

“在数据、信息和内容作为资产进行管理之前，信息、数据和内容还没有机会在组织内发挥其潜力。”⑪ 数据作为资产的概念是 1994 年霍利委员会在一份报告中正式提出的，并将其界定为“已经记录或应该记录的、有价值或潜在价值的数据”⑫。与有形资产管理可以准确把握市场机会、清晰计算市场价值或预测未来收入相比，数据资产的应用场景模糊多变、初始投入耗资巨大、市场盈利模式复杂多样、价值评估和效益计算难

① 张承伟，赖洪波，乌丽娟．政府信息资源元数据及其标准化的研究［J］．计算机应用研究，2006（12）：57-59.

② 周志峰，黄如花．国外政府开放数据门户服务功能探析［J］．情报杂志，2013（03）：148-151+169.

③ 钱晓红，胡芒谷．政府开放数据平台的构建及技术特征［J］．图书情报知识，2014（03）：124-129.

④ Autor D，Dorn D，Katz L F，et al. The Fall of the Labor Share and the Rise of Superstar Firms［EB/OL］.（2018-06-22）［2021-10-26］https：//www. banque-france. fr/sites/default/files/matthias-kehrig-slide. pdf

⑤ Stefan Wagner. “Are ‘Patent Thickets’ Smothering Innovation?”［EB/OL］.（2015-04-22）［2021-10-26］https：//insights. som. yale. edu/insights/are-patent-thickets-smothering-innovation

⑥ MinnaLammi，MikaPantzar. The data economy：How technological change has altered t-he role of the citizen-consumer［J］. Technology in Society，2019，11（59）：https：//doi. org/10. 1016/j. techsoc. 2019. 101157

⑦ Stone，Peter，Rodney Brooks，Erik Brynjolfsson et. Artificial Intelligence and Life in 2030：One Hundred Year Study on Artificial Intelligence［R］. Stanford University，2016.

⑧ 韩海庭，原琳琳，李祥锐，等．数字经济中的数据资产化问题研究［J］．征信，2019，243（04）：78-84.

⑨ 范佳佳．政府数据资产可持续运营评估理论模型研究［J］．上海商学院学报，2018，019（003）：21-27.

⑩ Chiesa G. Technological Paradigms and Digital Eras：Data-driven Visions for Building Design［M］. Berlin：Springer International Publishing，2019.

⑪ Ladley J. Making Enterprise Information Management（EIM）Work for Business. Morgan Kaufmann Publishers Inc［M］. San Francisco：Margan Kaufmann，2010.

⑫ Horne N W. Information as an Asset-The Board Agenda［J］. Computer Audit Update，1995，1995（9）：5-11.

以量化。因而，概念界定不一（表 1），还存在一定的观念误区，开发利用上面临一系列不确定因素，需要从内涵层面进行澄清和明确。

表 1　数据资产的定义

来源	数据资产的定义	核心概念
2013 年美国陆军信息技术应用指南（Army Information Technology Implementation Instructions）	数据资产是任何由数据组成的实体，以及由应用程序所提供的读取数据的服务；数据资产可以是系统或应用程序输出的文件、数据库、文档或网页等，也可以是从数据库返回单个记录的服务和返回特定查询数据的网站；人、系统或应用程序可以创建数据资产。	记录形式；数据形成过程
2018 年中国信息通信研究院《数据资产管理实践白皮书（3.0 版）》①	数据资产是指由企业拥有或控制的，能够为企业带来未来经济利益的，以物理或电子的方式记录的数据资源，如文件资料、电子数据等。并非所有的数据都能构成数据资产，数据资产是能够为企业产生价值的数据资源。	企业权属；记录形式；价值增值
2018 年美国《基于证据的决策基础法（Foundations for Evidence - Based Policymaking Act of 2018）》②	数据资产是可以组合在一起的数据元素或者数据集的集合。	数据集合
2018 年英国《信息资产所有者角色指南（Guidance on the IAO Role）》③	信息资产是一个信息体，作为单个单元定义和管理，以便能够有效地理解、共享、保护和利用。信息资产具有可识别和可管理的价值、风险、内容和生命周期。	信息体；可识别；可管理
澳大利亚《设计和维护信息资产登记册（Designing and maintaining an information asset register）④	信息资产包括作为政府业务一部分创建、收集、接受和保存的记录、信息和数据。	记录形式；政府业务

① 中国信息通信研究院云计算与大数据研究所. 数据资产管理实践白皮书（3.0）［EB/OL］.［2021-09-18］https：//max. book118. com/html/2018/1217/8077073134001137. shtm

② H. R. 4174 - Foundations for Evidence-Based Policymaking Act of 2018［EB/OL］.（2019-01-14）［2021-10-26］https：//www. congress. gov/bill/115th-congress/house-bill/4174/text

③ Cabinet Office. Guidance on the IAO Role［EB/OL］.［2021-09-26］https：//assets. publishing. service. gov. uk/government/uploads/system/uploads/attachment_ data/file/706951/Guidance_ on_ the_ IAO_ Role_ -_ May_ 2018. pdf

④ NAA. Designing and maintaining an information asset register［EB/OL］.［2021-10-16］https：//www. naa. gov. au/information-management/information-governance/conducting-information-review/designing-and-maintaining-information-asset-register

（一）政府数据资产的内涵

众所周知，政府数据是由政府产生或拥有的所有数据资源的统称，而资产是一个经济学术语，指能够带来直接或间接经济效益，具有可控制、可计量、可变现特征的资源。结合两者的核心内容，可将政府数据资产界定为政府部门在行使公共管理及公共服务职能过程中形成或拥有的、以数字化载体为依托、具有直接或潜在开发价值、能够为用户带来预期收益的数据资源。其内涵理解可以从记录形式、应用场景、价值收益、流通方式与技术要求等角度进行阐释：

（1）从记录形式来看，政府数据来源复杂，既有结构化数据也有大量非结构化数据，尽管数据被誉为潜力无穷的“石油”“黑金”，但并不是所有政府数据都可以作为资产。① 而能够纳入资产范畴的数据，只能是经过数字化加工处理，可以通过人、机、物的互联与融合，实现规模化数据汇聚并能够从中持续性捕捉价值机会的可增值数据资源。

（2）从应用场景来看，数据提供决策支持、为经济发展提供动力、推动科技创新等功能的实现是有条件的。只有在数字化基础上实现了政府业务活动的“数据化”，激活数据主体对实体经济、管理与服务的深层次需求，才能够开发和构建出新的、数据驱动的价值洞察与价值挖掘。

（3）从价值收益来看，与有形资产相比，数据价值的不确定性和数据利用的无消耗性进一步增加了其资产开发中替换使用和互补重组的通用性。理论上可以在政府数据的多源汇聚中创造出多个应用场景、多种用途和新的资产组合，其资产价值既取决于多个主体通过数据开发利用实现价值创造的能力，也受到数据获取的规模、质量、时效、安全等因素的影响，价值收益始终处在动态变化中，难以固化和评估。

（4）从流通方式来看，存放在单一政府部门未使用的静态数据不仅不是资产，还会产生存储、维护和安全等持续性管理成本，变相成为资产负债。因而，数据的流通必须为价值而存在，打通跨层级、跨地域、跨系统、跨部门、跨业务的数据交换，可以将大量仅供内部使用或有限共享的专用政府数据转换成可开放共享的通用数据，在功能上通过数据与代码结构的重新排列组合，实现数据资产的价值倍增。

（5）从技术要求来看，数据资产的价值发现与实现过程高度依赖于数字技术的创新，例如元数据、加密脱敏技术可为数据资产安全和质量控制提供全面的技术解决方案，而区块链、时间戳等则可以保证数据资产的可信交易。技术创新能力既可以主导政

---

① 叶雅珍，刘国华，朱扬勇．数据资产化框架初探［J］. 大数据，6（3）：12.

府数据资产的价值实现方式，也会影响到数据资产的增值空间与经营模式。鉴于数据产品内在的高固定、低边际成本特征，政府对数字技术的资金投入难以用财务业绩来衡量。

（二）政府数据资产与政府数据资源的概念比较

政府数据资源和政府数据资产是两个既有内在联系又差别迥异的概念，主要表现在以下方面：

（1）政府数据资源来源广泛、类型多样，如从增值潜力角度，可划分为高、中、低不同层次的数据集。政府数据资产是政府数据资源的子集，是经过加工处理的蕴含潜在增值空间，可在一定条件下实现价值转换的数据集。

（2）数据的价值在于流动，在政府内外频繁流转交换、可供更多企事业机构再利用的是政府数据资产，而仅供单一政府部门职责行使的专用静态数据属于政府数据资源。二者之间的界限并不是固定不变的，随着政府数字治理水平和数据化程度的整体提升，会带来更多数据资源的活化流通，产生更多的数据资产，而数据资产背后的逻辑基础则是数据资源关联汇聚所形成的价值发现与应用场景。

（3）政府数据资源给予了我们描述政府运作管理、认知经济社会发展的基本单元，而政府数据资产则促使我们挖掘和捕捉数据背后潜在的数据洞察与数据驱动的经济社会价值。政府数据资源解决的是政府数据是什么和为什么的问题，而政府数据资产解决的则是利用政府数据做什么和怎么做的问题。

（4）政府数据资源一般与政府业务场景没有直接关联，可以依托数据产生、获取、处理、存储、传输和应用流程由数据管理机构进行专业化运作，而政府数据资产则与政府系统内跨部门的数据应用和系统外广泛的数据增值开发形成联结，可以借助业务场景的融合渗透到企业、社会各个领域。

（5）政府数据资源往往以知识形态存在于无形，政府数据资产既以经济效益等物质形态存在于有形，也以数据隐性交换价值促进知识共享、形成数据洞察等社会效益而存在于无形。政府数据资源所揭示的更多属于认知层面，而政府数据资产开发则属于物质层面经济价值、社会效益的全面实现。

（三）政府数据资产管理的概念界定与现实意义

国际数据管理协会（DAMA）将数据资产管理界定为：企业或组织采取的各种管理

活动，用于保证数据资产的安全、完整、合理配置、有效利用，从而提升经济效益。[①]传统数据管理是政府数据资源与业务需求或技术的单一交集，专注于形成、积累、组织、保存、利用等数据流层面的管理，忽略了数据潜在价值的开发利用。而政府数据资产管理则强调根据业务需求，利用现有技术环境更主动地收集、挖掘、使用具有潜在价值的数据资产，通过数据流、业务流、技术流的相互促进实现数据的可用、可信，以创造数据价值转化和增值条件（图 1）。随着政府数据资产管理水平的提升，数据流、业务流和技术流之间的重合度就越高，可供增值开发的高价值数据集数量也随之增加。简言之，政府数据资产管理需要充分融合业务需求、技术和管理，同时控制数据在管理流程中的成本消耗，是对政府数据资产的有效运营和价值创造，是政府数据价值“变现”的过程，“本质就是将数据视作知识资产一样，能够不断创造价值”[②]。

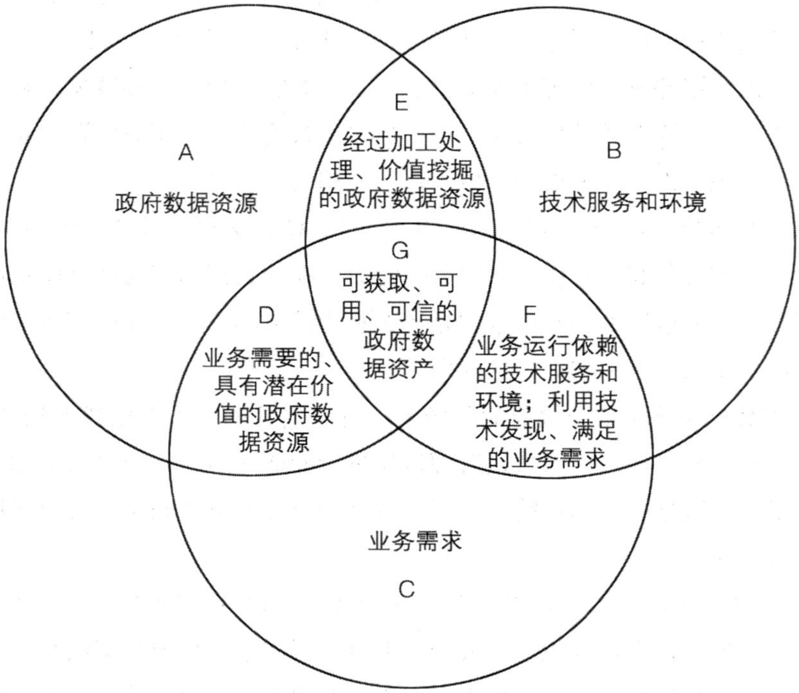

图 1　政府数据资产管理中的数据流、技术流和业务流

从行政事务运行不可或缺的数据资源管理上升到具有战略意义的政府数据资产管理，概念变化的背后既折射出人们对政府数据价值认知与管理思想的升华，也反映了数

① DAMA. The DAMA guide to the data management body of knowledge [EB/OL]. [2021-10-26] The DAMA guide to the data management body of knowledge

② 宋晶晶．政府治理视域下的政府数据资产管理体系及实施路径 [J]. 图书馆，2020 (09)：8-13.

字化时代政府数据的创造、获取与利用对于数字政府、数字经济与数字社会发展紧迫而深远的现实意义。

1. 政府数据资产管理是政府数据管理的理论优化

从记录管理、技术管理、信息资源管理、在线信息管理到当前的数据治理，政府数据管理理论随着数据载体与加工处理技术的发展而不断演进，逐渐形成了集政府数据采集、加工、存储、利用全生命周期管理的完整理论体系与方法技术。而数字时代政府数据资源总量的激增、数据加工技术的更新进一步凸显了数据的资产属性，数据价值实现的现实需求进一步开阔了政府数据管理的研究空间，切实改变了以往政府数据管理理论以“藏”为主的指导思想，在承继专业化数据资源建设、内向型数据服务、垂直性数据流程管理等理论方法的基础上，转变到“藏”“用”并重，聚焦对数据本身、数据利用以及数据生态的治理。同时，构建了涵盖政府数据传播、运营、监管等理论以及充实数据标准、技术、技能等方法的整体性开放式理论体系，为数据流程与业务流程的加速融合与价值实现提供了有益的理论指导。当然，政府数据资源概念的无限延展性和数据资产发展的不确定性，也促使政府数据管理理论体系不断优化，逻辑结构更加完整。

2. 政府数据资产管理是数字政府建设的必然要求

数字政府的运行需要以数据为神经中枢，高效有序的数据流动是政府数字治理的前提要件，并对政府数据业态、生态提出了更高的要求，数据资产管理被提上议事日程。一方面，数据资产理念会提升政府工作人员的数据意识、数据素养，在数据价值的内生动力与外部需求的强大作用下，工作人员职业结构中数据处理、数据共享、数据流转和数据分析的比重会逐步加大，有利于节约政府运营成本、优化业务流程，推进跨部门数据整合共享，进而创新政府业务场景，催生更高水平的数据需求以增强数据洞察力，并形成需求牵引供给、供给创造需求的更高水平的数据供需动态平衡。另一方面，政府数据资产管理以社会效益的最大化而不是经济收益的最大化为价值导向，与数字政府建设具有共同的价值追求，在社会效益最大化的过程中强化数据价值链管理，深度挖掘数据资源内在的经济社会价值。因而，在大数据时代，数据的利益分配功能被提升到前所未有的战略高度，制定数据规则、调配数据资源乃至指导数字经济均需遵循数据资产管理规律，统筹各方数据利益，提升数据调控能力。

3. 政府数据资产管理是数字经济发展的重要牵引

数字经济的构成包含了必要的数据基础设施与技术、人、财、物的条件保障，并以数据资产的开发利用为核心。从数字经济的产生来看，数据资产管理是产业数据化的必然结果，是数据产业化的前提条件。政府数据资产管理使得政府数据不再仅仅作为生产活动的辅助资源，而是作为生产要素直接参与价值创造。数据密集型产品/服务被嵌入到产业链的各个环节，虽然市场运营的主体是企业，但政府数据以其规模性、丰富性、高价值性和权威性而成为企业利用的首要原材料。从数字经济的发展来看，作为生产资料和价值载体，数据资产的供给质量、价值挖掘、竞争和安全均为核心问题。与政府内部数据共享所不同的是，提供给企业增值再利用的数据必须按照资产管理规程，经过归集、清洗、整理、查验等加工程序，其中，标准化是保证数据资产化及其互操作、可理解的基础。此外，政府数据利用的公共性目标与企业个体利益追求的离散性会引发数据垄断、抑制创新、排斥中小企业以及侵犯隐私等严重后果，“政府必须建立数据市场并为数据的收集和使用制定规则”①。换言之，盘活政府数据资产，需要有规范成熟的数据治理规则来约束和平衡不同主体数据关系，防范恶意侵害数据资产现象的发生。

三、政府数据资产管理的要素框架

政府数据资产管理是实现政府数据价值的必要环节，是高质量政府数据管理活动的统称，是政府数据治理的核心要义，涉及数据资产目录管理、安全管理、质量管理、价值评估、利益分配等主要活动（图 2），以共享、开放、增值开发为手段，以资金、人才、技术、平台、制度为保障。其目标是促进政府数据“内增值，外增效”，确保政府数据经济、社会效益的全面实现。

（一）政府数据资产管理的前端控制

政府机构形成和积累了大量的数据，但并非所有的数据都能够成为数据资产，许多政府数据因质量、权属、体制、应用场景等原因无法流通。因此，政府数据资产管理的首要前提是活化数据，使其具备资产可控制、可量化、可变现的属性，为后续的数据流通奠定基础。

（1）开展数据资产盘点，明确数据资产的范畴。一是要围绕政府业务工作逐一梳理数据资源的类型、数量、功用，包括政府数据集数量、数据资产总量、可利用量，存

① Breznitz, D. Data and the future of growth: the need for strategic data policy [EB/OL]. (2018-04-19) [2021-10-26] www. cigionline. org/articles/data-and-future-growth-need-strategic-data-policy

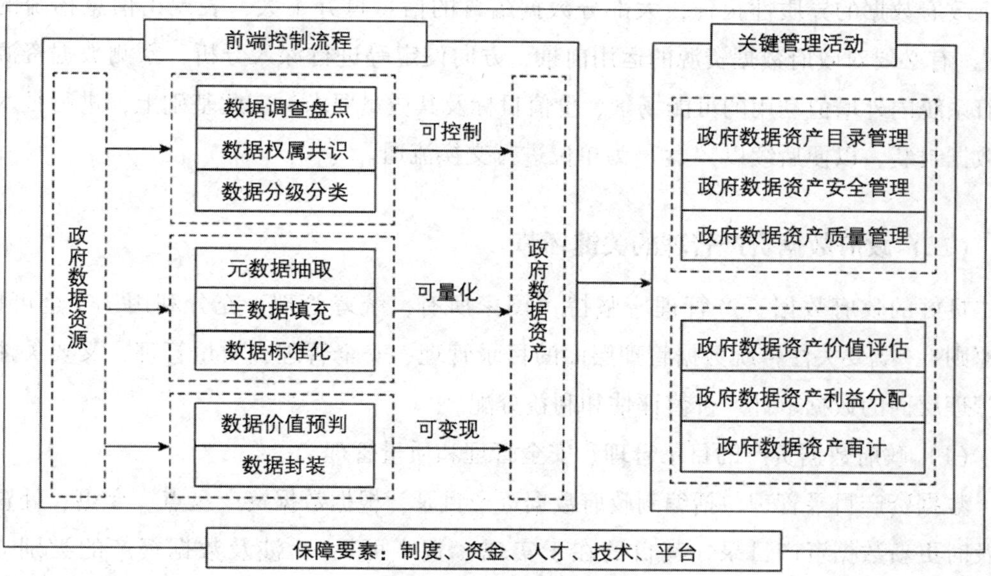

图 2　政府数据资产管理要素框架

在状态、保存位置、使用权限等基本信息，掌握机构数据的主要来源、类型、存储库；二是在数据盘点基础上识别和明确数据形成者、加工者、保存者、需求者等多元利益主体；三是进行数据分级分类，既要根据数据属性（格式、来源、权属等）划分，也要结合政府业务流程进行关键数据资源的梳理，如人口库、法人库、电子证照库、地理信息系统库、宏观经济库等；四是要分析政府数据资源可增值利用的现状及问题，明确哪些数据对社会运行或政府运转具有应用价值，确定数据资产开发的优先级。换言之，非冗余、非涉密、具有潜在价值（不论价值大小）的数据资源均应纳入政府数据资产范畴。

（2）加强数据资源建设，提升数据质量。将数据视为资产意味着完备的质量管理和主动的价值创造，政府数据以动态多样、游离分散的形式存在于政府部门，尽管单一数据的资产价值有限，但并不是数据收集得越多越好，而是要在数据集的有序化关联汇聚中创造价值。为此，首要工作是明确政府数据加工处理标准，如编制数据分级分类指南、制定元数据描述规范以及主数据、数据元素、数据表等数据资源和分析模型的标准规范；其次是加强标准化管理，实现业务流程与数据流程的无缝融合，提高数据质量与业务数据化水平，推进数据资产的流通利用。

（3）预见数据资产应用场景，做好价值预判。数据的价值取决于“场景和利用”①。

---

① Oppenheim, Charles, Stenson, et al. Studies on information as an asset I: definitions [J]. Journal of Information Science, 2003, 29 (3): 59-166.

由于政府数据的异质性很强，大部分数据蕴含的信息量并不大，表现出信息稀疏的特征①，有必要对政府数据资源的运用前景、方向设定等进行深入分析，预测数据资源在政府系统内外增值利用的可能场景、价值目标及其质量要求。在此基础上，进行技术上的数据封装，以便后续以“盒”为单位进行交换流通。

（二）政府数据资产管理的关键环节

良好的政府数据资产管理应坚持“国家所有，统筹管理、充分利用、安全可控”的原则②，既要关注传统数据管理层面的目录管理、安全管理、质量管理，又要关注资产管理层面的数据审计、价值评估和利益分配。

（1）政府数据资产的目录管理、安全管理和质量管理

数据资产目录管理包括编制政府数据资产目录，根据数据资产盘点、变更、处置活动及时更新数据资产目录，其目的在于实现“资产可见”，涉及数据资产的类别、名称、基本描述、保存位置、风险、访问权限、责任者、价值等基本信息，当数据资产发生转移、增减或销毁时，需要进行数据资产目录更新，以保证数据资产与数据资产目录的一致性。在此基础上，还可以根据开发利用的需要，从查询、盘点、推荐等不同应用角度进行数据标注，建立不同的数据资产标签体系，以建构政府业务场景与数据资源建设之间的关联关系，明确数据开放、共享和授权利用的种类、范围和条件，促进数据跨部门流动产生价值。

政府数据资产的公共性、可复制性等特点使得其安全风险问题具有社会化的特征。③ 为此，数据资产安全管理要从数据的本体环境安全、外部环境安全以及法理与战略性安全角度出发（图3），不仅能够从数据中创建有价值的产品和服务，还能够减轻与数据开发相关的风险。④ 数据资产质量管理的核心是要保证数据的可发现、可获取与互操作，需要建立覆盖数据全生命周期的数据质量监控体系，设计数据质量稽核规则，以便将更多数据资源转化为可供利用的数据资产。

---

① 马丹，郁霞．数据资产：概念演化与测度方法［J］．统计学报，2020（2）：15-24.

② 中国信息通信研究院云计算与大数据研究所．数据资产管理实践白皮书（3.0）［EB/OL］．［2021-09-18］https：//max. book118. com/html/2018/1217/8077073134001137. shtm

③ 余刘琅，汤临春，汪彩萍．基于数据资产核心的信息安全体系架构模型［A］．中国计算机学会计算机安全专业委员会．全国计算机安全学术交流会论文集（第二十四卷）［C］．中国计算机学会计算机安全专业委员会：中国计算机学会计算机安全专业委员会，2009：5.

④ Jonathan Foster. Towards an understanding of data work in context：Emerging issues of economy，governance，and ethics［J］. Library Hi Tech，2016，2（34）：182-196.

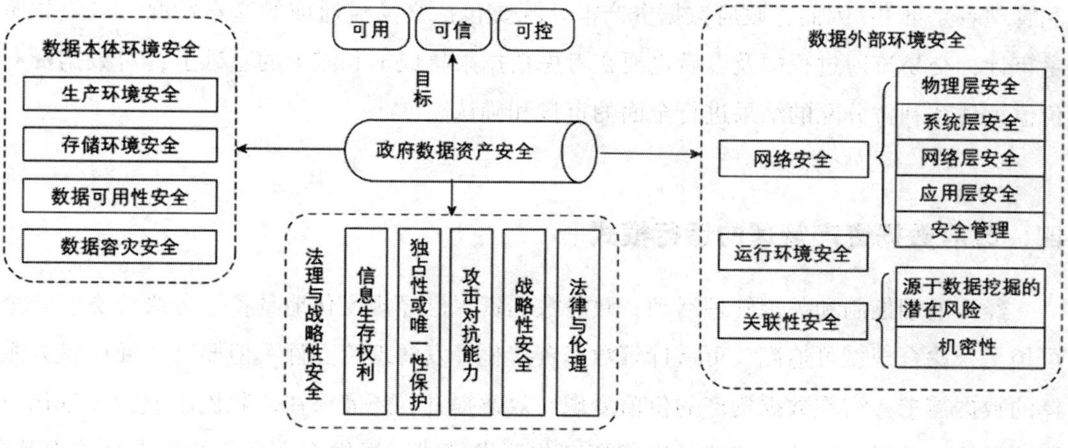

图3　政府数据资产管理安全要素框架

（2）数据资产的价值评估、利益分配和审计

为了充分利用数据资产，政府机构的一个重要目标应该是建立更高级别的数据管理成熟度，以进行机构间、机构内的系统的多层次分析。① 虽然可以通过成本、市场价值和财务会计的方式对政府数据价值进行测算分析，但与企业数据价值评估所不同的是，政府数据资产的公共性决定其价值评估的首要原则是社会效益的最大化而不是政府机构直接经济收益的最大化。即便是面向企业授权经营数据，其着眼点仍是数据利用拉动经济发展的整体效益发挥情况和数据利用安全问题。

政府数据资产管理区别于传统数据管理的重要差异是进一步突出了数据再利用的增值效应。其中，利益分配既是不容回避的现实问题，也有其特殊的原则要求。既要从数据经济角度兼顾多主体的数据利益保障，通过制度设计激励政府系统内外不同主体积极开展二次开发，实现价值增值，也要兼顾市场公平与市场秩序，妥善处理平台型企业的数据垄断与中小企业孵化发展问题，还要考虑政府数据资源配置对经济社会发展的导向引领作用，有效平衡数据资产的公益性开发与市场化开发关系。

“数据资产审计的目的在于了解数据资产如何满足业务需求，评估数据资产的运营风险，如识别高价值、使用频率低或者包含敏感信息的数据资产，确定访问数据资产的权限是否合理配置等。”② 卫军朝在分析了英国数据资产审计框架后指出，数据资产审计是审查确认其基本状况，机构拥有哪些数据资产、这些资产保存在哪里以及其创建者

① Manoj A, Thomas, Joseph Cipolla, Bob Lambert, Lemuria Carter. Data management maturity assessment of public sector agencies［J］. Government Information Quarterly, 2019, 36（4）: https://doi.org/10.1016/j.giq.2019.101401

② NAA. Conducting an information review［EB/OL］.［2021-10-16］https://www.naa.gov.au/information-management/information-governance/conducting-information-review

和管理者是谁[①]；因而，政府数据资产审计既要包括交易流通前的基本状况、风险和质量审计，交易流通过程中及以后也要在考虑数据采集成本和需求的基础上，对数据资产价值评估和利益分配的结果进行全面的审核和确认。

四、政府数据资产管理的运行模式

经由前端控制和关键管理活动，政府数据资源已经规模化地具备了分级分类、安全可控、合法合规、可追溯、可审计等数据资产化开发的理论要件，但要真正回应各方主体的数据需求，实现数据资产的价值变现、效益提升，还需要在体制机制上为场景化应用开发扫清障碍、打造可持续的数据资产化开发模式，提供安全可信的生态环境保障。（图4）

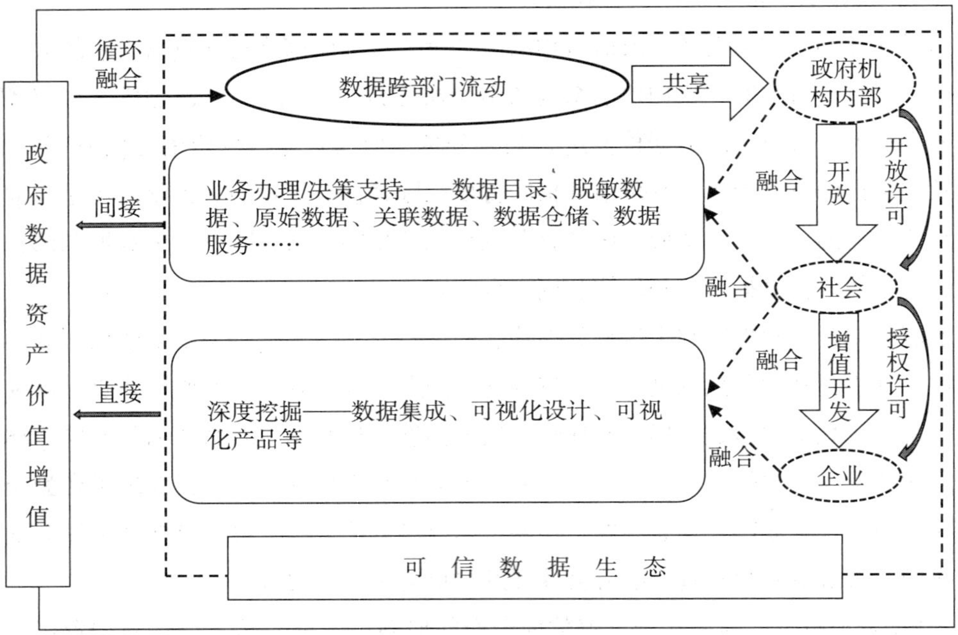

图4　政府数据资产管理的运行模式

（一）政府数据资产开发的多元路径：模式选择

经合组织报告指出，数据价值周期是一个相互关联而非孤立的连续体，不同的参与

① 卫军朝，蔚海燕．“数据资产框架（DAF）”视角下的机构数据资产审计调研与分析［J］．图书情报工作，2016，60（08）：59-67+92.

者在其中增加价值并促进数据再利用。[①] 从纵向业务流程的角度，政府数据资产的价值周期可以分解为收集和生成、存储保护和加工、共享管理和发布、利用和再利用四个阶段[②]，不同阶段蕴含着不同的价值实现方式与资产增值逻辑，“最终潜在价值取决于其利用、再利用和共享的能力”[③]。从再利用对象与价值转换逻辑出发，可将政府数据资产的价值实现路径分为政府系统内循环、系统外小循环与系统外大循环三条路径。

（1）内循环，即政府数据在政府行政系统内部共享，包括跨部门数据交换与共享，主要用于支撑业务办理，提供决策支持，是政府机构对数据资产价值的间接扩散。尽管未能产生直接的经济收益，但高质量的数据提供与共享，尤其是跨部门共享，加速了数据流动与不同来源数据的关联融合，不仅极大地降低了政府运营成本，还使数据价值体现在更广泛的政治和社会回报中，而不仅仅是政府运作的内在价值。以上海市的“一网通办”为例，通过数据共享、电子证照互认等，实现了申请材料减少 76.5%的良好局面。[④]

（2）小循环，即医疗、文化、教育、科研以及社会、公众等对政府数据的公益性开发利用。既包括数据开放后的数据利用大赛，以众筹方式吸引更多公民黑客、中小创业公司参与到各种 App 开发与应用中，勾勒更为广阔的政府数据利用场景，也包括以开放授权等方式面向教育、文化、科研等特定用户的数据开发。在这一过程中，政府负责扮演“数据供给方”，旨在通过数据提供来激发社会创新，而教育、科研等公益机构的数据驱动型创新成果最终会反哺政府、企业和社会，形成新的数据智能型产品/服务。此时的政府数据虽然进入到政府系统外流通，但仍未进入完全的“市场流通”环节，政府和社会不是交易双方而是互相合作的关系。例如，澳大利亚新南威尔士州空间数字孪生（NSW Spatial Digital Twin）平台，得到了澳大利亚地球科学局等机构的数据支持，提供运输、基础设施、规划和环境数据集，允许数据托管人（政府、行业、学术界或社区）共享数据，允许用户通过 Web 浏览器访问可视化数据，用来帮助全社会更好地治理城市。[⑤]

---

① OECD. Digital Government Review of Argentina: Accelerating the Digitalisation of the Public Sector [M]. Paris: OECD Publishing, 2019: 206.

② OECD. The application of data in the public sector to generate public value [EB/OL]. [2021-10-26] https://www.oecd-ilibrary.org/sites/1ab27217-en/index.html? itemId=/content/component/1ab27217 en&mimeType=text/html

③ NAA. Digital Continuity 2020 Policy [EB/OL]. [2021-10-16] https://www.naa.gov.au/information-management/information-management-policies/digital-continuity-2020-policy

④ 新华网．上海“一网通办”：数据之治，改革之治 [EB/OL]. (2020-05-25) [2021-10-26] https://baijiahao.baidu.com/s? id=1667625735831770138&wfr=spider&for=pc

⑤ Australian Government Digital Transformation Agency. Simple, clear and fast public services [EB/OL]. [2021-10-16] https://www.dta.gov.au/digital-transformation-strategy/digital-transformation-strategy-dashboard-0/objective-11-collaborate-other-sectors-including-small-and-medium-sized-enterprises-community-organisations-and-academia

（3）大循环，即以企业为主体的对政府数据资产潜在价值的增值开发。具体而言，系由“政府把握可用于交易的数据边界、数据安全、数据交易规则，具体交易行为由市场按照经济规律运行，并由交易机构把控数据质量、数据标准、数据格式，推动数据供需双方交易”①。市场化开发是实现政府数据资产经济价值、拉动数字经济发展的关键，既需要政府部门加大数据供给，增强数据资产的互操作性、共享性和开放性，维护公平规范的市场秩序，也需要企业敏锐捕捉数据资产商机，细化产业开发场景，深度挖掘数据资源，创新数据产品/服务经营模式，在市场环境中最大限度地推动政府数据资产的价值增值和价值扩散，实现政府数据资产的价值变现。例如，英国测绘局和皇家土地注册局通过位置和财产数据实验室项目②，向有创意的个人和初创企业提供对公共数据集访问获取的相关支持，并帮助其将数据创新利用的想法转化为可行的投资项目，迄今为止，已有1.1亿英镑投资于10个市场领域的131家初创企业，创建的与新知识经济有关的工作岗位达到1612个。

（二）政府数据资产开发的环境营造：可信生态建设

欧盟《数据治理法案》指出缺乏数据信任将会增加数据共享相关的交易成本。现代市场经济是信用经济③，数据信任是数据资产价值实现和数据经济创新发展的基础，而数据封锁以及交易遇阻、过度保护等问题的核心症结在于数据持有者、利用者之间的不信任。高质量的可信数据和可信数据交易等可信数据生态建设是政府数据资产管理的重要组成部分，目的在于“加强利益相关者间的信任，根据各方最大利益对数据作出决定，以更公平地分配数据利益”④。

新西兰《政府数据战略和路线图》报告指出，高度信任的数据环境具有明确的规则和保护机制、透明和开放、主动参与、价值被证明四个特点，要以维护和增强信任为基础，不断提升数据、能力、基础设施建设和领导力。⑤ 除上述内容外，技术手段的创新也是建设可信数据生态和管理数据资产的重要内容，例如通过区块链技术生成数字时间戳可以对数据资产进行确权，数据资产一旦上链，后续的每一步操作都会被实时记

---

① 钟军．政府数据资产化交易架构研究［J］．福建电脑，2017（10）：87-88.

② Geovation. Geovation websit［EB/OL］.（2019-06-4）［2021-10=26］https：//geovation. uk

③ 欧阳日辉．数字经济时代新型信任体系的构建［J］．人民论坛，2021（19）：74-77.

④ Hardinges J，Wells P. Data trusts will not be the final word on data sharing，but they might help［J］. Public Money & Management，2019，39（5）：320-321.

⑤ New Zealand Government. Government Data Strategy and Roadmap 2021［EB/OL］.［2021-10-16］https：//www. data. govt. nz/docs/data-strategy-and-roadmap-for-new-zealand-2021/

录①，同时有效的记录交易时序，确认交易环节是否如约进行②，以此来保证数据资产和数据资产交易的真实性和合法性。

五、结语

2020 年，澳大利亚国家档案局发布的《建立公共记录的信任：为政府和社会管理数据和信息》，从数据连续性角度指出有效的数据/信息资产管理应包含的八个要素，即实施系统治理，确保数据/信息完整而准确地创建，对数据信息进行描述以便被发现和利用，安全地存储和保存以便可用，按照政府和社会需要尽可能长时间保存，不再需要时应负责任地销毁，保持适合各种目的的系统并根据价值和用途进行管理，可供政府和社会可靠利用和再利用。③ 在数字化时代，政府数据资产管理是贯穿政府数据生命周期的资产化增值管理过程，如果说数据资产的前端控制聚焦于数据本身的内容、规模、格式等质量控制，那么，后续的资产管理活动则围绕不同主体数据资产应用场景/产业场景的建构，展开集数据采集、加工、存储、利用等专业化数据处理与数据资产风险防范、利益分配、价值评估、资产审计等为一体的综合性管理活动的集合。

随着大数据、人工智能产业国际竞争的加剧，美国、英国、澳大利亚等西方国家纷纷将数据资产理念融入政府数据治理活动，并在强化数据质量管控、推进政府与企业和社会的数据共享、加强数据安全隐私保护、开展数据治理成熟度评估、建立可信数据生态等方面进行了一系列积极探索。当前，我国正处于数字经济发展的关键时期，盘活政府数据资产任重而道远，无论是数字化水平还是与业务结合程度，仍然有大量的政府数据资源游离在资产化管理范围之外，必须牢固树立政府数据资产化管理理念，加强数据资产的前端控制，通过数据标准化加工处理实现数据向数据资产的转变。在管理过程中要兼顾数据属性和资产属性，既要通过业务需求驱动政府机构内部的数据共享，提升政府数字治理水平，也要着力营造可信数据生态，吸引企业、社会各方主体参与到数据驱动的创新创业活动，不断扩大政府数据资产的公益性开发、市

---

① 熊巧琴，汤珂．数据要素的界权、交易和定价研究进展［J］．经济学动态，2021（02）：143-158.

② D Wang，Gao J，Yu H，et al. A Novel Digital Rights Management in P2P Networks Based on Bitcoin System［M］. Singapore：Springer，2018.

③ National Archives of Australia. Building trust in the public record：managing information and data for government and community［EB/OL］.［2021-10-26］https：//www. naa. gov. au/sites/default/files/2020-12/building-trust-in-the-public-record-managing-information-and-data-for-government-and-community

场化开发力度，拓宽政府业务数据化和数据资产商业化渠道和形式，进而实现政府数据资产的价值最大化。

（本文原载于《电子政务》2022 年第 1 期，有删改）

未来数字政府建设的五大战略性转变与六大底层逻辑

数旗智酷 唐 鹏

2022 年 6 月，国务院发布了《国务院关于加强数字政府建设的指导意见》（以下简称《指导意见》），对我国数字政府建设的 2025 年、2035 年发展目标提出了明确要求，同时从现状、原则、目标、任务、保障等多个方面做了前瞻、务实、创新的详尽规划，无论对政府系统还是数字市场，这都无疑是影响未来新十年发展的重要文件。

从《指导意见》要求来看，数字政府建设无疑已成为建设网络强国、数字中国的“总纲”与动力引擎，还将逐步成为地方政府影响 GDP、产生 GDP 和超越 GDP 的重要工作。数字政府工作的价值与影响将不仅限于“政府”，而是被数字化裹挟的所有经济社会领域；数字政府的需求与市场机会将不仅限于影响既有的生态参与者，而是将策动诸多原有看似不相关赛道的数字经济企业不得不关注与积极融入。

一、未来数字政府建设的五大战略性转变

从未来数字政府建设的趋势来看，《指导意见》中已显性或隐性地展现了数字政府建设的五大战略性转变，把握这五大转变对如何决策、推进和参与下阶段数字政府建设至关重要。

一是数字政府建设的角色、价值与地位发生了变化，正在由“电子政务向电子商务学习”转向“数字政府助推数字经济发展”。

《指导意见》可以说是 2016 年“互联网+政务服务”指导意见发布之后的中国数字政府建设的分水岭式文件。而从本次文件中涉及的公共服务和政务服务的内容来看，其中涉及的信息均是正在试点、进行中的地方实践，这不仅侧面印证了过去 5 年多以来的

我国“互联网+政务服务”的发展成果，同时将数字政府视为建设网络强国、数字中国的“基础性与先导性工程”，视为“助推数字经济、引领数字社会、营造数字生态”的根本性动力，这表明数字政府建设的角色、价值与地位已经发生了根本性变化，或者说2022年之前是“电子政务向电子商务学习”，在这之后，数字经济的发展速度、频率、节奏将需要保持在数字政府的视野半径以内。

二是数字政府建设的根本动力与目标发生了变化，已经由“互联网+”时代的政务服务体验“赛马”转向数字政府管理者数字素养整体提升。

《指导意见》指出，数字政府建设是为了“适应新一轮科技革命与产业革命趋势”以及“与政府治理能力现代化相适应”的发展愿景。可以说，过去十年的中国数字政府发展，本质是一种“赛马机制”在发挥创新潜能，无论从浙江的数字化改革、广东的全面数字化发展以及上海的城市数字化转型来看，还是从深圳、杭州、厦门等城市的实践来看，本质都是在充分利用自身发展资源与机制优势，以面向公众获得感为准绳的进行“抢跑”式的创新，而未来数字政府建设的焦点将从服务转向治理，从公众体验的口碑转向管理者数字素养的提升，以此来稳固数字政府可持续发展的基本盘。

三是数字政府建设的成果与效能表现发生了变化，已经从数字时代公共服务的“获得感”转向政府治理能力现代化需要的“分寸感”，从“运用”数字技术转向“驾驭”数字技术。

《指导意见》提出，到2035年，与国家治理体系和治理能力现代化相适应的数字政府体系框架更加成熟完备，整体协同、敏捷高效、智能精准、开放透明、公平普惠的数字政府基本建成。同时指出要“消除技术歧视，保护个人隐私”。由此可以看出，“整体协同”的数字政府组织效率其实已经成为保障“公平普惠”的政务服务质量的前提。而在大规模数字技术的发展与渗透下，数字政府建设在未来可能需要强调的不是如何广泛地使用新技术，而是率先考虑如何去“驾驭”数字技术，不至于使数字技术成为数字政府疆场的脱缰野马，这也将是“守住不发生系统性风险的底线”的基本要求。

四是数字政府建设中的技术角色发生了变化，首次提出“推动技术部门参与业务运行全过程”，数字政府建设由“技术支撑业务”转向“业务牵引技术”的新阶段。

《指导意见》除了对大数据与政务云作了相应阐述外，而对当下流行的人工智能、区块链、物联网、数字孪生、虚拟现实、元宇宙等只字未提，这本身即是一种破除技术概念迷雾的价值回归，建立“技术理解业务”“技术为业务服务”的数字政府建设核心理念。同时，只有技术部门对业务运行全过程的参与，才可以最大限度地消除技术对服务逻辑、体验设计上的“温差”，这也是构建“有温度”的数字政府的基本要求。

五是数字政府建设的组织决策体系发生了变化，“加强党的领导”使数字政府建设工作由政府范畴的工作能力建设转变为执政党的数字素养与执政能力建设。

《指导意见》明确提出了“加强党对数字政府建设工作的领导”，建设数字政府建设工作领导小组，并提出要“将数字政府建设工作作为政府绩效考核的重要内容，考核结果作为领导班子和有关领导干部综合考核评价的重要参考”。这是数字政府工作领域前所未有的决策高度与考核力度。从数字政府、智慧城市发展的以往地方政策规划设计来看，以省市区主要领导（或常务、或副职）等作为领导小组组长基本是“惯例”，而从现在开始，各地及部门党委一把手或将要全权把控数字政府建设的方向。此外，着力提升干部队伍的数字化意识与数字素养也是未来一段时间内的工作重点。因此，数字政府建设已经由传统视野下的政府范畴的工作能力建设转变为执政党的数字素养与执政能力建设。

二、未来数字政府建设的六大底层逻辑

《指导意见》从宏观到微观较为深入与具体地揭示了未来数字政府建设的六个底层逻辑，从价值、平台、环境、投资、安全等层面，为未来数字政府的决策者、从业者、建设者提供了参与数字政府生态创新的六个路标。

（一）数字政府的价值引领性

正如本文开篇的判断，数字政府成为“助推”“引领”和“营造”数字经济、数字社会、数字生态的动力引擎。这种价值引领的动力则是来源于党的“总揽全局”的政治优势与组织优势。因此，客观、务实地认识到数字政府建设在新的历史阶段的时代角色与地位，是开启新阶段一切数字政府工作的前提。

（二）政策产品的平台首发性

《指导意见》提出在政务公开方面，对政府政策信息产品“加快构建以网上发布为主、其他发布渠道为辅的政策发布新格局”。这可能是继提出政府网站作为“第一平台”之后的最新定位。强调“网上发布为主”，本质上即是强调网络平台对于数字时代政府政策的首发性价值。此外，“网上发布”的内涵范围则愈加宽阔，不仅包括政府网站、App、小程序等，还涵盖了图文、短视频、动画甚至虚拟现实的政策产品体验。

（三）发展环境的动态适应性

《指导意见》针对数字政府建设提到了四大方面的适应，主要包括构建与政府治理能力现代化相适应的顶层设计、相关法律法规制度要适应数字政府建设阶段、数字经济及社会治理的治理方式要适应现实要求及规律、健全完善与数字化发展相适应的政府职责体系……强调数字政府相关工作、措施、动作与主体、对象、条件的相互适应，其背后隐藏两层含义：一是过去一段时期内数字政府建设工作存在与现实条件、制度、环境的错配现象，存在法规制度跟不上发展要求，以及政府职责体系无法适应数字政府发展的现实；二是强调数字政府建设工作的“适应”性，本质是强调数字政府未来应具有“引领”性，从而驱动数字经济、数字社会、数字生态的协调、有序、健康发展。

（四）建设运营的渠道开放性

《指导意见》指出，鼓励有条件的地方探索建立综合论证、联合审批、绿色通道等项目建设管理新模式。做好数字政府建设经费保障，统筹利用现有资金渠道，建立多渠道投入的资金保障机制。这意味着，首先，现今政府采购体系与信息化投资管理模式下的数字政府项目遇到的问题，在“有条件”的地方或将会采取“绿色通道”的方式来解决“合规性”的问题。其次，在现有财政资金渠道作为经费保障的数字政府建设运营模式下，以“数字××”的国资架构为主要模式的运营管理模式可能是越来越普及的“多渠道投入”的资金保障机制。如果进一步拓宽一下想象空间：未来依托政务服务平台的公共服务与商业服务融合的数字消费项目是否会成为新的收入来源呢？

（五）数字技术的监督约束性

《指导意见》提出，开展对新技术新应用的安全评估，建立健全对算法的审核、运用、监督等管理制度和技术措施。算法将是关乎数字安全的重要内容。对算法的审核、运用和监督管理，未来将远远高于我们目前对信息、数据的管理强度。这是因为算法一旦运行将是无差别的、规模性的影响，对算法的审核监督，本质是如何驾驭智能时代的数字权力。也就是说，未来所有的数字政府运营主体及企业都可能需要做好算法评估、审核和监督的准备。

（六）数字救济的无限兜底性

“公平普惠”是 2035 年的数字政府建设目标。《指导意见》提出，“积极打造多元参与、功能完备的数字化生活网络，提升普惠性、基础性、兜底性服务能力”。疫情期间，老人扫不了场所码无法乘坐公交、无法购买面条等现象的存在，本质即是当前数字政府的服务能级还不具备“兜底性”。因此，在“大政府”模式下，数字政府在未来经济运行过程中所充当的或将是一种“无限责任”角色，为全社会不同阶层进行“兜底性”服务，数字政府输出的政务服务、社会治理、市场监管等均具有对边缘群体提供数字救济的责任与作用。当然，这种“兜底性”最终需要依靠整个数字政府生态的多元主体去共同完成。

三、数字政府建设“新十年”的发展洞察

（一）“互联网+监管”成为“互联网+政务服务”之后的新热点

从发展效果来看，一体化在线政务服务平台在近年来取得的成效已然有目共睹，《指导意见》中涉及的任务部分本质上是已经在多地试点试水，亟待在未来拓展推广的内容。而“互联网+监管”的公众感知度并不高，但其监管效果所呈现出来的社会反应却时常成为热搜或头条。特别是涉及平台经济领域的监管执法，以直播电商、长租公寓、社区团购、数字藏品等领域为例，新技术、新业态、新产业等层出不穷，监管手段和监管思维需要不断更新，这也是保护公众数字生活权利不受侵犯的重要保障。从数字化发展的态势来看，“互联网+监管”无疑将成为超越“互联网+政务服务”的新热点。

（二）基层治理智慧化将产生新的发展格局

“基层治理智慧化”是国家治理能力与治理体系现代化的关键组成部分。从超大型城市的疫情来看，基层治理的精准化、智慧化程度，直接影响了公众对政府形象与能力的认知度和信赖度。《指导意见》提出，实施“互联网+基层治理”行动，构建新型基层管理服务平台，推进智慧社区建设，提升基层智慧治理能力。可能意味着，一是在目前的城市“一网统管”体系下，还没有完全满足基层管理服务的要求；二是在原有的网格化管理模式下，还无法跟上新时期社会治理的公众期待和需求；三是所谓的“新型基层管理服务平台”将是线上线下融合、虚实数字孪生的新型平台。

（三）“绿色双碳”或成为数字政府新的赛道

“绿色双碳”似乎成为数字化领域“雷声大、雨点小”的讨论主题，从耳熟能详的数据中心减碳到利用数字化工具和平台预测、控制物理空间的碳排放。但是，真正在双

碳领域具有突出贡献和可复制价值的案例可能寥寥无几。那么，作为具有引领价值的数字政府建设领域是否可以率先尝试“绿色双碳”的场景实践？在数字公共服务、社会治理、市场监管的具体场景中设计“碳足迹”计算工具或碳排放计算器，为其他行业的推广进行实验？《指导意见》提出，加快构建碳排放智能监测和动态核算体系。应不只是在生态环保领域的碳排放监测体系构建，数字政府建设本身的“绿色双碳”体系设计也很值得一试。比如我们的政务服务 App 如何通过设计来减少碳足迹。

（四）“穿透性”将成为“互联网+督查”新特征

国务院“互联网+督查”平台打通了民间通向中南海最近的数字通道。《指导意见》要求，优化完善“互联网+督查”机制，形成目标精准、讲求实效、穿透性强的新型督查模式。其中，“穿透性强”可以说是既展示了大数据时代的优点，同时也暗含了数据迷雾之下的“弱点”。互联网、大数据时代的监管特征即是通过海量数据见微知著，接近和发现真相，而同时伴生的是各种舆论、数据、信息的噪音干扰，对督查造成一种障碍和假象。因此，“穿透性强”对数据共享具有更高的要求。

（五）场景驱动成为数据共享的基本动力

无论是数据开放还是数据治理，在发展初期曾经都是一种自发性、自觉性的动作，缺乏场景牵引和需求激发，围绕数据的工作则成为一种“秀肌肉”一样的表演，相互比拼谁开放的公共数据更多，而不论谁利用数据带来的社会价值更大。《指导意见》指出，有序推进国务院部门垂直管理业务系统与地方数据平台、业务系统数据双向共享。以应用场景为导向，建立健全政务数据供需对接机制，促进数据精准高效共享，大幅提升数据共享效能，推进社会数据“统采共用”，实现数据跨地区、跨部门、跨层级的共享共用，提高数据资源利用效率。从以上三点要求来看，其一，地方、基层或将不再只是不停地上报数据而看不到、用不到数据的“表哥”和“表姐”，加速纵向和横向系统的数据共享，本身即可提升政府运作效率；其二，以应用场景为牵引的数据对接与共享机制，不仅可以加速数据流动，同时可以真正推动由数据催生的创新主动性，数据创新场景，场景反哺数据；其三，实现社会数据“统采共用”。

（六）政务云市场或将持续“动荡”

政务云市场至少已经经历了两次喧嚣，第一次来自微信、钉钉等平台企业端的“互联网+政务服务”创新，公众号、小程序等热火朝天，巨大的流量和用户反馈，以及疫情期间快速敏捷的微应用冲刺，让政府机构初尝了“云”的甜头；第二次则是由于数据安全、数据歧视、隐私保护、平台企业监管以及系列原因衍生的“马太效应”，使目前以“数字××”为代表的国资云逐渐成为政务服务平台的主流选择。而从多家平台企业新近的云部门调整和高管换帅的动向来看，第三次“喧嚣”或已经在路上。《指导意见》对未来政务云发展坚持的依然是“集约”二字，从国务院组成部门到省级政务云建设，“探索建立政务云资源统一调度机制，加强一体化政务云平台资源管理和调度”。或者说，在“一体化”与“一朵云”的基本建设理念下，平台企业能突出重围施展拳脚的应该还在于其对产品设计的感觉、用户思维的理解与运营节奏的掌控。

四、结语

中国的数字政府建设已经进入了新的历史阶段，在过去二十多年以来的数字化、网络化、智能化领域的国家政策推动来看，目前在决策、组织、管理、执行等层面的力度和强度是前所未有的，这不仅反映了治理能力与治理体系现代化建设的迫切要求，同时也反映了来自外部对政府行政水平与执政党面对数字时代的决策智慧的考验。从长远来看，中国数字政府建设正在逐步找到符合自身制度风格、发展路径与社会期待的节奏与频率。同时，我们也正在寻找一条既符合数字时代的普遍性价值规律要求，又可以满足人民对美好生活期待的特色发展之路。

第二篇

“互联网+政务服务”研究与实践

数字政府视角下“互联网+政务服务”的发展思考

大汉软件总裁 金震宇

自2016年起，国家陆续发布了《国务院关于加快推进“互联网+政务服务”工作的指导意见》（国发〔2016〕55号）、《国务院办公厅关于印发“互联网+政务服务”技术体系建设指南的通知》（国办函〔2016〕108号）、《国务院关于加快推进全国一体化在线政务服务平台建设的指导意见》（国发〔2018〕27号）等重要政策，随着每年政策的大力推动，各级政府在一体化政务服务、数据共享和效能监管等方面的成效大幅提升。2021年《中华人民共和国国民经济和社会发展第十四个五年规划和2035年远景目标纲要》要求将数字技术广泛应用于政府管理服务，推动政府治理流程再造和模式优化，不断提高决策科学性和服务效率；2022年6月发布的《国务院关于加强数字政府建设的指导意见》指出，加强数字政府建设是适应新一轮科技革命和产业变革趋势、引领驱动数字经济发展和数字社会建设、营造良好数字生态、加快数字化发展的必然要求，是建设网络强国、数字中国的基础性和先导性工程，是创新政府治理理念和方式、形成数字治理新格局、推进国家治理体系和治理能力现代化的重要举措。这标志着“互联网+政务服务”已经全面进入“数字政府”发展的新阶段。

数字政府是指以新一代信息技术为支撑，重塑政务信息化管理架构、业务架构和技术架构，通过构建大数据驱动的政务新平台、新机制和新渠道，进一步优化调整政府内部的组织架构、运作程序和管理服务，全面提高政府在经济调节、社会治理、市场监管、生态环境、公共服务等领域的履职能力，形成“用数据对话、用数据决策、用数据服务、用数据创新”的现代化治理模式。①

因此数字政府的发展必然带来两大变化，一是政府全面数字化管理，即通过推动政

① 广州市人民政府办公厅关于印发广州市基于城市信息模型的智慧城建“十四五”规划的通知。

府管理和治理能力的全面数字化，让数据智能在政策制定、宏观决策、市场监管和行政效能提升等方面起到重要作用。二是政务服务的泛在可及、智慧便捷和公平普惠，即通过推动政务服务向移动、智能、精准、协同方向发展，打造便企利民、泛在可及的政务服务体系。

在数字政府的视角下，政务服务的建设不是孤立的政府对外服务的数字化和信息技术应用，政府全面数字化管理是构建政务服务泛在可及的基础，两者相互推动才能真正构建整体协同、敏捷高效、智能精准、开放透明、公平普惠的数字政府。

一、在数字政府推动下，“互联网+政务服务”的发展进入新阶段

（一）“互联网+政务服务”客观上推进了政府全面数字化

近年来，各级政府高度重视并探索推动服务为先的行政管理和服务方式改革，“互联网+政务服务”以“一网通办”“互联网+监管”作为引领数字化时代政府改革与服务能力建设的着力点和突破口，在“跨地区、跨部门、跨层级”业务办理上不断优化办事流程、创新服务方式、简化办理程序，大力推进和实现监管数据共享利用，实现数据治理与监管协同。

“互联网+政务服务”客观上推进了社会治理、政务运行和政府管理的全面数字化转型，各级政府部门将更多的服务和数据面向社会开放，也通过政务服务的过程为自身提供了更多渠道的数据用于辅助决策，政府也越来越重视以数据智能推动趋势研判、产业分析、效果评估和风险防范，并在政府履职和机关事务管理上进一步协同化、数据化和流程化，通过组织协作、资源共享、应用整合和流程监督等全面提升政务运行效能。

（二）政府将更加注重数据价值

在政务服务过程中，“服务数据化”和“数据服务化”不断地演进。政府各部门的数据在面向互联网服务过程中形成新的更有价值的数据沉淀，经去重、清洗、挖掘等大数据处理后，成为政务数据资产。对政务数据资产的融合治理、挖掘分析、全链路监管，对数据使用的可信确权、流通共享、监管追溯和隐私安全保护等，越来越成为数字政府建设的一项重要工作。如：个人在不同的政府部门存有“社保缴纳”“家庭户籍成员”“房产证明”等数据，在购房、贷款申请等事项办理过程中，各种政务数据的共享、协同和融合，将大大提升贷款申请的效率，使得个人购房过程更加便捷；政务服务的“同城通办”“跨区域互认互通”，形成从地市、区县到乡镇更多政府部门的服务归

集和数据融合，“互联网+政务服务”打通了不同政府部门的业务边界，使得数据的协同比对、挖掘分析和再利用成为可能。政府将更加注重数据的价值，并将其落实到社会信用体系建设、社会治理体系建设、政府决策体系建设以及政务效能评估体系建设中。

（三）服务供给更加重视场景化

数字政府的发展背景下，“互联网+政务服务”从供给导向向需求导向发展，服务不再是按照政府部门的办事清单，而是更重视用户实际的应用场景。很多政府积极探索基于用户实际需求场景来打造和构建服务，如“异地购房提取公积金”“异地就医”“出生一件事”“帮代办”“远程踏勘”等新模式的探索层出不穷。再如政府大力推进电子身份证、电子社保卡、电子驾驶证、电子行驶证、电子营业执照等高频电子证照按应用场景落地，让更多的用户感受到政务服务的智慧便捷。

（四）社会治理的精准化和服务的泛在化

随着“放管服”改革的深入，健康码、行程码、场所码、疫情防控管控、疫情监测推演、疫情动态研判、入境密接管理等面对疫情的一系列社会管理手段不断迭代，数字社区、智慧乡村、无人值守办事大厅，更多服务向基层垂直延伸，“服务下沉”“协同共享”推动政务服务向基层发展，逐步形成覆盖省市县乡村的五级联动体系。地理信息库、人口库、法人库、城市部件库、房屋房产库、经济信息库、政务办件库等结合各类 IoT 传感设备和移动设备，提供了更丰富的社会治理能力。

“互联网+政务服务”以泛在可及、智慧便捷、公平普惠为三大提升目标，主要从五个方面提升服务水平：在广度方面，拓展政务服务范围，并推进与政务服务网、App、实体大厅、自助终端等多渠道融合；在深度方面，全面实现全程网办、全省通办、跨省通办等；在速度方面，力争实现智能秒批、一键申报、“一件事一次办”“民生直达”等；在精度方面，实现精准推送、精准识别、免申即享、精准治理等；在温度方面，充分考虑我国年龄结构层，推动适老化改造、普适性服务，全面推动高效、便捷的服务体系，建设“多卡合一”“多码合一”、就近办、马上办等。

（五）服务的个性化和更好的用户体验

政务服务的过程是公众、企业与政府数据不断交互的过程，而交互的数据沉淀又为政务服务的智能化奠定基础。例如：通过对服务的大数据分析、智能算法和用户画像，政府不断推出“服务推荐”“政策匹配”“助企纾困”“免审即享”等个性化服务；以智能挖掘技术和统一智能知识问答库为支撑，实现“辅助政策解读”“千人千面”“在线智能机器人”等。给用户带来更好的服务体验。

二、在数字政府视角下，发展“互联网+政务服务”面临的新问题

（一）“互联网+政务服务”集中化大平台的定位问题

从2014年全国第一家省级“互联网+政务服务”平台“浙江政务服务网”上线，建立了政务服务平台省市区县一体化建设（统建）的标杆模式以来，省各级政务服务平台建设模式的“是统是分”，多年来一直存在不同观点，核心问题为省级大平台建设的定位问题：省级部门提供的可办事项和可提供的政务服务是很少的，大量政务服务来自市区县基层部门，政务服务的提供者和政务服务平台的建设者是错位的，建设者没有更多动力思考用的问题，而民众则更习惯使用本地的政务服务品牌。因此，该不该有独立的市级政务服务网和政务服务App？超级城市服务App和政务服务App究竟是什么关系？在业内一直存在着许多探讨和各种观念。

从“责权利对等原则”看，政务服务具体应用的建设可以开放给各级政府部门，即遵照“谁服务、谁建设、谁负责”的原则，充分发挥基层服务部门的专业能力和积极性，而大平台要紧抓“引领规范、核心赋能、沉淀数据、实时监管”四大定位进行建设，即“抓非抓不可的事情，抓下一级平台做不了的事情”，具体为：

一是政务服务的标准规范建设。构建全局的政务服务规范体系，包括：数据标准、应用对接标准和服务监测标准。让数据、服务按规范实现互联互通，并对服务的性能、运行状态和兼容性有统一规范性的监测手段。

二是政务服务的基础设施建设。政务服务的基础设施，是指由省平台统管的基础能力，包括：用户认证、电子证照、统一受理、服务搜索、在线支付、电子签章、服务评价、监察及评估等体系。不论各市县、各厅局的政务服务第三方厂商如何建，都必须调用省平台的基础能力。一方面平台不断迭代完善这些能力，另一方面把丰富的业务开发交由服务的提供者，发挥他们的优势和积极性。

三是政务服务的基础数据体系建设。无论数据体系如何复杂，有几个关键数据集必须由省平台统一建设，如：个人用户数据集、企业用户数据集、服务事项数据集、办件数据集、评价数据集、监察数据集、用户及服务使用数据集等。这些政务服务的基础数据，应当随着服务的不断调用，逐步沉淀完善形成平台的数据资产。

四是服务监管能力建设。服务应用由各级政府部门提供，可以是不同厂商开发，但

平台必须对其运行状态、性能和开发的规范性有自动化的监管能力，可对异常运行的服务进行预警和下架处理。平台也要对数据服务的调用进行监管，并对服务对象、调用的鉴权、调用的频度以及数据质量等进行管理。

（二）“互联网+政务服务”的应用开发问题

多年来政府各级部门对外的政务服务和对内的应用管理由各级政府部门自身进行开发和维护管理，因此需要重新认识“集约化”和“信息孤岛”这两个一直伴随着电子政务发展过程的经典话题。在信息化建设过程中，通常认为要通过更先进的技术来消灭掉“信息孤岛”，结果发现随着信息化的发展，“信息孤岛”不但没有被消灭，而是越来越多。但“信息孤岛”“数据烟囱”是否能彻底地被消灭？研究发现，所有的应用服务和数据都是从实践场景和创新探索中来的，往往很难有完善的系统性规划；而政务服务应用原生于具体的政务业务，政府各级部门的职能分工天然地划分了数据集的边界和应用的边界。这是“信息孤岛”形成的渊薮。

近年来随着技术的发展和模式的创新，人们发现“集约化”“整合共享”不是万能的，而“分布式”“去中心化”也逐步成为新的政务服务模式，为行业追捧和探索。既然整合的成本高、难度大、效率低不如引入更“轻”的“去中心化”理念。

在数字政府视角下，政务服务的内涵和外延都在不断创新和变化，也随着场景越来越细分，面对政务服务应用的丰富性和复杂性，需要解决好三个问题：

一是应用的强整合和弱连接。长期以来的政务服务实践都在强调“强整合”，即，希望省里统建，市里和各级部门就不用单独建了。带来的问题是，省里建设的责任重、难度大，而基层部门在服务创新上也没有了积极性。反思微信小程序的模式，不难发现各类应用是按照一种“连接”的方式统一对外提供服务的。不进行“强整合”是因为腾讯作为一家企业没有能力进行全社会各行各业的整合，但是微信作为一个平台，定标准把应用“连接”起来统一对外服务是可以做到的，微信“弱连接”模式很好地诠释了这一点。在数字政府建设的背景下，服务细分和全面的数字化使得政务服务被“集约化”整合的代价不断升高，因此在推进“强整合”的同时，思考一下“弱连接”是必要的。

二是跨应用的服务漫游问题。当前跨地区、跨部门已成为政务服务的一大痛点。未来随着数字政府建设，更多的“跨应用”需求将会不断涌现，服务跨地区、跨部门的漫游问题将会突出。如疫情期间各省级政务服务 App 都提供了本地区健康码服务，如果跨省出差，往往必须再下载该省的省级政务服务 App，在各省级 App 间进行“漫游”。

这类跨应用的服务漫游场景非常多，区域和部门的限制使得这类政务服务应用难以有好的体验。要实现跨应用，即在一个政务服务平台中可以无缝唤起另一个地区的政务服务应用，前提是用户体系的贯通和服务机制的互认，如果这个问题不能很好地解决，政务服务将不断面对跨应用服务漫游的“阿喀琉斯之踵”。

三是多端一体化问题。由于移动 App、微信公众号、微信小程序、支付宝小程序、百度百家号、今日头条号等新应用不断涌现，政务服务需要根据相应端的技术标准，实现多端一体化的技术能力，即数据同源、多端发布，以适应需求多变、快速迭代的要求。特别是 5G 时代背景下移动政务服务将以多种形式泛在化，多点触控、智能语音等新的交互方式的出现，使得新一代智能终端不再局限于手机，而是扩展到了智能腕表、智能家居、智能车载、AR 眼镜等多场景和多用途。移动多端设备已经具备强大的数字政府服务能力，将催生更多政务服务“端”的形式，政务服务也因此通过更多“端”渠道渗透到为企业群众服务的方方面面。

（三）“互联网+政务服务”数据资产的管理问题

在数字政府建设过程中，数据资产的有效管理越来越受到重视和关注。2021 年年底国家发布《要素市场化配置综合改革试点总体方案》要求，一是要建立健全数据流通交易规则，探索“原始数据不出域、数据可用不可见”的交易范式；二是要推动公共数据开放共享，通过构建和完善共享机制，加速公共数据有序流动；三是拓宽数据开发利用场景，支持打造统一的技术标准和开放的创新生态，促进商业数据流通、跨区域数据互联、政企数据融合应用；四是要加强数据安全保护，强化网络安全等级保护要求，探索完善个人信息授权使用制度。

随着政务服务的发展，客观上要求各级政府部门之间打通数据壁垒，建立数据流通和共享机制，但在实践中存在重重困难，当前政府各部门“数据孤岛”问题仍然普遍存在，历史遗留问题较多，建立集中式数据共享中心难度较大。随着《中华人民共和国数据安全法》和《中华人民共和国个人信息保护法》的陆续实施，数据如何可信存储和合法合规使用问题备受关注，数字政府建设急需要完善的数据可信存储、授权、共享体系，以便于数据使用的可信和数据流通的安全。

此外，数据已经不局限于政府内部的数据，而是公众、社会和政府通过互联网内外交互编织而成的数据集，对数据要素和数据流通的管理尤为重要。

一是建立数据资产集约化和分布式管理并存的模式。首先要认可，“信息孤岛”不可能被完全消灭，有相当多的数据会依然驻留在业务部门，很多数据并不便于被采集和集中化管理。既然数据资产集约式的“中心化”管理有难度，那么数据资产的分布式管理，即“去中心化”模式必然会越来越受到重视。随着数字政府对区块链技术的应用，“智能合约”以及“分布式账本”理念被引用到政府数据资产的“整合共享”中，是“物理上整合”还是“逻辑上共享”已经并不重要，政府数据资产应建立以“集约化管理”和“分布式共享”两种形态并存的模式。

二是建立数据安全和隐私保护体系。在政府服务过程中，很多的服务是通过对数据的调用和计算得到的结果，数据中不可避免地含有大量的用户信息，因此构建政务数据保护体系势在必行，需要考虑以下三个层面。首先要围绕数据的全生命周期建立管理体系；其次要建立数据治理机制并加强数据安全管理，努力以“原始数据不出域、数据可用不可见”作为数据使用准则，同时加强数据安全的风险评估、合规管理流程，并通过加密算法、脱敏、密钥等相关安全技术有效地监控和防范潜在的数据泄漏风险。最后要加强成熟度评估、相关法规培训提升个人数据安全和隐私保护的意识。

三是解决好数据流通的授权鉴权、电子存证和监管追溯问题。在政务数据流通使用中，运用区块链技术实现数据流通过程的“可信认证”与“不可篡改”非常重要。首先在数据使用前要对数据的调用进行授权和鉴权，如当服务要调用个人隐私信息时，通过加密算法和数字签名确定当事人的合法身份，并发信息给当事人进行授权确认。其次要对数据流通中对调用源、调用时间、调用地点和调用人等数据进行校验存档，即对调用的行为过程进行电子存证。最后对数据调用过程做详细的数据记录，通过电子存证和数据记录的不可篡改性做到调用过程的可追溯。

(四)“互联网+政务服务”的共性技术支撑问题

“互联网+政务服务”建设要求省市区县到乡镇村各级政府部门的应用服务“应上尽上”进行服务汇聚，同时各级政府部门的业务系统数据要进行异构整合和共享交换，形成高效的服务能力和政务数据资产沉淀。

只有解决好“互联网+政务服务”的共性技术支撑，才能更好地为政务服务各类应用和数据服务提供大并发支撑、应用安全、快速发布以及高效研发和信创能力，才能够提供小步快跑、快速创新、快速升级、快速部署的平台支撑，形成应用数据开放、数据安全监管和自动化运维的“互联网+政务服务”平台，并降低运维管理成本和提高开发效率。平台重要的共性支撑能力具体来说有以下五个方面：

一是构建平台级的大并发高性能支撑能力。出于数据隐私安全以及政务业务特殊性的考虑，政务服务平台通常部署在政府自有的私有云平台，构建基于私有云平台级的大并发能力是支撑面向公众服务的关键技术挑战。随着国家对跨地区、跨部门、跨层级政务服务的推进，“互联网+政务服务”平台将公共服务和行政审批事项面向公众和企业开放，提供类似健康码、高考查分、网上交学费、网上办事、政务服务好差评等服务，由于“互联网+政务服务”平台开始面向“To C”端，系统将面临频繁的用户注册、大并发访问、实名实人认证等操作，构建在私有云体系上的政务服务将会在相对集中的时间段受到瞬间高强度访问峰值，类似于“12306 平台”的互联网抢票或是类似电商的“双十一”场景，这对政务服务平台的性能支撑和技术运维提出了巨大的挑战。疫情期间，随着数字政府的发展，政务服务更加强调服务体验和稳定可靠，大并发高性能支撑将是重要的平台能力。

二是构建政务服务平台自身的应用安全能力。“互联网+政务服务”的应用服务关乎政府公信力和政府形象，数据也含有企业和个人的隐私，因此平台将会面临黑客攻击和数据隐私保护等问题的巨大挑战。国内各类安全公司提供的技术产品和解决方案虽然很丰富，但所有平台在安全防护上都有被攻破的可能性，因此在安全硬件设备和安全软件系统都被黑客突破后，自身软件平台的安全防护能力是抵御黑客入侵和木马植入的最后一道防线。“互联网+政务服务”平台的软件自身开发在代码安全、互联网安全防护方面显得极为重要。

三是服务的不停机热更新和应用的灰度发布能力。政务服务作为数字政府面向公众的平台做到服务不停机至关重要。服务不停机是指对应于网站、移动端和各类小程序等多端在服务展现方面，能够通过可视化拖拽进行快速改版。在服务应用方面，通过容器化、弹性伸缩和灰度发布机制，应用服务代码的更新在不停机状态下进行，为了不影响全网用户体验可以将新功能的影响控制在灰度范围内，让小范围的用户先行试用，成熟后再进行全网的复制，即在不停机的状态之下也能实现新功能的平滑更新。

四是构建应用开发的 DevOps 体系。由于“互联网+政务服务”是一个持续服务的平台，平台应用的开发和数据沉淀都是政府的资产，因此，不能总是推翻重做，而是要在保留原有成果和资产的前提下，不断累积、快速迭代。为了完成数字政府“敏捷迭代”的应用开发模式，政务服务的应用代码开发将引入类似于“工业化”代码生产的方式，以推动“小步快跑”进程。即构建一个基于 DevOps 体系的应用代码开发的生产线，管理政务服务应用开发的全生命周期，包括需求的管理、代码的管理、组件的管理、质量的管理、安全的检测等，保障整体的代码质量和安全，实现应用研发的全流程管理，以及交付的流程化和自动化，推动政务服务应用开发的快速迭代创新。

五是构建面向多端的自动化测试体系。随着政务服务的发展，大量丰富的应用将面向多端，由于手机型号的多样性，政务 App、小程序、公众号、自助终端一体机等的测试变得异常复杂，开发一个应用会牵一发而动全身，仅靠人工测试几乎无法顺利完成。要构建面向多端的自动化测试体系，实现对 Android、IOS、HTML5 等多端自动化地完成应用安装测试、性能测试、兼容性测试、盲点测试等，并在自动化测试过程中进行全链路安全扫描、运行异常监控和故障报告输出，对程序代码的节点进行异常告警，辅助程序员进行代码缺陷的快速定位，以实现降低多端测试的人力成本，提升测试效率和交付质量。

六是构建平台的自主可控和信创能力。数字政府大发展的背景下，政务服务因是向互联网开放，应用底层操作系统、中间件服务、数据库等方面，都会直接受到互联网的各种攻击，包括被木马植入以及拖库等风险，直接涉及数据安全和隐私保护等问题，因此政务服务应用的安全稳定、自主可控尤为重要。虽然近年来国内基础软硬件厂商在国产替代方面已经取得了长足的进步，但长期以来国内众多应用软件系统对国外系统软硬件依赖惯性，使得国产化基础软硬件在服务器芯片、操作系统、中间件、分布式数据库等方面，和国际先进水平仍然有一定差距，而开源平台的基础底座和主要研发贡献大部分也来自国外，因此很多平台的补丁和漏洞的发现总是滞后。近年来，我国在去“IOE”、关键技术研发方面已经有了大量投入，但在网络安全、数据库和软件核心架构底座方面仍面临挑战，仍有很多技术难关需要探索和攻克。

“无感”与“有度”：2021年数字政务服务发展观察

大汉软件总裁　金震宇

2021年，我国数字政务服务领域迎来诸多变化和发展，在移动政务服务方面，《全国一体化政务服务平台移动端建设指南》（以下简称《指南》）的发布，提出移动端建设“标准”；在适老化服务方面，《工作和信息化部关于切实解决老年人运用智能技术困难便利老年人使用智能化产品和服务的通知》的发布，按下适老化及无障碍改造的“加速键”；在政务服务一网通办方面，上海、浙江、江苏、江西等地区不断创新优化政务服务模式和架构，创新推出“一网通办”帮办、一件事“打包办”、多证联办、无感申办、免申即享等更易于公众和企业使用的服务来提升政务服务质效，让更多人都能感受到数字时代政务服务的热度、温度。本文总结回顾2021年数字政务服务领域的整体发展情况和各地政府的创新实践，并对未来的发展趋势进行展望，以期帮助相关主体快速、准确、全面地了解数字政务服务的发展现状与最新动向。

一、“适老服务”与“指尖政务”成为数字政务服务新高地

通过研究2021年各地发布的与政务服务相关的政策，我们发现“适老服务”与“指尖政务”将是数字政务服务的新高地，未来的数字政务服务需要借助适老化及无障碍改造、移动政务服务生态和好办、易办的一网通办服务，持续优化服务的“面子”和“里子”，将数字政务服务导向深层次。

（一）推进政务“适老化改造”，破解数字鸿沟

2021 年有多个解决老年人运用智能技术困难的政策文件发布，围绕互联网网站、移动互联网应用适老化改造部署工作，无论是要“开展互联网适老化及无障碍改造、扩大适老化智能终端产品供给”；还是要“推动涉老政务服务事项业务流程再优化、数据共享再提升”。这些为“适老化改造”量身定制的政策文件，一定程度上为互联网网站、移动互联网应用的适老化改造按下“快进键”，为政务“适老化改造”明确行进路线——围绕老年用户的真实需求进行供给侧的优化，从用户体验和用户服务处着手改造服务的“面子”和“里子”，持续不断地将适老化改造导向深层次，满足不同用户群体对在线政务服务“想用”与“爱用”的需求，让老年用户可以更加轻松自如地使用互联网网站、移动互联网应用。(图 1)

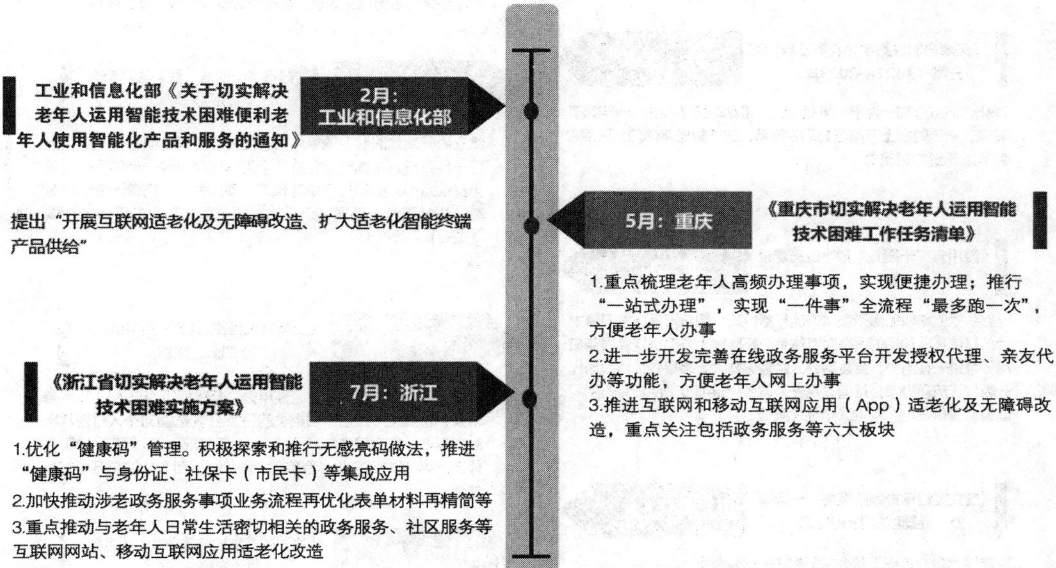

图 1

（二）一网通办"好办、易办"，建好"掌上办事"总门户（图2）

3月：北京

《北京市"十四五"时期智慧城市发展行动纲要》

推动电子证照、电子印章等在政务服务领域应用；推动高频证照跨省共享互认，推动京津冀高频事项"高频通办"；打造数据同源、多端同步、千人千网的个性化政务服务

5月：江西

《"智联江西"建设三年行动方案（2021—2023年）》

以场景应用为驱动的服务供给、"高效办成一件事"。推进线上线下标准一致、渠道互补、扩大企业服务、创新证照云应用，推广应用电子证照、电子合同、电子签章、电子发票、电子档案等"电子文档"，努力打造"不带证省份"

6月：浙江

《浙江省数字政府建设"十四五"规划》

推动政务服务提质增效。加快推进政务服务事项"一网通办"。迭代升级"浙里办"，**实现各类场景化民生应用"一端"集成、"网购式"办事。**全面推动"一件事"服务平台迭代升级，推行告知承诺制。提升长三角"一网通办"政务服务能力，推动完善跨省协同机制

7月：广东

《广东省数字政府改革建设"十四五"规划》

深化"一件事"主题式服务、推进政务服务"四免"优化、推动政务服务"跨域通办"、推动政务服务网好办易办、拓展"泛在化"政务服务渠道、构建便捷泛在的政务服务体系

8月：天津

《天津市加快数字化发展三年行动方案（2021—2023年）》

深化"高效办成一件事"场景建设，推动政务事项由办理向服务转变，形成**数据上下流通的循环体系，政务数据跨部门、跨层级、跨区域无缝即时流动**

8月：江苏

《江苏省"十四五"数字政府建设规划》

建立协同高效的数字政务体系、提升政务服务便利化水平、推行一件事通办，围绕企业群众全生命周期梳理一件事清单；强化跨省通办、推动长三角区域"一网通办"、完善涉企全程服务、政务服务一件事（个人）（第一版）和政务服务一件事（企业）（第一版）

9月：四川

《四川省"十四五"数字政府建设规划》

开启数据驱动政务服务和政务运行新模式；构建智慧政务服务中台、打造优质便捷的普惠服务体系；**拓展网上办事场景化服务应用，推进一证通办、全程网办、全省通办、无感智办；**持续迭代升级"天府通办"，打造多端服务体系；持续推进用户专属空间建设，提供主动、精准、个性化服务

10月：上海

《上海市全面推进城市数字化转型"十四五"规划》

以"一网通办"总门户、"随申办"超级应用为总入口,实现与群众和企业生产生活密切相关的服务全覆盖,**面向个人打造从出生到养老的数字服务体系;**面向企业打造国际一流营商环境服务体系,逐步形成标准化、普惠化、均等化、智慧化的全方位服务体系

11月：上海

《建立完善帮办制度提高"一网通办"便捷度的工作方案》

构建线上帮办和线下帮办相辅相成的帮办制度。

——线上帮办。电话咨询、网上"小申"智能客服、线上人工专业帮办

——线下帮办。领导干部帮办、各级政务服务中心工作人员帮办

11月：山东

《关于进一步提升基层政务服务能力的实施方案》

基层政务服务从"能办"到"快办""易办""好办"，基层便民服务事项纳入"爱山东"App市及县（市、区）分厅

11月：重庆

《重庆市居民服务"一卡通一码通"工作实施方案》

以"渝快办"政务服务平台为依托，将居民服务各类卡、码、证功能融合至社会保障卡，形成居民服务卡，通过"渝快办"平台生成"渝快码"，作为重庆市"城市码"，打造居民服务"一卡通一码通"服务管理新模式。在高频公共服务卡、码、证应用场景，实现线下通过居民服务卡刷卡、线上通过"渝快码"扫码，让群众获得更加便捷的服务

图2

无论是浙江提及的迭代升级“浙里办”，实现各类场景化民生应用“一端”集成、“网购式”办事；还是江苏提及的集成数字政府统一入口，推动跨地区、跨部门、跨层级的业务协同和数字赋能，推行政务服务一件事通办；抑或是山东要求实现基层政务服务从“能办”到“快办”“易办”“好办”转变，打通服务企业、群众的“最后一公里”。这些都透漏出“一网通办”正在以统一的线上总门户和掌上总入口完善跨层级、跨区域的政务服务生态体系，以政务数据互联互通和业务流程再造等，推动政务服务的一网通办由“可办、能办”转向“好办、易办”，开始围绕用户需求推动更多政务事项由被动服务向主动服务转变，由“一个事”转向套餐式的“一件事”。

（三）打造移动政务服务生态，“指尖政务”迭代升级

国务院办公厅于2021年11月印发的《指南》，我们从《指南》可以窥见“为什么要‘规范’移动政务服务、要为公众和企业提供什么样的移动政务服务、要怎样推动移动政务服务规范管理和协同服务”以及“要怎样建设移动政务服务的总枢纽、总入口”。可见，未来将为公众和企业构建起“指尖办”的超级应用，为用户建设更大更优质的应用池；也为移动政务服务的“一证通办”“扫码亮证”“跨省通办”“无感漫游”建立起全新的数据漫游网，为政务服务的移动化流程再造提供更多支撑。“单兵作战”的政务服务App、小程序终将通过向统一平台的汇聚、联合形成一个整体联动的移动政务服务集团军。（图3）

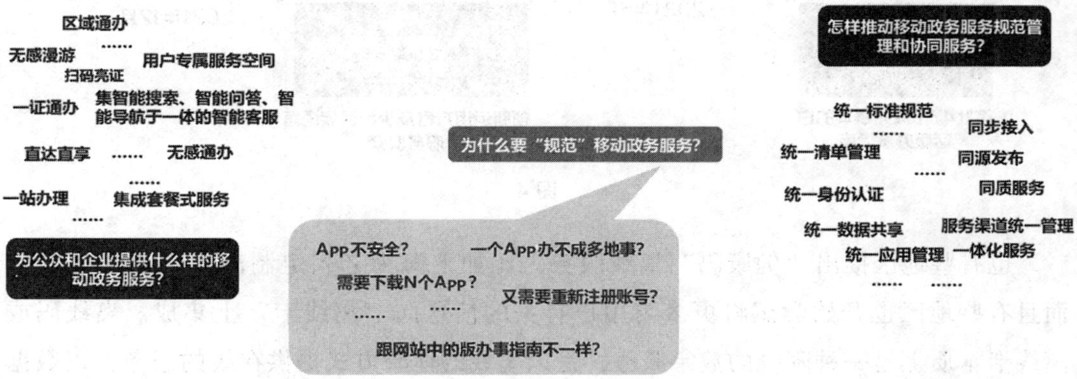

图3

二、数字赋能政务服务的温度、速度、密度与精度

2021 年，在政务流程改革与数字技术渗透的双重作用下，无论是一网通办、跨省通办，还是移动政务服务，它们都在进行持续地迭代升级，政务服务的温度、密度、精度、速度等也正依托“更便捷”的服务应用、“更丰满”的服务内容、“更细化”的服务触角、“更适宜”的服务功能、“更精准”的服务推送为用户提供越来越多的“走心”服务与“贴心”应用。主要的发展变化体现在以下四个方面：

（一）政务服务“增温度”

2021 年，有许多地区开始创新办事指南的解读方式，推出“白话版”办事指南或是“视频版”的办事攻略，为政务服务“白话革命”按下加速键。政务服务正在努力用“白话式”“视频式”的方式向用户靠近，持续满足用户在互联网时代“短、平、快”的阅读需求，让更多的用户可以更快、更简单地看懂、读懂政务服务信息。（图 4）

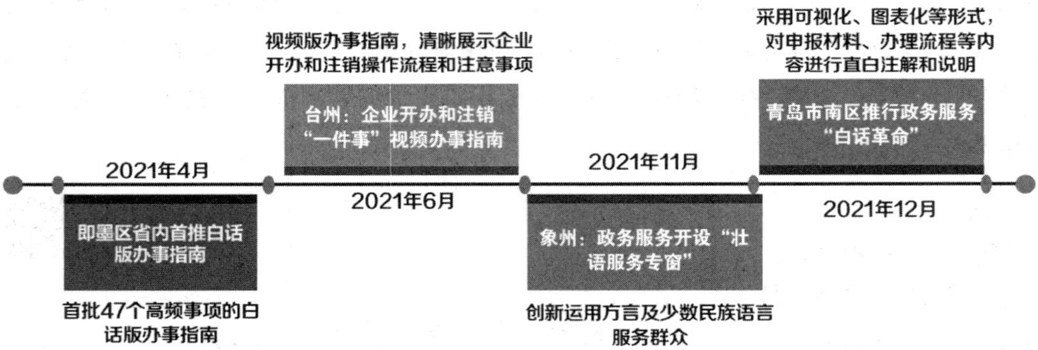

图 4

也有些地区推出“健康码”离线服务，比如上海为老人定制离线版“随申码”，而且有些地区也开始尝试将更多与用户有关的信息向“离线卡”上集成。离线码或离线卡本质上是一种降维的数字服务，是以离线的体验方式提供在线的服务，以数据资源的相互作用，将用户端的“离线展示、刷卡”与政府端的“在线调用、确认”相连接，在快速的互联网时代提供一种“慢服务”，让更多用户可以更好地享受数字政务。（图 5）

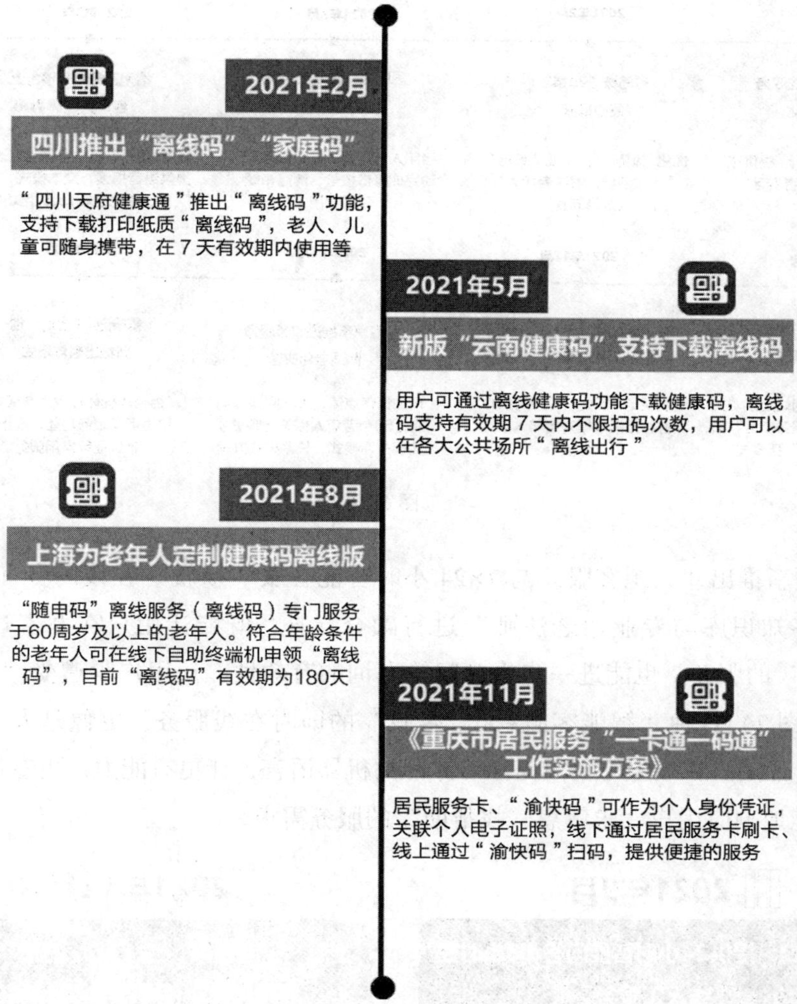

图5

2021年，许多地区开启了“政务服务”适老化服务改造，比如浙江、江苏、山东等地的政府门户网站、政务服务网改版上线“无障碍版”“关怀版”，“赣服通”“爱山东”等政务服务App上线适老化专区、一键切换“长者模式”。（图6）这些其实都是围绕老年用户的真实需求，对用户体验和用户服务进行深层次优化，开始试着将数字时代的适老服务从“无障碍”推向“无差别”，让政府门户网站、政务服务网、政务服务App等成为更多用户的“首选入口”，让大家不再畏惧不会使用、不能使用在线政务服务等问题。

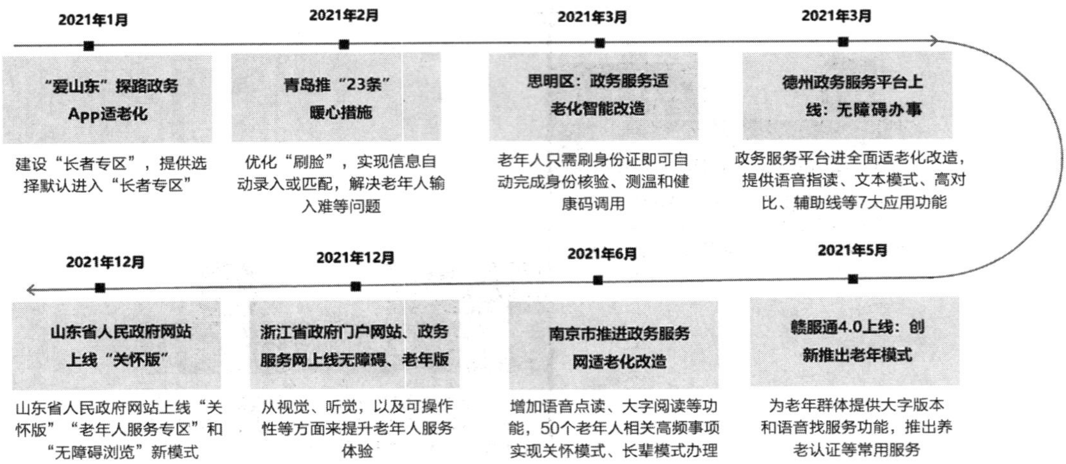

图 6

上海创新推出“人工客服”与 7×24 小时智能客服“双轨”在线的咨询服务模式，将智能问答知识库与专业“老法师”进行融合互补，既能让用户在办事过程中享受“边问边办”的服务，也能进一步提升问答咨询的有效性，让用户少遭受“答非所问”的困惑。（图 7）这种“智能客服+人工客服”的即时在线服务，更像是人力与算法的接续合作，让用户在线上不再只是面对冰冷的机器语言，让更有能力、更专业的“解惑者”高效能地响应用户“求解惑、找帮助”的服务需求。

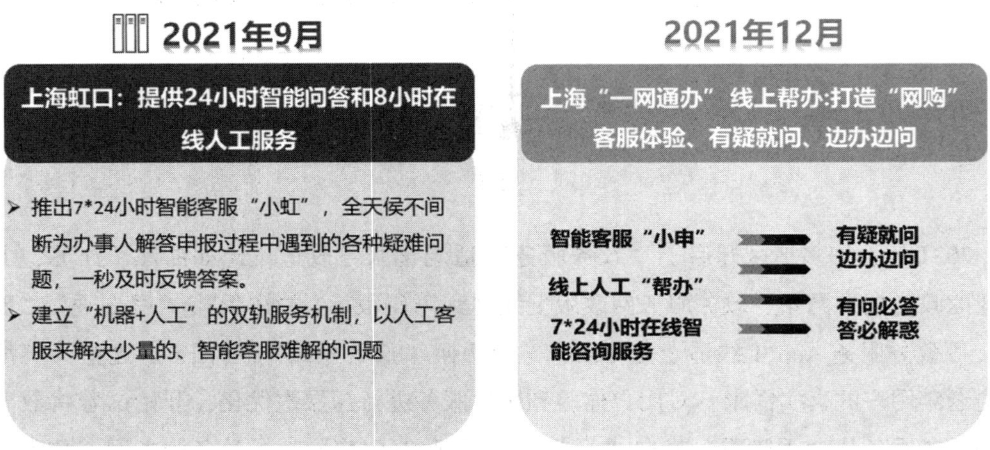

图 7

无论是政务服务“白话式”解读、问答，还是离线码、离线卡等的适老化服务、无障碍服务，其实都是政府开始从供给侧为用户重新设计或优化看、查、用、问等方面的服务，以丰富的创新，提升政府服务公众、企业的温度，让用户在数字时代可以感受到有温度的数字服务，让数字技术不再是冰冷的存在。

（二）政务服务“加速度”

2021 年，浙江、山东等诸多地区持续上新一件事打包办，比如杭州上线全国首个“购房”一件事掌上办应用场景，将用户眼中的“购房”相关联的高频事项进行“打包”，让用户不必再从“线上”跑多个部门。（图 8）“一件事”打包办的服务，表明政府供给侧开始注重满足用户的“链条”式的服务需求，甚至在不断地自我加压，借助愈发成熟的数据互联互通和协同服务，开始将政府所提供的服务、应用与用户所需的“一揽子”办事保持同步。

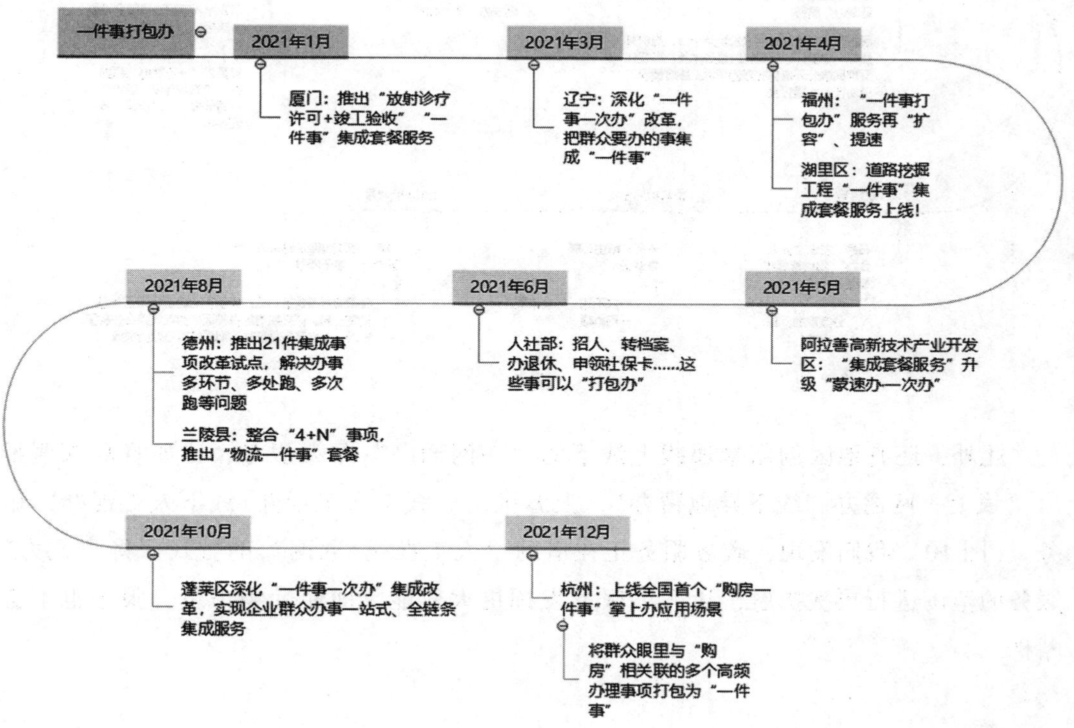

图 8

2021 年，有些政府门户网站上线“智能云搜”或“智能搜索平台”新功能，主动为用户“打包”相关联政策文件、办事服务等信息资源。也有诸多地区创新运用数据共享、电子证照共享等，打造全新的“多证联办”服务，为用户提供定制式的“证件联办”套餐，让用户享受到“提交一次材料，办成多个证件”。（图 9）无论是创新设计一体化智能检索，还是开拓多证联办服务，我们发现政府的服务，正在向“一个入口链接多个服务”的方向转变，通过不断缩短或重新优化设计用户触达政府服务的路径，让用户以尽可能少的操作，享受更多的服务。

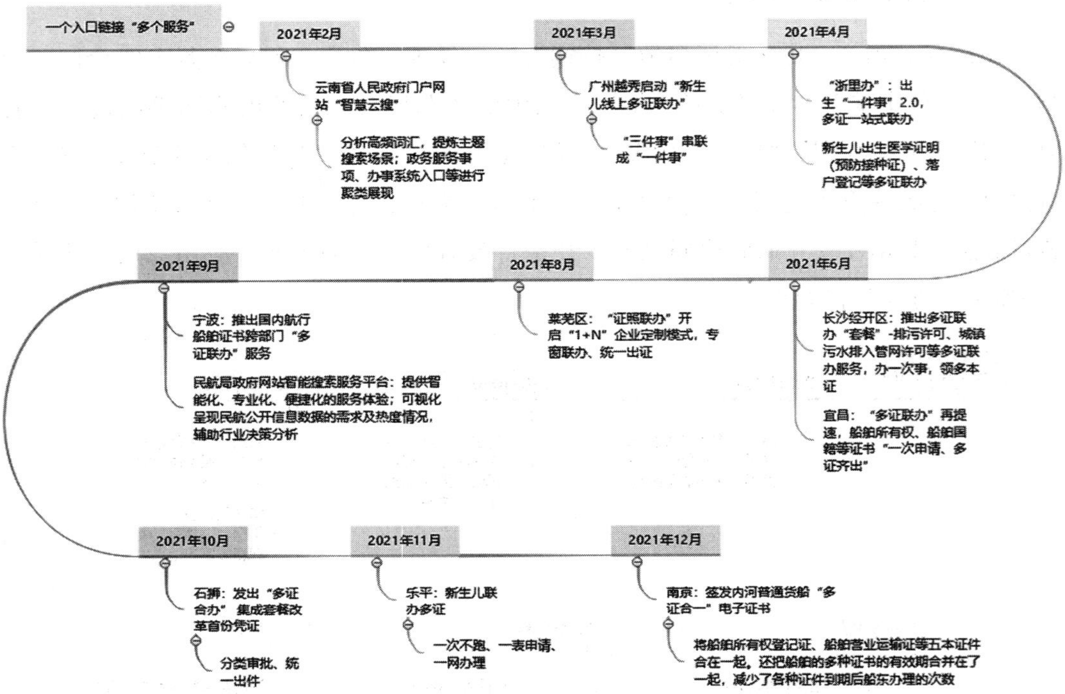

图 9

此外，还有地区创新融通线上线下的“一网通办”帮办服务，比如青岛莱西推出“线上一网通办、线下异地帮办”，上海推出“线上人工帮办+线下人工帮办”服务。（图 10）我们发现，政务服务正在借助“人工在线+联网”的方式，将“人力”服务的范围进行再次扩展，让人工服务发挥更大效能，即便远隔千里，服务也不会断档。

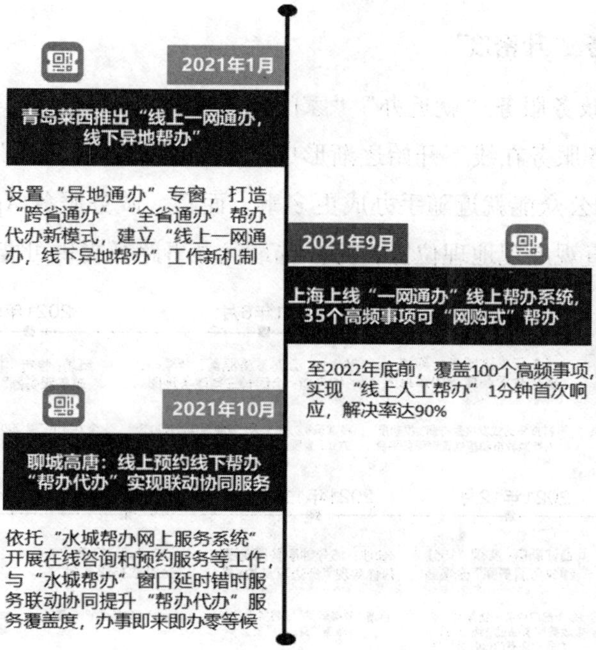

图 10

2021 年，还有许多地方开始尝试从申请受理、审查决定、颁证送达等全流程全环节为用户提供“零见面”“无纸化”服务、全程电子化审批。比如农业农村部推出 11 项全程电子化审批的行政许可事项，济宁推出“医疗广告业务审查”全程电子化。（图 11）这不仅是将用户的申请、政府的审批全部复刻到线上，也为更多政务服务事项“跨省通办”修筑起网络高速通道。

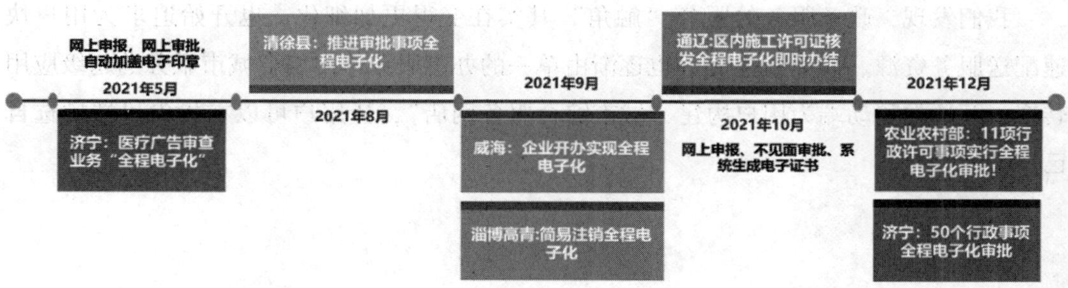

图 11

“一件事打包办”“多证联办”“引导式智能搜索”“人工线上线下联合帮办”“全程电子化”其实是打出数智化“组合拳”，以数字技术为“一网通办”数字政务“生态”持续加速，一方面提升服务供给“效能”，另一方面提高服务运行的效能。

（三）政务服务“升密度”

2021 年，随着政务服务“就近办”“家门口办事”的持续延伸，“线下服务”的密度在不断提升，政务服务在线下开始逐渐形成“15 分钟政务服务圈”或“15 分钟便民服务圈”。让企业和公众能就近随手办成更多事。而且，政务服务 App 中开始上线政务地图，也为用户更直观展现地理位置，为择选最优办事路径提供可能。（图 12）

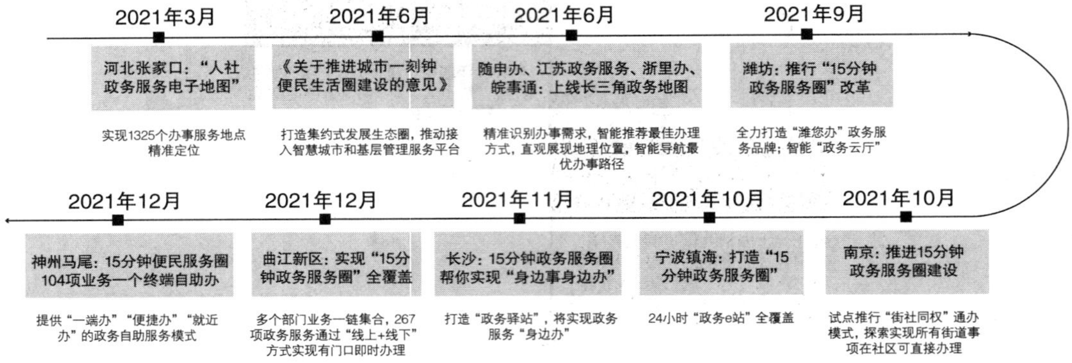

图 12

也有许多政务服务 App 开始将高频政务服务事项向移动端延伸，比如“浙里办”上线城市专属频道，南京依托“江苏政务服务”将全市政务服务、公共服务、便民服务资源向移动端集成，或者“浙里办”上线数字社会专区；“赣服通”上线金融服务专区、公证专区，将更多司法公证、金融服务等领域的服务“搬”至政务服务 App 的服务空间中。（图 13、图 14）

我们发现，政务服务的服务“触角”其实在变得更加细化，也开始追求为用户快速配送服务资源。政务服务 App 也逐渐由单一的办事服务体向综合城市服务的超级应用转变，开始在移动端为用户构建“城市综合服务网店”，让用户可以在指尖尽情挑选自己所需的服务。

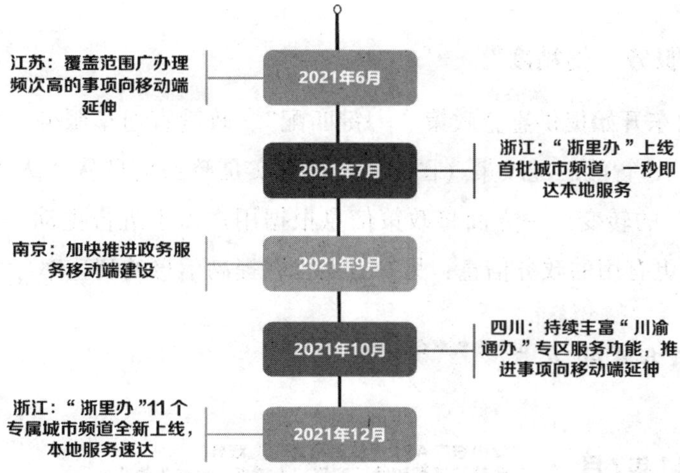
江苏：覆盖范围广办理频次高的事项向移动端延伸
2021年6月
2021年7月
浙江：“浙里办”上线首批城市频道，一秒即达本地服务
南京：加快推进政务服务移动端建设
2021年9月
2021年10月
四川：持续丰富“川渝通办”专区服务功能，推进事项向移动端延伸
浙江：“浙里办”11个专属城市频道全新上线，本地服务速达
2021年12月

图 13

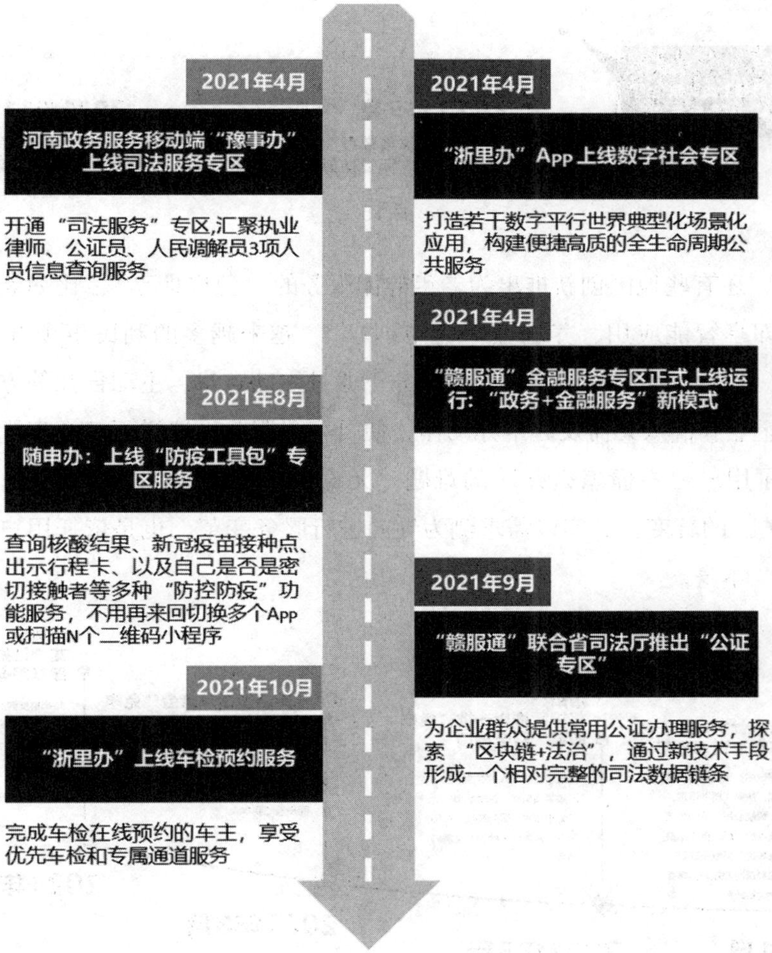
2021年4月
河南政务服务移动端“豫事办”上线司法服务专区
开通“司法服务”专区,汇聚执业律师、公证员、人民调解员3项人员信息查询服务
2021年4月
“浙里办”App上线数字社会专区
打造若干数字平行世界典型化场景化应用，构建便捷高质的全生命周期公共服务
2021年4月
“赣服通”金融服务专区正式上线运行：“政务+金融服务”新模式
2021年8月
随申办：上线“防疫工具包”专区服务
查询核酸结果、新冠疫苗接种点、出示行程卡、以及自己是否是密切接触者等多种“防控防疫”功能服务，不用再来回切换多个App或扫描N个二维码小程序
2021年9月
“赣服通”联合省司法厅推出“公证专区”
2021年10月
“浙里办”上线车检预约服务
为企业群众提供常用公证办理服务，探索“区块链+法治”，通过新技术手段形成一个相对完整的司法数据链条
完成车检在线预约的车主，享受优先车检和专属通道服务

图 14

（四）政务服务“提精度”

2021 年，山东开始提供惠企政策“一键匹配”、政策直通车服务，“赣服通”红谷滩分厅创新推出 AI 智能匹配政策（图 15），这其实是政务信息从“人主动找信息”向“信息主动送人”的转变，一方面将政策信息根据用户需求进行主动“筛选”，为其提供契合度更高、更有用的政务信息；另一方面也在提高信息的到达率。

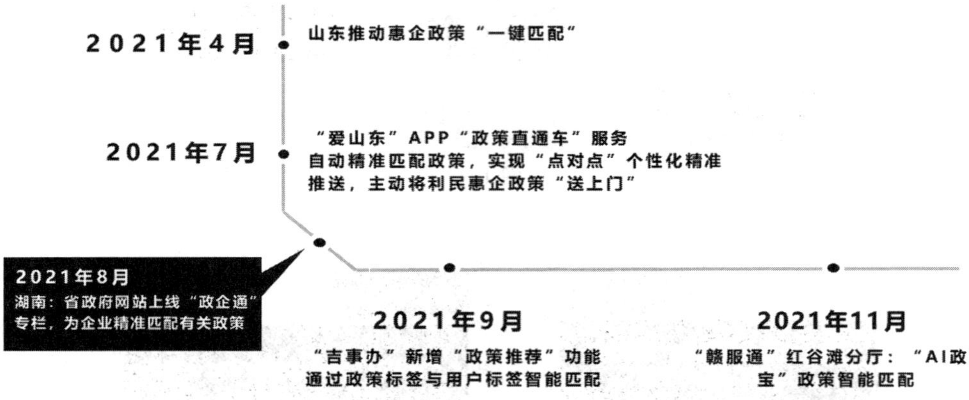

图 15

2021 年，还有些地区创新推出为老年群体服务的“免申即享”，比如老年优待证电子证照免申即享智能应用、养老金“免申即享”，越来越多的利民事项开启“免申即享”模式。（图 16）我们发现，政府的服务正通过主动查找、主动告知等方式，让符合办理条件的企业和群众无需发起申办动作，便可享受服务。这样不仅提高了服务的送达率，也解决了用户“不懂怎么办”的难题。无论是政策找人，还是服务找人，这种从“找”到“送”的转变，其实以需求侧为导向进行服务变革，也是依托用户数据将服务回归至“人”本身。

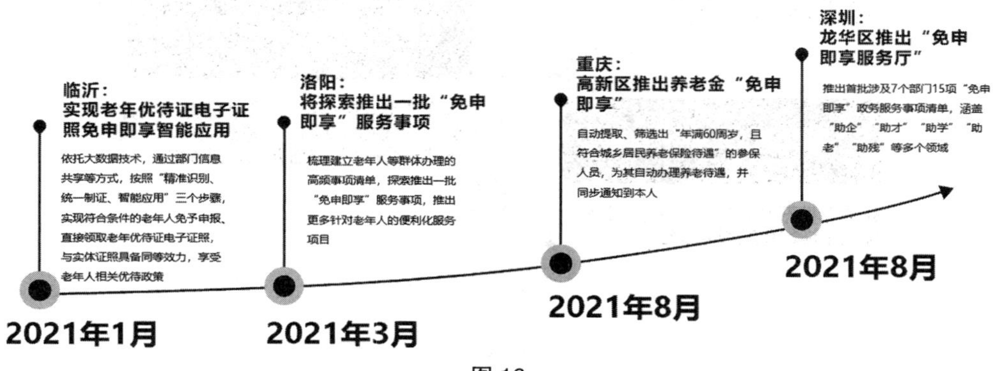

图 16

三、“无感漫游”的本质是用数据共享消解距离感与时间感

随着政务服务统一支撑的完善以及数字技术在政务服务领域的创新应用，政务服务在不断提升用户办事便利度的同时，也在探索用“无感申办”“免申即享”“免证办、亮证办”“无感漫游”等为用户加深“无感”服务体验，借助数据共享为用户消解距离感和时间感，主要的发展变化体现在以下四个方面：

（一）无感漫游：跨省办事不见面

诸多地区在通过数据跨省互认、跨省互信积极创新实践“跨省通办”，比如，在长三角“一网通办”中梳理出了数据责任清单、结构化数据需求等；在“川渝通办”中有制定数据共享责任清单，也有地区研究事项的跨省办理模式和流程并予以固化。（图17）我们发现，政府依托数据跨省流动“协议”和区域内的跨省通办标准逐渐完善，逐渐构建起政务数据资源的“横向联通”。在数据跨省流动的支撑下，更多用户可以体验到“待在原地办成跨省事”“不见家里人办成家里事”的服务体验。

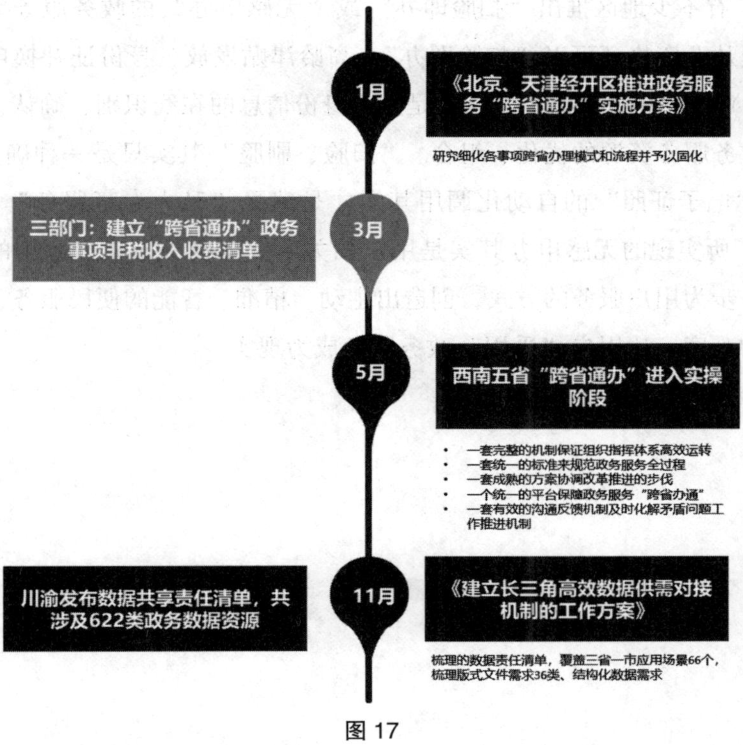

图 17

我们还发现，政务服务跨省通办的联盟正在持续扩大，2021 年不仅有“云上办”政务服务“跨省通办”联盟扩容全国 14 省 34 州市、粤沪苏鲁冀 5 省 30 区政务服务也实现“跨域通办”，还有黄河流域政务服务“跨省通办”联盟成立。（图 18）由此看来，跨省通办正逐渐形成南北走向的通办圈和东西走向的通办圈，两种走向的通办圈相互协作可能会为更多用户提供覆盖 N 个省份的跨域服务，让用户感受到“一地办成全国事”的可能。

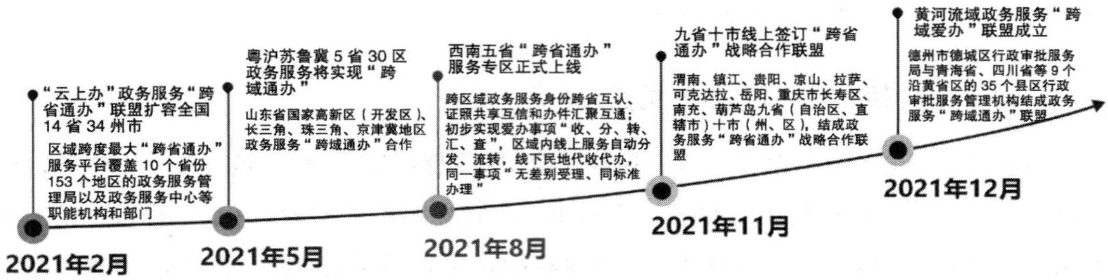

图 18

（二）无感申办：办事享受“私人专享服务”

2021 年，有不少地区推出“扫脸即办”或“无感申办”的政务服务事项。比如出租汽车驾驶员从业资格证可以“扫脸即办”，高龄津贴发放、身份证补换申领可以无感申办。（图 19）无感申办的背后，其实是用户身份信息的在线识别、确认，以及用户数据与专属的政务服务资源的优化、组合。“扫脸、刷脸”其实只是一种确认方式，“用户数据”及“电子证照”的自动化调用其实才是感受“私人专享服务”的主要体现。依托“刷脸”所实现的无感申办其实是用户相关的数据资源被充分应用的展现形式之一，以提前一步为用户服务的方式，创造出主动、精准、智能的便民服务，进一步降低了用户使用的难度，让用户“爱用”政务服务成为现实。

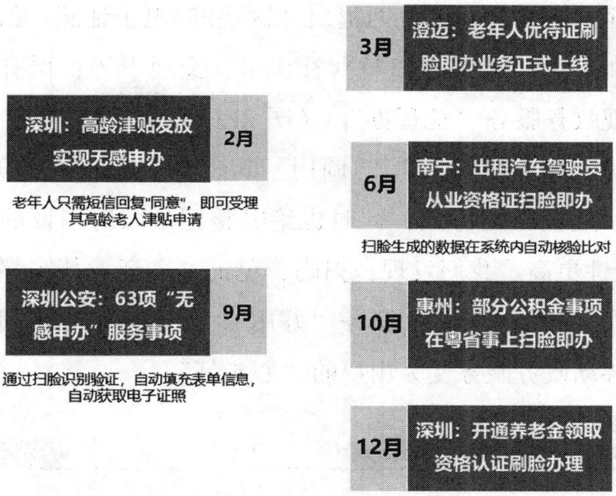

图 19

（三）免证办、亮证办：政务服务办理新姿势

2021 年，上海、江苏等地区持续深化“亮证办事”、拓展“亮证”的覆盖范围，以“亮码”的方式让公众和企业消解“免带证”的烦恼。而且，上海还推出“在线授权用证”，让办理人也不必再带上有关的实体证件。这不仅仅是在以“亮证”的方式让更多的电子证照信息可以被“用起来”，同时，也是在保护用户的隐私信息，避免个人敏感信息被泄露、被肆意使用。（图 20）

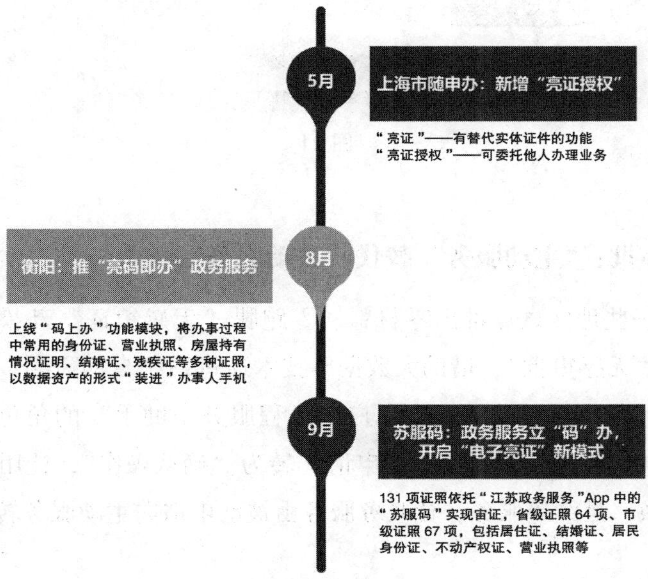

图 20

在免证服务方面，2021 年先是江西提出“区块链+电子证照+无证办理”；后有上海市拓展“随申码”的应用，让其可以替代社保卡、交通卡等；再有山东推出电子证照替代实体证照，实现政务服务“免证办”。（图 21）无论是“一码”还是“免证”，其实都以“扫码”的方式触发“证照”的调用，既改变了企业、群众“给证”的方式，也改变了政府部门“用证”的方式，同时也给完整记录政府用证的时间、用途等“加密”，让用证的安全性更高。我们发现，扫码、免证、亮证，其实都是通过多场景的覆盖，简化办事的操作，让用户感受到服务“好用”，也逐渐培养起用户使用移动政务服务的习惯，让使用移动政务服务变为用户的“心头好”。

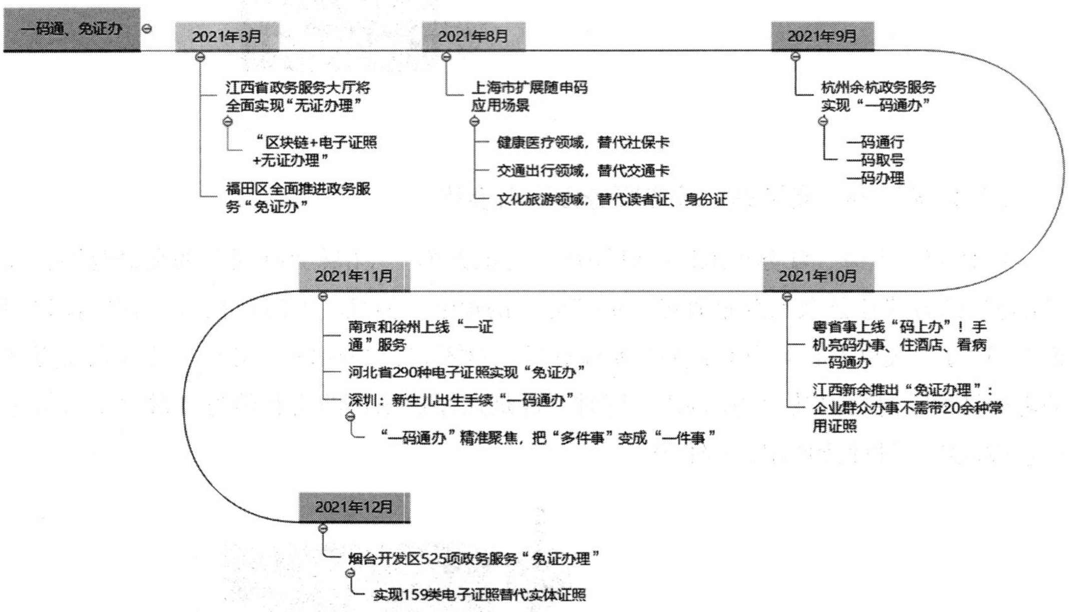

图 21

（四）无感审批：“主动服务”替代“被动服务”

2021 年，有一些地区试点推出零材料、零跑腿“无感续证”新模式，或实现某类证件延续服务的“无感审批”，借助大数据等技术通过系统自动研判，为用户提前发现其所需要办理的服务或事项，承担起用户“日程服务小助手”的角色，提前为用户准备好延续办事的申请资料，将用户的“申请”转为“确认操作”，让用户在“无感”体验中即可完成更换、延续等服务，让政务服务由被动申请向主动服务转变。（图 22）

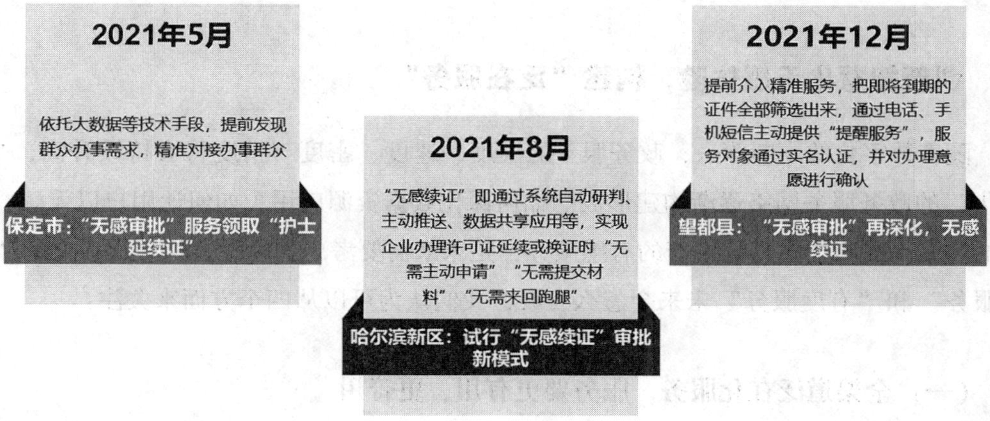

图 22

还有地区推出无感换证服务，比如南京推出的“免申通”，高唐推出的“无感服务+三联办理”，其实都是将用户自己闷头找部门办事变成由政府部门主动、提前为用户解决办证、换证等一连串难题。（图 23）这样看来，通过部门之间的“材料互认互通、证照互认互通”以及连通、协作，“无感服务”也将会不断丰富“一件事”服务。“无感换证”“无感服务+N 联办理”其实是政务服务开始从政府供给侧进行深度的流程再造，以政府侧的提前考虑、提前整理逐渐弱化用户的办事操作，让用户由感受“被动服务”向享受“主动服务”转变。

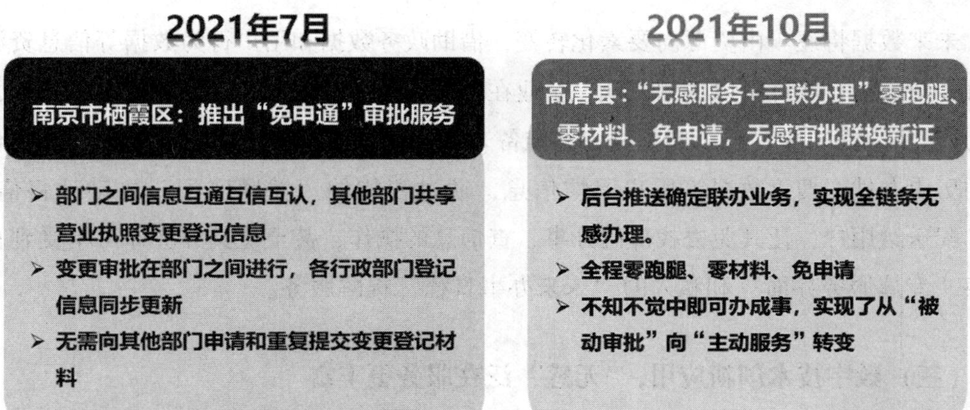

图 23

四、创新智慧化无感体验，构建“泛在服务”

随着数字化的不断深入，政务服务的温度、速度、密度与精度将会持续升高，“泛在化”的政务服务网络逐渐构建形成。如何深化数据资源应用，如何让用户以无感、无缝的体验享受到更多高效便捷的有感服务，是未来需要考虑的问题。这种泛在化的“无感服务”和“有度服务”未来会怎么发展，我们认为可以从四个方面来关注：

（一）全渠道泛在化服务，服务要更有用、更管用

未来政府的“新服务”会基于“用户需求变化”为其提供更多的跨部门、跨区域的协同服务，要考虑将这些服务“同步移栽”到政务服务 App、小程序、智能自助终端等服务端口中，以全渠道、全程电子化的形式让用户无论是在指尖还是在电脑屏幕前都可以无缝衔接办事；也需要借助统一的智能检索、智能问答服务等打造“智能帮办助理”；或者借助政府门户网站和移动政务服务平台的适老化与无障碍服务来优化提升各个服务端口的“前台”服务，逐步、逐类地降低用户使用难度与门槛要求，让不同用户群体能用上更方便、更有用的数字政务服务。

（二）数据资源由管理转向应用，服务追求精准和主动

未来数据将逐步由资源向要素化转变，借助政务数据和用户行为数据等信息资源深度融合与分析，或许可以预测公众、企业在不同时间节点或成长阶段的需求，比如，在“用户数字空间”中，除了能预先为其准备未来想要的信息或需要的服务，还能结合用户的历史办件、搜索数据等用户习惯信息，通过智能的“关联匹配”主动地将信息、服务配送给用户，让其免去找部门办事、查信息的操作，甚至让其开屏即可享受到自动切换“专属服务界面”和私人的“未来办事日程”提醒服务。

（三）数字技术创新应用，“无感”泛在服务更丰富

政府门户网站、政务服务网、实体政务服务大厅、政务服务 App、小程序、智能服务终端等在未来将逐渐形成一体化的泛在服务网络，辅以数字技术的创新加成，免证、亮证、一码等创新应用或将会全面植入一体化的泛在服务网络，以线上线下多终端、全时段、全业务的“无缝衔接”服务，让用户不再受限于“端”。而且，随着用户数据、业务数据等的联通，用户将能享受到“无感切换”的服务，比如当用户在移动端完成

实名认证后，可以自动获取以往在线下政务服务大厅、PC 端、自助终端等其他服务渠道填写过的资料，办过的事项信息；又或者预约办事时，在经过线下“扫码”验证后，实现自动取号、排队，为用户略去线下取号环节。

（四）创新跨端“无感漫游”，指尖服务更“无界”

随着泛在化服务网络的逐渐完善和用户移动化办事需求的延伸，政务服务 App 或小程序或将变身成为用户同城办事、跨省办事的“主力站点”。未来，各政务服务 App 用户体系和应用管理等也将持续深入统一，其他地区政务服务 App 或许都能变为用户“某个主应用”中的插件，让用户不必在不同的政务服务 App、小程序中进行反复切换，让用户无论从哪个入口进入服务分区，都能使用相同的“跨域”“跨端”应用，让用户在通过移动端办事时不再有物理界限和虚拟界限的限制。

济宁市打造惠企通服务平台推动惠企政策“一键匹配、免申即享”

济宁市大数据中心　孙　越

为打通“政策落地最后一米”，精准破解政策落地存在的“知晓度不佳、获取渠道不足、解读不精准、申报不及时”等共性问题，加快推动一揽子政策举措落实、落细、落到位，让市场主体和市民群众早受惠、多得益，济宁市打造“惠企通”服务平台（图 1），通过政策整合、数据挖掘、企业画像，推动政策与企业智能匹配，让政策“一键匹配”、企业“免申即享”，最大限度确保中央和省市惠企利民政策直达基层、直达企业，拓展了政务公开新渠道，架起政企互动“同心桥”，开辟惠企纾困政策传递“直通车”，铺设政策快享“高速路”，以政务公开助力区域经济高质量发展。

图 1　济宁市惠企通服务平台

一、搭建“七大板块”，实现惠企政策“一端办”

一是“一张网”政策发布。按照“一个平台、一个页面、多个端口、全面贯通”的要求，全面梳理各级各部门出台的国家和省市层面涉企惠企政策，建立统一的济宁市惠企通服务平台，实现惠企政策兑现方式和服务模式从“碎片化、各自为战”转变为“一体化、融合汇聚”。目前，平台已汇集全市 39 个部门、12 类惠企政策，其中国家级政策 46101 条、省级政策 19260 条、市级政策 7779 条，涉及金融、就业、财税、人才、科技、知识产权等多领域政策，有效解决企业的共性问题。（图 2）

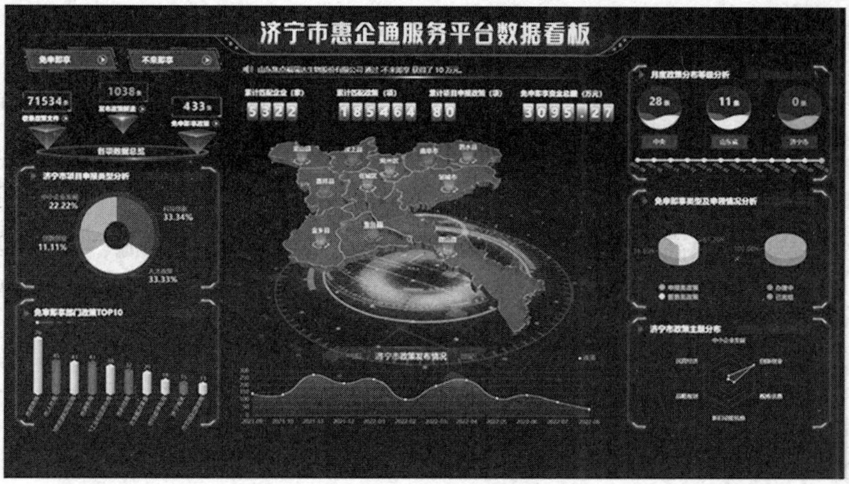

图 2　济宁市惠企通服务平台数据看板

二是“一站式”政策解读。从政策名称、奖补详情、申报条件、申报流程、项目主管科室及联系方式等方面，以文字、图像、视频相结合的形式，对政策条款进行详细操作，让企业对纾困政策“应知尽知”“应享尽享”“能享快享”，彻底解决企业政策解读难的问题，提高了公众对政府重大决策、重要政策的理解和认同，完成政策解读 1139 条，实现重大政策解读率 100%。（图 3）

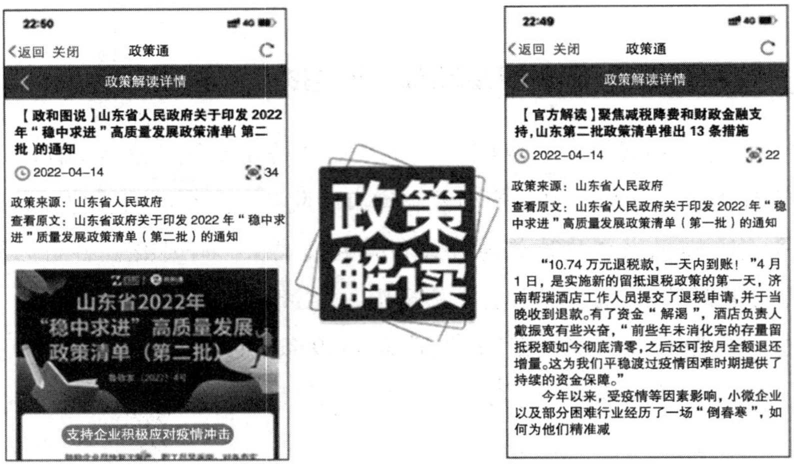

图 3　最新政策及时解读

三是“一体化”综合集成。作为济宁市重要的惠企政策兑现平台，济宁市惠企通服务平台设置了政策通、融资通、科创通、培训通、供需通、人才通、合作通七大板块，通过数字赋能、流程再造、系统优化，实现政策匹配“合体适用”、金融服务“无缝衔接”、科技成果“高效转化”、线上培训“快速高效”、供需资源“快速匹配”、合作沟通“渠道畅通”、人才服务“精准便捷”，让企业享受到全流程、全方位的“保姆式”服务，让各级惠企政策真正“飞入寻常企业家”。同时，移动端接入济宁市移动政务服务总门户“爱山东济时通”App，打破时间与地域的限制，方便群众查询全市惠民暖企相关信息，让涉企服务企业更高效。

二、突出“免申即享”，推动惠企政策“一键享”

一是政策“智能匹配”，服务“精准推送”。2020 年以来，济宁市积极探索惠企政策精准直达新模式，依托惠企通服务平台整合市场监管、人社等部门数据，按照企业所在地区、行业、成立年限、企业规模、资质荣誉等设计政策匹配算法，由传统的“人找政策”转化为智能化的“政策找人”，输入企业名称“一键匹配”政策清单，实时查看能享受的政策，可获取的奖励资金。同时，平台智能生成科技管理建议书，从研发管理、知识产权、资质认定、财税筹划等方面给出合理化的建议，帮助企业有针对性地准备材料，并根据具体政策的要求，查漏补缺，有计划地进行申报。

二是兑现“一键直达”，奖补“免申即享”。济宁市坚持以人民为中心，以便民利企为主线，以数据化、智能化为方向，分批分层上线“免申即享”政策清单，再造业务流程，优化审批机制，实现资金直达企业，消除权力寻租空间，确保财政资金安全合规。针对名单类政策，平台支持政策兑现前企业名单导入、发送短信通知；针对条件类政策，平台支持政策兑现前企业的自动匹配和筛选、发送短信通知。依托区块链技术，有效保障了资金审批兑付信息无法篡改，实现惠企政策奖补资金的流向清晰、记录可信、责任到人、便于审计。目前，济宁市 27 个部门的 209 项“免申即享”政策已完成线上流程配置并对外提供服务，2022 年度梳理首批“免申即享”政策 23 项，涉及奖补资金 2.78 亿元。

三、强化“闭环运营”，确保推广使用“一盘棋”

坚持“方便、快捷、高效”的原则，把真正好用、管用、实用作为平台建设的根本目标，建立从开发到推广使用、到问题反馈的全流程闭环机制。

一是在研发端，组建 20 余人的专业运营服务团队，提前介入平台开发，多方征求有关部门、企业意见，确保平台开发和使用无缝对接。

二是在推广端，在市、县、镇（街）等政务服务大厅以及企业服务中心设立专门宣传展位，同步接入“爱山东济时通”手机端和自助服务终端，通过市县政银企对接会、各类涉企培训，将平台宣传推广工作纳入企业走访、帮扶活动的重要内容。

三是在服务端，明确 5 名咨询服务员，落实“首问负责”“首接负责”，实行“一对一管家”“点对点服务”，做到服务更加到位、政策更加精准、环境更加优化。市政府定期通报县市区企业注册、平台使用情况，纳入重点督导事项，对注册率不高、推广效果不好的及时予以通报。

无感漫游："无感"的尺度与"漫游"的边界

智政院原创

近年来，"浙里办""随申办""赣服通"等各个政务服务平台移动端凭借"随身、简单、易用"的特性和"随需而动"的自我优化升级，正在推动实现区域通办、跨省通办。但是在使用政务服务平台移动端体验"跨省通办"服务时仍然会遇上多次注册、下载多个政务服务 App 等"老毛病"。这种种不方便、不友好的切换、跳转，让用户的"跨省办事"在刚开始就遭遇多个门槛。

国务院办公厅于 2021 年 11 月印发《全国一体化政务服务平台移动端建设指南》（以下简称《指南》），提出各省（自治区、直辖市）和国务院部门移动政务服务应用要与国家政务服务平台移动端"应接尽接""应上尽上"，以便解决各级移动政务服务应用标准统一、整体联动、业务协同的难题，让用户在移动端享受到更多的"无感漫游"服务，让企业群众越来越乐于使用移动政务。所以，随着用户跨省办事需求的变化、电子证照全国互通互认以及政务服务标准化规范化便利化的推进，如何更好地进行"无感"办事、漫游办事、跨端办事将会是移动政务需要考虑的问题。

一、"无感漫游"的内涵解析与界定

以"跨省通办"为例，不仅长三角、京津冀等地区在 PC 端、移动端上线"跨省通办"服务，也有很多省市借助全程网办、异地代收代办、多地联办等方式提供政务服务跨省通办服务。其实，无论是随申办、浙里办、江苏政务服务 App 上线长三角无感漫游，让长三角区域的公众在手机上就能"跨省办事"，还是依托全国公积金小程序提供的公积金"无感漫游"服务，其实都是在用一个服务入口打开多个地区的同类服务，本质上是让用户在特定领域享受到“随身、随时、随地”的服务。但是对于“无感漫游”应该做何理解呢？

结合“无感申报、无感审批”中强调的无需用户填报申请、无需用户提交申请材料、无需用户发起申请等，“无感”实质上在强调用户服务体验趋于无感，在用户体验度方面下苦功夫。“漫游”则是通信行业的术语，是指移动电话用户在离开开户的服务区域后仍可以在其他区域继续使用其原有移动电话的一种业务，移动通信系统的服务不会产生中断。由此可见，“漫游”的重点在于满足用户跨地域仍可以正常享受服务的需求，让用户在服务内容方面享受到与待在原始属地没有任何差异的服务。

所以，在“无感漫游”中漫游的是服务，无感的是体验。从实现形式方面来考虑的话，“无感漫游”其实是在已有服务载体的基础上，用同一个身份标识在A应用中，直接使用或调用B应用、C应用、D应用等上的服务，实现“跨省办事”不必新装载应用、不必切换应用。也就是以“数据跨省、跨区域”流动代替“用户跨省、跨区域”跑动等的方式，帮助用户摆脱物理空间的限制，让用户通过一个应用便可以在多个应用中“畅游”。

通过体验政务服务平台跨省通办服务，智政院发现在已登录的状态下，有些省份的政务服务网可以十分顺畅地切换至通办省份的政务服务网在线申办入口，办事者无需再次登录，让用户在PC端感受到“无缝切换、无感漫游”的办事服务体验。但是仍有部分政务服务网或政务服务App、小程序在跨省通办服务方面存在一些问题，比如重复注册、二次登录、在线办理操作弄不懂、不同移动端的跨省通办服务不同、无法唤起已安装的其他省市政务服务App、查询类服务比较多，等等。

比如，当我们尝试从跨省通办服务专区打开某类服务时，一个密密麻麻，设计看似诚意满满，实则根本让人不知道应该点击哪里的网页超链接出现在眼前，让人感觉又“跨屏”跳回到网页版的页面去办事；还有就是当我们按照办事指引点击“立即前往”其他政务服务App时却毫无反应，不能打开手机中相应的政务服务App，这样子的“跨端”跳转属实让人略感失望。移动端的跨省通办服务体验与PC端上的无缝衔接、无感漫游体验相比，移动端的“无感漫游”、跨端办事存在很强烈的割裂，不方便、不友好、不响应的切换、跳转。究其根本，有三个原因：

在协同服务方面，办事规范较难统一，并且各个政务服务平台移动端仍存在应用和数据壁垒，难以为用户跨区域提供规范化、标准化的政务服务。

在用户体验方面，政务服务平台移动端的“跨省通办”要实现无感漫游，需要解决多个“端”之间顺畅切换、跳转的难题，要如何像链接调用那般的无缝切换，仍是待解的难题之一。

在应用建设方面，各级政务服务移动端应用建设在顶层设计方面缺少统一的制度和流程标准，而且当政务服务应用输出时，各类 UI 标准、开发标准并未进行真正的统一。

二、“无感漫游”的来路与去处

在移动政务服务领域，“无感漫游”作为热词出现的背后，其实是用户需求迭代升级和服务理念升级。首先是用户日益提升的政务服务线上漫游办事需求，希望可以体验跨应用、跨地区、跨层级、跨业务办理政务服务；其次是《指南》作为推进全国一体化平台移动端建设的指导性文件，针对前端用户使用体验提出了更为细化和具体的要求，推动各地区高频服务事项在移动端实现“跨省通办”“无感漫游”。而且，《国务院关于加快推进政务服务标准化规范化便利化的指导意见》也提出，高频政务服务事项实现全国无差别受理、同标准办理，高频电子证照实现全国互通互认。

所以，移动端政务服务要实现“无感漫游”其实可以看作是移动政务服务的整体迭代升级。一方面，将移动端政务服务从操作复杂向简单升级，通过不同层级服务应用的搭配、排列组合，用户可以获得更全面的通办服务；另一方面，应用的便捷度越来越高，从需要安装、登录多个政务服务移动端到只需安装、登录一个政务服务移动端，甚至实现“一键查询、办理”，应用的便利度大大缩短了用户办事的时间。

针对政务服务平台移动端“跨省通办”的难点和问题，智政院认为如果想要将移动政务服务升级至“无感漫游”，实现“线与线”无缝衔接、“城和城”无感切换，可以从以下三个方面入手：

一是打造移动政务服务应用管理系统，形成“跨省漫游”管理平台。如果想要为用户提供同源服务、同质服务，那么我们就需要将分散在各个平台、渠道中的政务服务 App、小程序整合至统一的政务服务平台移动端进行统筹管理，让各级政务服务应用实现一次发布、全渠道同步更新，实现统一应用管理，保障政务服务的同步接入、同源发布、同质服务，也就能让各级统一的政务服务平台移动端承担起跨省漫游服务“中转枢纽”的角色。

二是以全国一体化平台为支撑，统一政务服务移动端标准规范，以统一应用接入，让各级移动政务服务应用即插即用，实现移动政务服务应用跨端。要实现移动政务服务应用的“跨端”，首先要解决各项应用建设规范的难题。所以，我们可以基于全国一体化平台移动端构建统一的“跨端”技术标准，比如统一的技术开发标准，统一的应用接入流程、对接模式、数据规范，统一的安全防护管理标准等。这样，从移动政务服务应用的建设、接入、运维管理、安全防护等各个环节建立起全国统一的标准规范，既能让各级移动政务服务应用变身成为国家政务服务平台移动端或省级政务服务平台移动端的服务插件，实现移动端政务服务应用即插即用；也能对各级移动政务服务应用进行统一管理和监测，确保跨端服务不间断、不降质。

三是打破各级政务服务 App、小程序“跨端”服务的数据壁垒，以用户互通互认、电子证照互通互认保障“跨端”数据无缝衔接。从满足用户对移动端跨省通办的切实需求来看，需要实现用户互通互认、电子证照互通互认，一方面可以为用户构建移动端政务服务“一次注册、多点互认、全渠道通行”服务环境，以便消除重复注册、重复申领电子证照、反复登录等问题。另一方面，也让不同平台间资源共享，基础数据通用，让企业用户、自然人用户都能够拥有专属服务空间，而且借助大数据、人工智能等新技术的创新应用，让更多服务可以跨端实现一证通办、免证办。这样一来，就可以让用户无论是在登录环节还是办事环节，都可以享受到无感的“跨端”服务。

政务服务在持续升级，用户的体验阈值也在逐步提高，用户需要不断地有创新性更多、便捷化更高、实效性更强的服务应用的刺激，才能对移动政务服务进行持续使用，逐步养成与政务部门在线上打交道的习惯。

三、“无感漫游”的技术体系、服务设计与体验前瞻

跨省通办、跨区域通办无论是在线下实现“城与城”的无感切换，还是在政务服务平台移动端实现“端与端”的无感切换、无感漫游，其实都需要实现用户体系的统一、政务数据资源的共享互认和“跨端”标准的统一。只有数据、应用相互打通，实现技术融合、业务融合、数据融合，实现跨层级、跨地区、跨部门、跨业务的协同管理和服务，才能实现政务服务的跨省通办、区域通办，为用户带来无感漫游、无感通办的体验。移动端的“无感漫游”应该在用户漫游、数据漫游、服务漫游上下苦功夫，以便提升“无感切换、无感漫游”服务效能。但是用户漫游、服务漫游和数据漫游最终是要做些什么呢？

用户漫游实质上是实现用户体系的统一。我们可以充分依托国家政务服务平台统一身份认证系统建立全国统一身份认证体系，根据统一的身份认证标准、身份认证渠道、身份认证结果纠错机制对各级政务服务平台移动端身份认证体系进行统一，保证用户在政务服务的整体数字空间中具备“唯一数字标识”。打通各个政务服务平台移动端身份

认证，不仅可以让不同区域中的用户数字身份实现互认，也能让不同区域的用户在政务服务平台移动端的注册、登录环节享受到原住民的无差别服务。这样一来，便能让不同区域的移动政务服务消除用户原始注册地的阻碍，让用户可以凭借“唯一数字身份标识”在各级政务服务平台移动端畅行无阻。

服务漫游本质是移动政务服务应用的漫游，也就是依托全国一体化政务服务平台，借助全国一体化平台移动端标准和移动政务服务应用管理系统，实现各级移动政务服务应用的统一接入、统一发布，让本地区的政务服务资源既能在政务服务 App、小程序、公众号等服务渠道保持服务同源、服务同质，实现移动政务服务的横向漫游，也能在向省级政务服务平台以及国家政务服务平台汇聚时保持同步、同源，实现移动政务服务的纵向漫游。全国一体化平台移动端标准和移动政务服务应用管理系统的组合使用，不仅让同一项政务服务应用无论是在“诞生地”的政务服务平台移动端还是其他地区的政务服务平台移动端都能在事项办理服务、“好差评”服务、查询服务、证照服务等方面为用户提供无差异、无区别的服务体验，而且让各级移动政务服务资源既能进行独立开发、独立运行，也能实现相互调用，借助移动政务服务资源的即插即用，让用户享受移动政务服务漫游服务，为用户解决跨省办事重复注册、安装其他政务服务 App、小程序的烦恼。

数据漫游其实是政务服务数据资源的跨省共享互认。政务服务数据的共享互认其实是在各级政务服务平台移动端的背后建立起一个相互连通的数据流动通道，让各级政务服务平台移动端都成为数据链条的节点，但需要避免点对点、多对多重复对接。而且，目前已经明确要加快推进电子证照扩大应用领域和全国互通互认，这也就意味着数据漫游，政务服务数据跨省共享、调度以及“跨端”电子证照互认共享将是移动政务服务中的必选动作。政务服务数据资源的共享互认，不仅能满足用户“无感用证”的需求，也能丰富政务服务平台移动端无感用证的服务场景，比如将“无感用证”的覆盖区域从“证照注册地”延伸至“用户漫游地”，让用户无论是使用任何地区的政务服务平台移动端都可以随需调出与自己有关的电子证照；也可以让服务供给方突破端与端之间的数据壁垒，在政务服务平台移动端组合形成更多的套餐式服务，让政务服务平台移动端的“跨省办事”从“办成一个事”变成“办成一揽子事”。

总的来说，用户体系的互通互认，其实是为“无感漫游”迈过第一道门槛，让用户在数字空间中获取唯一的数字分身，用户的数字分身将替代物理空间中的用户进入不同的政务服务平台移动端，让用户体验无感进入；依托全国一体化平台移动端标准和移动政务服务应用管理系统而实现的服务漫游，则是为“无感漫游”跨过第二道门槛，让用户的数字分身可以在“App与App”之间、“App与小程序”等之间游走，让用户享受服务的无感切换；而依托政务数据共享互认而实现的数据漫游，则是为“无感漫游”跨过第三道门槛，将用户的数字分身和电子证照进行绑定，让用户的电子证照在数字空间中跟随数字分身进行移动，让用户享受无感用证、无感办事。

移动政务服务需要公众和企业长久、持续地使用这些有跨省通办、无感漫游加持的政务服务平台移动端，将移动政务作为和政府部门打交道的主要方式，而不是将移动政务在手机中“束之高阁”；也需要服务供给方更加专注于从用户需求侧来推进公众、企业使用移动政务，比如想透彻“无感漫游”“跨端服务”是什么，弄清楚需要为用户提供什么样的“漫游”服务、“跨端”服务，搞明白“漫游”的边界和“无感”的尺度。这样一来既可以避免在供给侧开启自嗨模式，也能更好地根据用户需求开发和优化移动政务，让更多的政务服务在移动端实现无感漫游、无缝切换。

“一件事”：数字政务服务的产品视角与实现路径

智政院原创

人一生在出生、上学、就业、结婚、退休等阶段需要处理与自己、与他人、与房子、与车子等的各种关系，要和人社、教育等不同的部门“打交道”。而在企业的一生中，在开办、场地获得、员工招聘、生产经营、权益保护、清算注销等不同阶段，也需要找不同的部门办理证件或审批，办成“一件事”往往会有“剪不断、理还乱”的忧愁。随着政务服务改革的持续创新，企业群众愈发期望办事可以更加简易、便利，渴求可以一次性办完“一揽子事”（如家里添了宝宝，希望可以一次性办完出生证明、户口登记等业务），“一件事”服务也应运而生。

从政务服务的发展趋势与创新动向来看，通过整合多部门、零散化、断点式审批服务的“一件事”模式是构建整体政府的必然要求，将推动政务服务模式由“点式”审批转变为“链式”审批；从政务服务产品的创新与设计来看，“一件事”服务的本质是基于数字平台与数据共享，实现权力流程、数据流动与用户需求的协同和平衡，是对人、数据、服务三者关系的重构；从当前政务服务的用户习惯与社会诉求来看，聚焦“用户目的”，对建立、维系、取消某类关系而做出的关键行为进行分解，从需求侧的视角重新组合用户所使用政府的事项服务和公共服务，成为当下“一件事”服务实现创新破局的关键抓手。

一、由“单件事”向“一件事”转变，力求解决“一揽子事”

“一件事”即“一揽子事”，意味着企业群众想要办成一件事时需要跑多个窗口、多个部门，甚至需要跨层级办理。事实上，企业群众理解的“一件事”和政府部门认定的“一件事”有所区别，以买房子为例，群众眼里认为的“一件事”是包含签订购房合同、缴纳税费、办理产证、水电煤过户等在内的一连串事。

（一）政务服务“一件事”改革的缘起

为了进一步优化政务服务，国家出台了众多政策文件，比如《国务院办公厅关于印发全国深化“放管服”改革优化营商环境电视电话会议重点任务分工方案的通知》（国办发〔2020〕43号），而且各省市也有出台相关的文件推动一件事服务改革。从各地的文件中可以看出，站在企业群众视角“办成一件事”，将涉及的审批服务事项打包，提供套餐式、主题式集成服务，是最大化释放政务服务效能的举措之一。

当前，各地的政务服务能力虽有持续提升，但是当分别单独办理某项业务时，仍会遇到一些烦心事。对于办事者而言，一方面会遇到需要填写多张表单、跑多个窗口的情况，甚至有些时候，还会碰到专业性强、部门定制化的申请表单，容易出现表格填写错误、重新办理的情况；另一方面，是受限于没有实现关联事项的受理审批一体化，办事者无法了解整体的办理进度。而对于政府而言，一方面是工作人员需要在受理系统中进行重新录入，费时费力、大大增加办理时间；另一方面是无法对整体的服务效能进行有效监管，不能完全发挥部门协同服务的合力作用。这也正是进行“一件事”服务改革的重要原因。

（二）“一件事”服务的进阶升级

1. 从“找部门”到“找政府”的服务效能变革

随着最多跑一次、不见面审批、高效办成一件事、秒批等以数字政府为核心的创新成效不断涌现，并且有多个省级政务服务平台纷纷发布涉及个人、法人服务的“一件事”服务，如出生一件事、婚育户一链办、开办放射诊疗类企业等。比如，江苏在政务服务网中开设“一件事”服务专区为企业群众提供“一件事”套餐式服务，开展一网式集成套餐服务；浙江在政务服务网中为用户提供“一件事一次办”主题集成服务，其中有3190项个人一件事联办服务和4397项法人一件事联办服务（图1）；江西赣州在赣服通上线多项一件事服务（图2）。政府部门一体化政务服务效应逐渐凸显，企业群众办事也逐渐从“找部门”变为“找政府”。

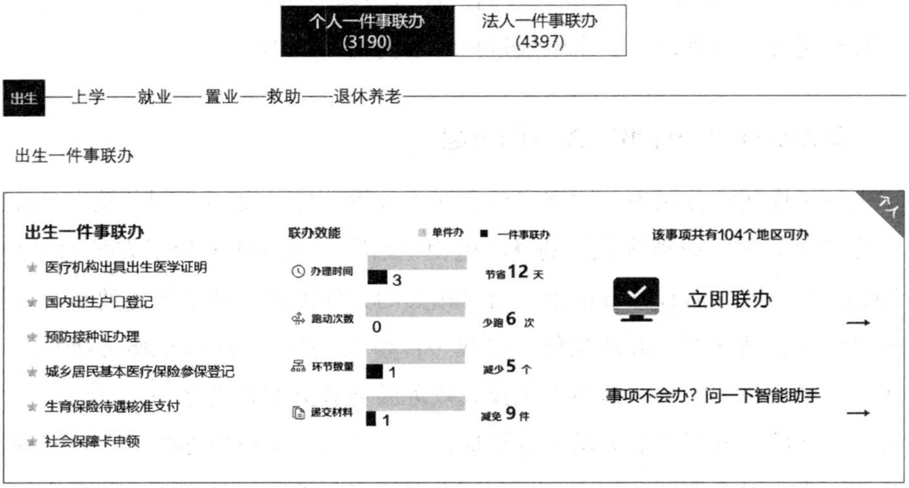

图 1　浙江省“出生一件事”联办效能

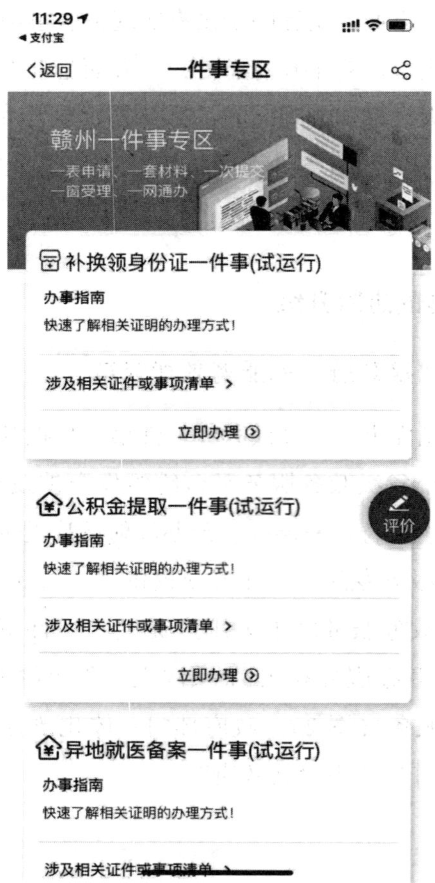

图 2　赣州市一件事专区

通过对诸多地区“一件事”服务进行分析，发现“一件事”服务已延伸到公共服务领域，如中国银联“一窗办”服务，以客户为中心，提供一站式、一体化等的业务办理服务。“一件事”服务主要是通过重新整合申请表单、环节简化、流程优化、部门协同，达成减少公众、企业的办理时间、跑动次数、环节数量和递交材料等目标，满足办事者无需重复填写申请表单、提交材料等需求；实现高效协同服务、压缩审批时间等夙愿。

2. 用“一件事”服务解决“一揽子”需求

依托于政务服务改革创新，集政务服务网、政务服务小程序等服务渠道于一体的政务服务平台，其服务供给能力不断增强，公众、企业对于政务服务平台的认知度、体验度也在持续提升。政务服务供给能力不断增强的同时，与之对应的公众期望值也在持续高涨，企业群众愈发希望能够通过政务服务平台解决与自己有关的“一揽子事”，这就对政务服务提出了更高的要求，需要更加注重企业群众“去哪办成这个事”的需求。在“一件事”服务方面，更多的是需要以企业群众眼中的“一件事”需求为导向，整合和优化跨部门、跨层级、跨领域办事服务，切实为企业群众解决“去哪办成这个事”的难题。

二、“一件事”的核心是用户场景校准与服务对象细分

（一）精细化场景服务，构建用户语言的“一件事”服务

在“一件事”服务的创新实践中，有些地区会基于服务事项标准化基础进行颗粒度梳理，精细拆分“一件事”服务中单个事项的层级、情形，根据“用户目的”构建真实有效的精细化场景服务，并且借助口语化的引导服务，使办事群众可以更快、更好地找到符合自己需求和办事场景的一件事服务，让企业群众提供既能感受到一件事服务的温度，也能感受到一件事服务的深度。

如中国银联“一窗办”服务平台以“用户体验优先”为核心原则，通过对内外部页面友好展示、客户化语言转译、客服智能引导等进行数字化赋能，让用户可以通过智能搜索快速找到服务，进行“看、办、查”。还依据“一件事”服务中各个事项的特征、材料、证照、要点等颗粒化、标准化的数据，为用户申报提供问答式或引导式申报帮助服务，并且结合用户所选择的内容自动计算出用户办理业务所需的“一套申报材料”。此外，还对高频、刚需的业务进行全局性包装和场景化展示，突出重点内容和重

点应用，优化访问路径、提升用户体验。

（二）聚焦用户全生命周期，提供“一揽子”服务

有些地区的“一件事”服务会围绕公民从出生到死亡、企业从准入到退出两个“全生命周期”的重要节点，把关联性强、办事需求大、办事频率高的多个办事事项进行有机组合，将“多件事”变成“一件事”。把零散分布在各部门的信息整合集成，实现由单个事项分别多次获取信息、独立申报办理，到“一件事”一次整体获取、一次整体办理。并且通过多个事项的网上联办，为群众企业提供一次办成“一揽子”服务的关键路径。

如赣服通从业务场景出发，以用户为中心打造“婚育户一链办”服务，根据“用户目的”的关键行为，给用户提供婚育前准备、宝宝办证件、宝宝健康成长等10余项服务，将新生儿出生需要办理的“几件事”整合成“一件事”，用户仅需要填写基本信息就可以查询和办理新生儿相关的高频事项。

（三）激活数据要素新动能，实现“一张表单+一套材料”办成一件事

当前，市场主体在办理各项政务服务过程中，常常会遇到“表格繁多”“重复填表”“多次申报”等问题。有些地区着眼于市场主体服务，利用互联网、大数据、人工智能等新一代信息技术，破除“数据烟囱”，整合多部门多业务的申报表单，依托数据共享机制，实现“多表变一表、手动填报变自动填报、多次申报变一次申报”，并且也可以通过数据共享实现材料信息复用，让企业群众“轻装上阵”。

总的来看，“一件事”服务的逻辑是以需求侧为导向，对事项按规范进行颗粒化梳理，将梳理后的颗粒要素进行情形计算，为每个用户所属的情形提供个性化的一张清单告知、一张表单申报、一套材料申报等服务。

三、“一件事”的未来：“两个用户”与四大方向

在“一件事”服务中，涉及外部用户（办事企业群众）和内部用户（政府审批工作人员）两个群体。对于外部用户而言，“一件事”服务的主要需求分别为：有一个服务入口、有一份简化指南、有一份专属情形、有一张进度图随时看进展、可以复用材料、可以一套表单申报。而对于内部用户而言，一件事服务需要解决的问题主要有三个，分别是如何通过一个平台将在不同系统的多个业务流程串联或并联，实现政府的整

体价值、如何提升智能审批的效率和如何整体把控一件事服务办件的全流程。所以，未来“一件事”服务创新升级重点主要集中在以下方面：

（一）通过用户场景与需求细分推动“一件事”的“供给侧改革”

无论是在个人的一生中，还是在企业的“一生”中，很多个人行为或企业行为的最终目的都是为了建立或维系或取消某种关系。所以，从全生命周期的角度来看，“一件事”服务需要关注用户建立或维系或取消某种关系中需要和政府打交道的事，也更加需要对用户群体进行精细化梳理和分析，对不同群体的需求树立全周期服务的认知。对用户有最大价值的政务服务，不是由政务服务供给方完成单一的事项服务，而是根据不同群体对政务服务的需求，从“用户目的”出发，进行分类组合“一件事”服务，让用户能找得到服务，用得上服务。只有服务群体分析和界定精准，推出的一件事服务才有用。构建“一件事”服务与“用户目的”的强关联，或许可以缓解政府部门一体化政务服务有效供给与企业群众需求不充分不均衡的矛盾，从而实现“一件事”服务的“供给侧改革”，避免服务与需求不吻合及错配的现象出现。

（二）建立“一件事”服务的智能化、可视化“用户旅程”

在一件事服务中，需要站在外部用户的视角，从用户办事前的准备工作，到用户办事中的引导服务，再到用户办事的追踪反馈等各个环节完善用户体验，建立“一件事”服务的智能化、可视化“用户旅程”，让每一个办事审批节点都能让用户可以及时跟进、实时互动，形成良性的用户反馈与交互。

（1）在用户办事前的准备阶段，需要将事项办理情形进行最小颗粒化分解，消除办事要件和服务指南中的模糊条款对单个事项进行颗粒度梳理，满足用户办理业务只需要一个入口的需求，让办成一件事所需的申请材料、办理流程更加直观、明了地呈现给用户。让政务服务找得到、看得懂。

（2）在用户办事中的引导服务中，可以通过口语化、准确的主题问答，形成用户的关键词组，再根据关键词组匹配事项，为每个用户提供专属的办事情形、个性化的一套申请材料、一张表单等。为用户提供“精准导航”，让政务服务办得成。

（3）在用户办事后的追踪反馈中，需要满足办件进度及时响应、及时管理的需求，为用户提供办件状态在线查看、推送办结状态等服务等，以一张办理进度图让用户可以清晰地看到自己专属的“一件事”服务的办理进程。

（三）“一件事”服务由“办事节点”变成“办件枢纽”

随着政务服务一体化的不断推进，从前端来看，“一件事”服务是根植于政务服务平台，需要为外部用户提供统一的办成“一件事”服务入口，构建统一登录/注册、智能搜索、服务引导、业务申报、智能客服等功能。对内部用户来说，“一件事”服务既需要对接受理平台、审批系统、办件库等后台审批应用，也需要对接统一身份认证、统一智能客服等后台基础支撑，承担起“办件枢纽”的角色，提供办件受理、业务分发、审批流转等服务，着力实现一张清单告知、一张表单申报、一个标准受理、一个平台流转和“一件事”服务的高效协同联办。因此，“一件事”服务不是用户办事的某个节点或对象，而将成为一个用标准化组件、规范化流程与标准化数据接口支撑的，连接用户需求与政务服务产品的重要枢纽。

（四）统一“一件事”服务标准，实现线上线下不同渠道的“无差别服务”

“一件事”服务受益于政务服务标准化建设，可以更加深入实行颗粒度拆分标准，可以更好地站在企业或公众的视角，对相关事项的办理材料和流程进行整合优化，对关联事项进行重组编排，让“一件事”事项办理一目了然。而且也便于构建、设计交互友好的页面规范、整合再造服务流程，实现一站式、标准化服务，让用户体验更上一层楼。

依靠数据融通，“一件事”办理过程中 PC 端、App、小程序、智能服务终端等多渠道的数据可保持统一，实现“一件事”服务在各端的申报受理、流转以及办理信息实时同步，满足用户在线上线下不同场景下对于办事服务的需求。

“一件事”服务的终极目标是实现“一件事、一生事”，沿着“一件事、一生事”的线索，依托用户场景与需求细分推动“一件事”服务的“供给侧改革”；也通过强化一件事服务的枢纽功能，提升政务服务供给与用户需求的适配性，推进全生命周期集成服务向公民个人、企业法人所有生命阶段延伸覆盖，让企业群众点开“一件事”后就能看到和他一生相关的所有的“一件事”，既可以增添企业群众的获得感和满意度，也可以打造更加协调、灵活、高效的一体化服务。

数字政府视角下政务公开的推进思路与实现路径

智政院原创

华东理工大学社会与公共管理学院副教授朱琳和大汉软件股份有限公司副总裁房迎共同就“数字政府视角下政务公开的推进思路与实现路径”开展对话，通过专家学者精准“把脉”，紧扣当前政务公开工作中首要思考和解决的问题，从理论与实践层层深入，为数字政府建设不断强化背景下深入推进和实现政务公开建言献策。

2022 年 6 月，国务院印发《国务院关于加强数字政府建设的指导意见》（以下简称《指导意见》），明确指出要推进公开平台智能集约发展，提升政务公开水平。政务公开作为一项常态化工作被纳入数字政府建设重要内容，这也对新时期政务公开建设提出了更多新要求。

一、找准政务公开亟待解决的问题

近年来，随着国家对政务公开工作越来越重视，各地政务公开工作纷纷步入“快车道”。建成一个政务公开平台成为各地政务公开工作的首要任务和重要抓手。传统的政务公开平台侧重于对信息的公开，现在的政务公开平台承载着海量信息、政策、数据且公开过程中有了更多的交互和传播，依靠叠加更多的技术、功能和服务，现在的政务公开平台已经不单单是一个内容发布平台了，而是公共服务和政府职能在端上的一个延伸。

但是这种内容延伸和服务延伸也给当前的政务公开工作带来了不少新挑战。如政务公开平台的数据积累、有效挖掘和持续利用的问题、海量数据造成信息检索效率低下的问题、本地应用难以接入的问题甚至公开内容的安全问题等。

此外，如今政务公开是提升国家治理体系和治理能力现代化的重要手段之一，是深化“放管服”改革的重要一环，也是推进政府职能转变的关键之一，推动政务公开创新发展成为摆在各级政府面前的重要命题。伴随公众参与政务公开意识增强、形式增多、人群扩大以及政府网站、政务新媒体实现网上办、掌上办，尤其是“好差评”机制的引进，都对政务公开工作提出了更高的要求。

因此，数字政府背景下，政务公开仍需解决标准化规范化建设这一首要问题以应对数字化发展带来的新挑战。与此同时，公开的多样性问题、效能问题以及纵深发展问题也需要被关注和重视。

二、厘清政务公开深入推进的思路

自 2008 年《中华人民共和国政府信息公开条例》实施以来，全国各地基于政府门户网站开展和推进政务公开工作已有十多年且取得了一系列成效。从政务公开推进的过程来看，制度始终是首要驱动因素，而数字政府背景下政务公开的驱动因素则变得更加多元和复杂，我们可以将其概括为以下三个层面：

（一）制度层面

制度是推进政务公开的“引航灯”，新时期推进政务公开要将政策驱动转换为政策支撑。如《指导意见》指出要完善政务公开信息化平台，建设分类分级、集中统一、共享共用、动态更新的政策文件库。因此在政务公开工作实践中，就可以基于政策要求和保障，以数据管理技术和内容管理技术为支撑，构建统一的、标准化规范化的政务公开库。

（二）意识层面

新时期深入推进政务公开工作要充分意识到政务公开与用户双向作用力的增强。过去政务公开把信息、政策、数据公开出来就意味着公开工作的完成。现在企业和个人既是信息、数据的提供方又是使用方，同理政府也是信息、数据的提供方和使用方。因此在政务公开过程中，要协同政府与用户之间的需求，通过借助技术手段，一方面政府要做好政务公开工作让政务公开更好、更精准地服务于企业和个人。另一方面企业和个人在享受政务公开带来的便利时也可将自己对于服务的诉求精准地传达给政府、辅助政府决策。同时在深入推进政务公开过程中要把握用户“获得感”这个新抓手，用户的

“获得感”越多、满意度越高将进一步释放行政压力，为政务公开整体工作减负。

（三）技术层面

前面我们提到标准化规范化建设仍是政务公开需要解决的首要问题，技术则是破解标准化规范化建设的关键。现在政务公开借助于网站、移动端、App、小程序等得到快速和广泛的传播，正是因为有了这些数字技术，政务公开的标准化规范化、持续化、可感知和可触达才有了最基本的保障。有了这些数字化的赋能以后政务公开工作才能够更广泛地被传播，再通过技术赋能让用户可触达。

因此数字政府背景下，技术显然是实现“有获得感”的政务公开的高效路径。

三、探究实现“有获得感”的政务公开的技术路径

新时期实现“有获得感”的政务公开，不是靠单项技术发力，而是要在整个政务公开服务流程中，坚持以用户为中心和以技术赋能，打好功能和服务“组合拳”。

（一）以标准化规范化目录体系建设，筑牢政务公开技术底座

通过标准化规范化目录体系建设，首先可以解决各级各地政府及有关部门在梳理公开目录时“梳不出、理不准”的问题，也可以破解用户“搜不到、搜不准”的难题。一个标准化规范化目录体系的建设，可以使我们整个政务公开工作有一个很好的技术的底座，我们可以在这个技术底座上持续地去沉淀政务公开过程中形成的海量数据，再基于这些数据去进行场景创新。

尤其是在数字政府背景下，政务公开能获得更多场景建设的推动力。当政府知道用户需要什么样的服务，它才能在相应的场景上面不断去扩展，在不同场景下把自己已有的数据用好。在这个过程当中，政府的这些政务公开服务不仅能推动企业用户的发展，也能让个人用户的工作和生活更美好。

（二）立足多样化公开渠道，实现信息多端同源、服务同步

在数字化技术的加持下，政务公开渠道持续拓展。我们在拓展公开渠道的同时，还要解决好信息多端同源和多端服务一致性的问题，这是提升用户感知度和获得感的一个重要方面，政务越公开、企业群众幸福感越高、安全感也会越强。从技术层面来说，结合当前用户获取服务的各种主流渠道，需保障各渠道政务公开内容和服务的同源、同

步、同质，实现用户在各渠道获取无差别的政务公开服务。同时结合用户画像，并基于大数据标签分类算法等技术，实现对信息、内容、服务的精准推送，主动为用户提供个性化的专属服务，实现政务公开内容及服务与用户需求的深度匹配。

（三）以数据技术为支撑，全方位提升政务公开精细化水平

政务公开的精细化水平不仅体现在服务供给方基于用户画像的精准推送和触达上，还体现在服务使用方即用户反向的精准化检索上。数字化时代，政务公开信息井喷，对于用户来说他们也需要技术手段辅助，比如通过清晰的公开目录、输入一些关键词，能够让他们很方便地找到所需信息，围绕政务公开怎么做好信息本身的检索工作也就变得非常重要。当我们有大量的政务公开数据以后，我们要能够在数据基础上加工出、衍生出更细致的、更精准化的服务，此作为政务公开工作的延伸也是我们提升用户感知度和获得感的一个重要方面。

为了让政务公开更具“获得感”，其技术支撑是变化的、丰富的、多样的，要通过不断增强技术赋能能力去持续优化政务公开功能和服务，去推动整个政务公开工作各方面、各环节、各要素的深度融合和协同，全面推动数字政府建设不断强化背景下政务公开质效升级！

如何破解“跨省通办”和“一件事一次办”数据共享难题？

智政院原创

复旦大学国际关系与公共事务学院教授、数字与移动治理实验室主任郑磊，江西省信息中心党委委员、副主任孙杨，大汉软件股份有限公司副总裁张弩，聚焦“跨省通办”和“一件事一次办”数据共享难题，围绕“数据共享为何难”“如何保障数据按需共享”等话题展开深度对话，重点探讨破解数据共享难的方法和手段，为政务服务提质增效提供新思考。本文为三位专家观点实录。

一、数据共享为何难

（一）当前在推进“跨省通办”和“一件事一次办”过程中存在哪些数据共享难题？

郑磊、孙杨共同指出：

（1）思维转换难题，部门之间不愿共享。在“一件事”的实际推进过程中，由于涉及多个部门、多个事项的联办，需要做深度的数据共享，包括办事表单、办事材料、办事结果等，有些部门缺乏共享数据的积极主动性。

（2）技术标准规范难题，区域之间不易共享。这个问题在“跨省通办”事项落地过程中更为突出，各地信息系统的差异化使得数据流动共享愈发困难，也导致多地联办、异地代收代办等“跨省通办”模式落地效率低、开发成本高。

（3）安全难题，平台之间不敢共享。随着《中华人民共和国数据安全法》《中华人民共和国个人信息保护法》的颁布实施，数据安全已经上升为国家战略之一，也是数字政府发展的“生命线”，保障数据安全共享成为首要工作。但是，目前政府行业缺乏成熟的数据可信流通体系，尚导致“跨省通办”与“一件事”服务事项涉及的平台不敢共享，制约相关工作推进。

（二）当前在推进“跨省通办”和“一件事一次办”过程中造成数据应用困难的原因有哪些?

张弩：数据应用难的原因体现在四个方面：

（1）“有数据不好用”，即数据质量不高。对于政府而言，低质量数据不利于数据的挖掘与应用，更难以释放出数据价值。

（2）“有数据不会用”，即数据难使用。目前，政务数据体量庞杂，如何将“摆在面前”的数据用起来的难题依旧突出。

（3）“有数据不敢用”，即数据存在风险。一旦发生数据安全事件，将对政府单位和用户利益产生危害，因此数据可信存储和合法合规使用问题备受关注，需要建立完善的数据可信存储、授权、共享体系。

（4）“有数据不想用”，即数据应用场景单一。数据普遍存在缺、慢、繁等问题，数据时效性差，数据使用方无法及时获得所需信息，数据使用不便；数据属性不够完整，政府外部数据无暇顾及（如银行机构、社会组织），且数据资源服务手段单一，数据应用服务开发效率极低，不能及时满足多样的业务数据需求。

二、政务服务过程中数据按需共享应该怎么做

（一）“赣服通”在数据按需共享方面是如何做的?

孙杨：在数据共享方面，“赣服通”兼顾满足数据共享需求、保障政务数据共享安全、依法保护企业和个人隐私等方面。

（1）需求导向。即站在用户需求侧考虑数据按需共享问题。例如，对于百姓来说过去办“一件事”要填写并提交大量的表格、材料等。“赣服通”出于让百姓“少填、少报、少跑腿”等目的，从开始复用用户的基本信息、复杂的业务信息让用户“能办”，到通过提高审批效率、强化数据应用让用户“快办”“好办”。同时，“赣服通”通过对用户大量行为数据的收集和分析去思考用户可能需要办理的事情，甚至直接帮助用户办理必须要办的事情，真正做到变“被动受理”为“主动办理”。

（2）技术引领。在技术选型上，“赣服通”政务平台创新引入以多方共识、不可篡改、透明可追溯为特性的区块链技术，创建天然的信任机制满足数字政务对于数据流通

安全性和可信性的需求，有效解决共享技术可信问题。

（3）模式创新。改变强依赖数据共享平台为交换核心的数据模式，构建以业务场景为数据来源、以用户授权为共享通道的数据归集和使用模式，让数据从政务服务中来，用到政务服务中去。基于区块链技术构建一人一档、一企一档，实现部门共享数据去中心化存储，数据共享权限由用户决定，有效解决数据按需共享问题。

（二）国务院办公厅印发《关于加快推进“一件事一次办”打造政务服务升级版的指导意见》，在加强“一件事一次办”支撑能力建设中提出“推进一件事一次办事项办理数据按需共享应用”，政策为什么强调“按需”？这给我们哪些启示？

郑磊：

（1）基于现有的数据共享应用的单向供给模式，政府欠缺从用户视角出发考虑用户的实际需求、感受和体验，这就导致政府做了大量的工作，企业群众却缺乏获得感。

（2）“按需”即要坚持“以人为本”而不是“本人以为”。政策强调“按需”共享应用的本质是“以人为本”。①具体对应在“跨省通办”上，政府对用户跨省办事的需求不明晰容易导致不同省份之间已经打通的事项“无人问津”，而企业群众真正需要办理的事项却可能因为技术、业务难度大无法打通。此外，“从什么业务切入做‘跨省通办’”“在哪些省份、地区之间做‘跨省通办’”都需要基于用户视角考虑而不是仅仅基于行政视角考虑。②具体对应在“一件事”上，要从用户视角界定“什么是一件事”“是谁的一件事”等问题。例如，从政府视角来看，用户办理房产证是“一件事”、申请公积金贷款是“一件事”、购房资格审查也是“一件事”。然而从用户视角来看，“一件事”则包含购买房产全过程涉及办理的所有事项。不难看出，政府视角下的“一件事”和用户视角下的“一件事”存在一定的差异性，一旦转换视角，政务服务未来的工作方向将大有不同。

（三）目前有哪些技术手段保障数据共享“不越界”？

张弩：为保障数据共享“不越界”可以通过区块链+数据资产管理平台，基于资产化标准管理模式，形成以个人、企业为中心的政务数据资产库，为政府提供数据资产存储管理、数据资产输出开放、数据使用授权存证等重要功能板块，支撑电子数据、电子文件等数据格式存储，破解政务数据流通、管理、安全等难题，通过数据资产化，建立数据资产生态、持续运营数据资产，实现政务数据价值最大化。

（1）数据资产全面管理。支持多种要素类型管理，涵盖个人与企业的基本信息、电子文件和电子材料等资产；同时，支持多个数据源分级分类管理，一源多用，高效赋能；为保障使用数据及时性，支持数据资产动态更新。

（2）数据采集安全合规。提供多方采集渠道，涵盖政府部门、银行机构和社会组织，保障数据采集的全面性；开放多种采集方式，支持用户自行上传、应用服务授权获取存储数据；全程监控采集过程，明确告知用户采集数据内容，采集过程全程上链；全面掌握采集结果，提供统一视图了解，全局掌握数据资产采集情况，厘清数据关系，摸清数据家底。

（3）数据质量持续提升。针对多方采集到的数据进行标准化的数据清洗，清洗重复数据，格式错误数据等，保障数据准确性，提升数据质量，提高数据利用率；并将清洗后的数据进行标准化二次加工处理，整理出格式化、标准化的数据模板和数据类型，更好地用于打造数据资产库，利用数据服务于平台。

（4）数据资产确权确源。确定各类数据资产权属和权益分配，有利于提高市场主体参与资产交易的积极性，降低资产流通的合规风险。

三、“区块链+政务服务”的应用场景

（一）政务数据作为重要资产，怎样使用才可以为用户带来更多便利和获得感？

郑磊：

（1）有效地抓准用户需求。政府一方面用数据服务于自身内部的管理和决策，另一方面用数据服务于企业群众办事。对内，就政府内部用户，过去政府往往将数据运用于提升管理效能、辅助政府决策上。新冠肺炎疫情期间，政府更多地将数据运用于基层、支撑基层治理上。只有促进政府数据进一步下沉，才能更好地服务基层、服务企业群众。对外，就群众个人可以通过数据支撑和使用实现“数据多跑路，群众少跑腿”；就企业用户可以通过数据支撑和使用优化营商环境，推动企业高效便捷办成事。

（2）政府“托底”，合理借助第三方力量，充分发挥数据价值。实际上，相比于政府，目前市场上的一些企业更了解用户的数据需求、更懂得数据应用且拥有更多市场化的开发经验。因此可以通过数据开放、授权运营、直接开发等方式吸引社会第三方来加工数据并把它们变成服务应用。如此一来，一方面有利于聚合多方力量为用户带来更多便利和更多获得感，另一方面当不是所有的服务都由政府来做时将有利于政府进一步释压。

（二）目前“赣服通”在数据应用上有哪些场景创新？又从哪些方面提升了用户的体验感？

孙杨：“赣服通”通过不断加强数据跨部门、跨层级、跨地区的融合利用，让各级政府政务数据发挥更大价值，“赣服通”搭建了全省性的数据资产管理与开放基础平台，通过构建完善的“一人一档”“一企一档”能力，实现“赣服通”数据在政务领域、金融领域、社会领域的创新应用。

（1）在政务领域应用。利用数据支撑平台支撑不同区域跨部门、跨层级系统间的信息互通共享，实现跨省通办、线下大厅免证办、高频事项无感通办、容缺受理、惠企政策免申即享、人才服务 AI 智能匹配等。

（2）在金融领域应用。依托数据资产管理与开放基础平台实现税务数据对金融机构的开放，助力金融机构提供快速融资贷款服务，并利用大数据快速获取企业信息，开展智能精准营销。

（3）在社会领域应用。运用大数据分析技术，通过对政务服务数据的梳理、政务信息资源目录的编制以及数据应用平台的建设，推动政务数据治理体系的建设，提升政府对政务数据的管理能力。

（三）区块链技术如何助力上述众多创新应用场景落地？

张弩：

（1）区块链以其多方共识、不可篡改、透明可追溯的技术特性和天然的信任机制，满足了数字政务对于数据流通安全性和可信性的需求。实践证明，区块链技术在政务领域的应用，有利于提高政府服务效能，方便企业群众办事。

基于区块链技术，联通数据所有方、数据使用方、数据监管方三方，将数据授权行为上链、数据调用记录上链、办事结果上链，构建安全有序的数据共享体系，实现“一次生成、一库管理、多方复用、互认共享”的共享机制，持续提升企业群众办事的获得感和满意度。

（2）针对线上与线下服务场景，通过建设可信授权平台，构建全省数据授权关系链，实现授权关系链上交易校验，保障授权关系的真实性，让业务部门更加放心共享数据，用户更加安心使用服务。提供数据能力开放、政务能力开放、服务事项开放三大能力类型，统一对政务能力进行安全可控管理，对调用环节进行上链管理，权责分离管理，促进各部门之间能力积极开放。

四、数据共享与“区块链+政务服务”的未来展望

（一）在数字政府框架下，未来区块链技术还可以有哪些作为？

张弩：

（1）政务服务优化。政府部门应提升技术“功用性”意识，在政务服务优化过程中，通过区块链技术应用，充分发挥其优势，以不断提升政务服务能力和水平。

（2）推进政务公开。“不可篡改”是区块链技术的特性之一，因此区块链技术在政务信息与数据中的运用将有助于提升政务信息与数据的安全性。同时，区块链技术在存储数据的时候是以时间为顺序进行的，这也有助于强化政府信息与数据的可靠性，进一步保障公众知情权。

（3）保障公证和认证。通过对区块链技术的应用，可以在历史数据信息链中通过完善认证机制，从而改善公共服务领域的管理水平。①产权登记。通过区块链技术可以实现对整个土地所有权、房契以及留置权等信息的记录和追踪，从而保证文件的可追溯性。另外，通过区块链技术还能有效实现无纸化办公以及实时交易，对于加快资金流动，加强安全运行具有颠覆性的影响；②知识产权保护。通过区块链技术可以将文化产业链条中的各个环节进行整合，通过加速流通，从而有效缩短价值创造周期。另外，在区块链技术的作用下，知识产权的内容更容易被及时记录，从而为避免侵权提供重要的技术保障。

（二）当前政务服务领域数据管理的“江西模式”在推进“跨省通办”和“一件事一次办”有哪些优势？后续还有哪些相关规划？

孙杨：近年来，江西省创新引进了区块链技术，搭建了全国首个“区块链+政务服务”基础平台，同时针对数据管理与开放方面建立了“区块链+可信授权服务平台”“区块链+能力开放平台”“区块链+数据资产管理与开放平台”三个支撑平台，促进数据有序流通、保障数据合法合规、筑牢数据安全防线。同时，江西省与北京市、浙江省、福建省等地实现电子证照跨省互通互认，为后期跨区域的数据共享奠定了基础。

未来，江西省将持续推进“跨省通办”服务，建设“一事通办”服务平台，整合“一件事”梳理能力、“一件事”构建能力和“一件事”服务能力，通过技术赋能场景建设，让企业、群众可以享受标准化、便捷化的办事体验。

（三）郑磊教授作为研究者和体验者对区块链在政务服务领域上的应用有哪些期待?

郑磊：

（1）从技术和用户体验双重视角看待新技术在政务服务领域的应用。如果只从技术视角出发，则容易陷入“炫技”“技术决定论”的怪圈，实际上技术实现能力的强弱并不代表应用和服务水平的高低。同样，如果只从用户体验视角出发，用户徒有需求但技术能力无法满足需求时，那么用户需求就如同虚设和幻想。因此，技术能力和用户体验需保持同频共振。在政务服务领域如何应用区块链这一新技术也应该从技术和用户体验两个视角共同出发，而不应只拘泥于单一的视角。

（2）对于区块链技术的期待。①在金融领域，如公积金、医疗保险、养老金等跨地转移，可以通过区块链技术支撑，让公积金、医疗保险、养老金等相关资金的跨地转移能像银行账户一样实现人与账户的同步流动。②帮助用户加强对个人信息的掌握和管理，基于区块链可追溯等技术特性，用户可以清晰地看到个人信息的流向、使用情况等，并通过区块链技术更多地赋权公众，提高个人数据的透明度、可见度，加强对个人数据的掌控权以及修改能力。

三位专家普遍表示，在不打破现有体制和框架的前提下，区块链可作为技术手段有效破除阻碍数据共享的各类壁垒，实现政务服务的便民、集成和智能化。同时也要重视对技术的祛魅，坚持从用户视角出发，不断在政务服务过程中提升用户的满意度和获得感。

第三篇

政府门户网站集约化研究与实践

数字政府时代政府门户集约化的未来

大汉软件总裁　金震宇

2022 年 7 月，中国软件评测中心主办的“2022 年数字政府服务能力评估暨第二十一届政府网站绩效评估指标体系网上意见征求会”在北京顺利召开，会议公布了 2022 年数字政府服务能力、政府网站绩效和国家级开发区网站调查三大评估指标体系。

大汉软件股份有限公司总裁金震宇，聚焦 2022 政府网站绩效评估重点指标，围绕五个话题展开详解，旨在为政府门户网站从集约化政府门户“小步快跑”转型升级为数字化孪生政府提供新思路、探索新路径。本文为金震宇观点实录。

一、集约化政府门户与数字化孪生政府的关系

相较于集约化政府门户，现阶段应如何满足数字政府门户建设的新要求？

随着云计算、大数据和移动互联技术的发展，数字化孪生政府概念越来越受关注。在这样的大背景下，集约化政府门户建设不但不会消亡，而且会永远贯穿在数字政府建设的过程中。实际上集约化作为一种技术底座、基础设施和建设理念，使得更多的政府数据和服务能够进行集中管理和复用，更多关于服务器、机房运维、互联网安全等基础平台的支撑工作将交由省一级政府部门或是由有条件的地市政府部门统管，而下级政府部门则可以直接使用这些资源。

经多年发展，现有的集约化建设已经基本建成了一个非常完善的技术体系并取得了一定成效，但由于各省级政府和地市政府采用的建设模式各不相同，其集约化建设的思路、理念各有区别，有的只是完成应用系统集中部署却没有基于微服务架构的中台体系支撑、多端一体化建设、自动化运维等，随着数字政府建设的推进，各级政府的集约化本身还有一个逐步完善和不断迭代的过程。

例如，过去杂货店里提供各式各样的商品供消费者购买，这里就可以把杂货店看作

一个集约化平台，随着时代的变迁，杂货店形式已经不能满足老百姓日益增长的消费需求，于是便出现了百货商场，同时随着零售业的发展，集娱乐休闲功能为一体的Shopping Mall（购物中心）诞生了，当下移动互联网和物流业飞速发展，又出现了线上线下一体化的新零售模式。尽管杂货店、百货商场、Shopping Mall、新零售都是一种集约化商品销售载体，但是它们的模式和经营理念是随着社会经济发展和技术进步不断变化的。

政府门户的集约化平台建设亦是如此。早期的集约化、移动互联网出现后的集约化，以及将来数字化孪生阶段的集约化，其实都是集约化的不同形态，其内涵、模式和作用各不相同。在集约化政府门户网站时代，政府网站被建成为信息公开、政策解读、回应关切和网上办事的载体，而到了当前的数字政府阶段，国务院印发《关于加强数字政府建设的指导意见》，明确了数字政府建设的七方面重点任务，政府门户网站将承载更多的政府职能、数据和服务。随着数字孪生的发展，网站即政府的概念将逐步形成。

数字化孪生政府在某种意义上是数字政府的一种愿景，也是未来数字政府发展无限接近的一个方向。政府门户将成为政府数字孪生的重要载体，政府门户的集约化技术支撑底座，包括数据的大并发承载能力、移动多端的支持、分布式存储、数据的挖掘、分析和运营、隐私保护、安全运维等，也会越来越成熟和强大。随着数字孪生的发展，政府会不断加大数字政府基础支撑能力方面的投入，因此集约化的建设不但不会消亡，而且还会是一个随着技术进步和政府管理需求发展而不断迭代完善的过程。

二、2022 年政府网站绩效评估指标的升级

要为县级甚至社区等基层服务做好支撑，省市级政府门户网站还应从哪些方面进行提升？

近几年随着集约化进程的推进，很多区县政府网站基本只剩下信息发布和数据维护的功能。但区县和社区仍是基层政务服务最基础的单元，政府门户网站作为数字政府的一个载体，将持续在基层政务服务中发挥重要作用。当政府的服务延伸到区县、乡镇、社区，集约化建设的进一步完善则显得尤为重要。政府门户集约化建设的目的之一就是要把基层一级政府的精力进一步释放出来并进行更多的服务创新，这应当也是未来政府网站发展的一个重要方向。

当前政府门户网站集约化之后更多强调的是信息公开、数据资源汇聚等一些统建的功能，要让基层能够真正用好政府网站来服务于百姓还需要做更多的工作，即要让政府

门户网站具备更多的能力。例如，疫情期间基层政府、社区均发挥了重要作用，但是基层防疫工作中，信息往往缺乏一个及时的、权威的发布渠道，如核酸检测点信息更多的是通过个人的自媒体、网络社群等渠道传递。如今政府门户网站也经常忽略网站本身的能力建设，如何让基层政府用好政府网站、政府网站除了信息发布外还有哪些服务能力可以提供给基层政府使用都是值得思考的问题。实际上集约化建设的初衷并非为了“躺平”，未来政府网站建设还有很多工作需要完善。

例如可以基于政府网站建设应用开放平台，构建、运营和管理应用开放市场，一方面上级政府提供共性的应用让基层直接复用；另一方面，通过上一级政府的审核，基层政府的创新应用实践可以集成进政府平台。再如可以进一步完善基层社区服务的旗舰模式、构建完善的服务搜索引擎等。随着数字政府的发展和政府的服务进一步向基层延伸，政府门户网站是基层服务的一个连接池，把更加丰富的服务输送到百姓身边。

三、2022 年政府网站绩效评估指标评估逻辑的变化

现在政府门户网站将众多信息服务入口汇聚到一起并且将数据、展现、功能进行融合，为企业群众提供更高效、便捷的服务，促使集约化政府门户网站向数字孪生政府迈进。请谈谈“汇聚与融合”对于政府门户网站的意义。

汇聚与融合对于政府网站来说是两个非常重要的职能，政府门户只有汇聚了更多的数据和应用才能发挥出更大的价值、才能有服务创新的空间。信息只有经过汇聚才能成为数据，数据只有经过挖掘分析才能成为有价值的知识。在此数据不仅仅是指政府内部的数据，当数据面向公众服务并沉淀来自互联网的新数据才能充分发挥出数据的综合价值。

多年来政府门户网站围绕数据互联互通、数据资源汇聚、应用与数据融合，产生了大量的创新应用和便捷高效的服务，这些都是建立在大量数据服务的互联互通和数据运营分析的基础之上的，正因如此政府门户在服务效能和服务智能化的提升方面也取得了越来越多的成效。

以诉求回应为例，一般情况下诉求回应被看作政府建立的一个和公众沟通交流的通道，实际上做好这个通道的功能还有更深度的价值，例如通过数据的分析可以反馈社会治理的问题、维稳的问题、老百姓更关注哪些服务等，而对这些数据的进一步挖掘可以在辅助政府决策方面发挥更大的作用。

因此，政府门户网站集约化实现数据和应用的汇聚展现只是完成了初级阶段的任

务，随后进一步推动政府门户网站数据应用融合和数据挖掘，提升服务品质和发挥辅助决策的作用，才是未来迈向数字化孪生政府的关键。

四、数字政府新时期政府门户网站安全防护新要求

如何进一步为政府门户网站构建全方位、多层级、一体化的安全防御体系？

目前政府网站主要采用集约化管理方式，也就是说一旦出现安全问题其影响范围可能会涉及所有的政府门户网站，这反映了集约化建设的风险。政府网站应对安全问题同样需要转换思维方式，所谓“魔高一尺，道高一丈”，没有永远坚固的安全防线，因此在做安全工作时需要变被动防守为主动防御，多站在“政府网站一旦被攻破”的角度来思考。对此政府网站的集约化必须要建立一个完善的安全防御体系。一个完善的安全防御体系究竟该如何建设？

把安全工作做扎实、起成效，单靠购买安全设备和安全解决方案是远远不够的。好比一个小区为了保障家庭安全需要装防盗门、防盗窗等，但保安的定期巡逻、值班以及即时排除安全隐患同样必不可少。

因此，构建全方位的政府门户安全防御体系，一要分类强化安全防范策略。如正向加强针对自身平台的漏洞和缺陷进行定期扫描监测；建立对全球各类安全事件和补丁监测情报的反馈渠道；借助攻防演练来反向寻找平台的漏洞和缺陷；二要加强常态化安全巡检工作。建立完善的安全管理制度，在日常巡检、安全事件应急响应等方面都要建立规范的体系，并建立迅速止血和预警机制。三要注重安全管理的全面性。伴随政务服务的发展，政府门户网站的作用越来越重要，政府门户网站安全的内涵和外延不断拓展，网站安全不仅仅是一个防篡改或是网络层面的问题，内容安全、数据安全、个人隐私、编码过程安全以及移动端安全等都越来越重要，也都需要建立完善的安全管理手段。

大汉软件凭借在门户网站安全领域的技术积淀和服务创新，针对新时期政府网站安全防御新需求提供了丰富的门户安全产品线和解决方案，为用户提供安全扫描、常态化安全演练、安全事件灾难恢复以及内容安全、数据安全、个人隐私、编码过程安全以及移动安全等全方位的技术支持和服务。

五、数字政府新时期政府门户网站提质增效新思路

现阶段还有哪些手段为“日常性的数据产品开发和功能应用优化”实现“小步快

跑”并且能够跑得稳、不掉队提供支撑？

对于网站管理者而言，每一次政府门户网站大费周章进行改版往往都是政府门户底层架构不合理导致的。

政府门户网站要实现“小步快跑”，首先底层必须需要基于微服务的中台体系，实现数据中台、技术中台和业务中台的分布式架构，用以提升门户网站性能、服务拆分、应用复用、运维自动化和低代码构建等支撑能力。基于微服务的中台架构使得业务板块都可变成一个独立的可复用的服务组件，并实现多端展现与应用和数据的分离。通过中台的“容器化”和“弹性化”的能力使得门户网站达到最优的高并发性能。

其次要快速地开发各种服务、充分保障更多新功能顺利上线就要构建“灰度发布”体系。当网站要上线一些新功能时，为了不影响全网用户可以将新功能的影响控制在灰度范围内，即让小范围的用户先行试用，成熟后再进行全网的复制，如此网站在不停机的状态之下也能实现新功能的平滑更新。

再次集约化门户平台需要具备基础的低代码能力，例如很多开发工作只需像搭积木一样就能完成编程，网站改版通过自主组合一些模板组件就能快速地实现网站常用功能开发和所见即所得地完成丰富的专题开发。

最后要以工业化生产方式进行网站开发，以推动“小步快跑”进程。例如基于 DevOps 软件工程方法论构建网站应用代码开发的生产线，管理应用开发的生命周期，包括需求的管理、代码的管理、组件的管理、质量的管理、安全的检测等保障整体的代码质量和安全。当网站集约化达到一定规模以后，这种工业化的软件开发方式将变得尤为重要。

综上，只有基于先进的平台和框架才能实现不大动干戈的网站改版和升级，实现服务不断创新的“小步快跑”。

韧性治理时代的政务服务平台集约化建设路径探索

大汉软件副总裁　房　迎

《2018 年联合国电子政务调查报告》曾以“发展电子政务，向可持续和韧性社会转型”为主题，倡导通过电子治理促进“韧性社会”建设。近些年来，无论是政府门户网站还是政务服务网，在持续不断的集约化发展过程中，其所具备的价值已逐渐由单一走向多元，由信息发布走向汇聚信息发布、政务服务、互动交流、数据开放、效能监督等多重价值，不仅通过 PC 端、移动端、智能自助终端等多样化的形式为公众提供多元化服务，也不断借助数字化改革提升数据治理能力，推动政府网站的价值升维。

政府网站、政务服务平台等作为电子治理的重要成员，可能需要面临越来越多的问题，在韧性治理时代中政务网站、政务服务平台的集约化建设又该如何进行？如何持续增强政府与公民之间的互动，使公民有更多机会参与治理？

一、整合政务信息资源，构建可伸缩、有弹性的治理系统

随着大数据、人工智能等技术的发展，公民、企业依托电脑、移动 App、小程序、自助服务终端等多种渠道，可以随时保持与政府等公共部门的互动交流，而且在数字化转型中，政府等公共部门之间也在积极地利用互联网的交互、便捷等特点，以信息技术、智能技术增强政府等公共部门与企业、社会公众的互动，不断推动政府治理现代化。

变换主动服务，释放数据红利。在数字化转型的驱动下，无论是政务公开还是政务服务，政府除了借助主动公开政策信息、通知公告等满足传统意义上的公众知情权、监督权和参与权外，也在不断创新政务公开方式和政务服务方式，持续拓宽公开渠道和服

务渠道，利用新一代信息技术以更加便捷、高效的方式将政务服务、热点政务资讯、惠企政策等主动送至公众和企业的手边，畅通政府与公众、企业的双向互动的渠道。有些政府网站逐渐完善信息检索，将政务资讯、政策信息、办事服务等打包送至用户面前，实现“即搜即用”。还有些地方开始利用信息技术手段，打造数据开放平台，开放门户网站的原始数据供社会利用，进一步释放数据红利。

强化信息资源利用，感知用户能力增强。随着政务用户规模的不断扩大、用户需求不断叠加以及移动 App、小程序等业务新渠道的出现，PC 端、移动端、自助服务终端等构建形成的多端服务矩阵大放异彩，以更多样化的模式为社会公众提供多元化服务。而且，随着政府门户网站、政务服务门户网站的不断发展，两者逐渐进行以内容融合为表征的“两网融合”，尽可能地为用户提供同源服务，此外，依托信息资源共享、用户体系融合等，汇聚全量的用户行为数据、政务服务数据等，逐步完善用户画像、用户体验等，为用户提供热点推送、服务推荐等服务。在数字化转型过程中，政府网站不再仅仅是政府形象的展示板、政民互动交流的核心枢纽，更是治理方式转变和政府服务质量提高的助力器。

多渠道触达公众，双向互动趋于畅通。随着全过程的政务公开、全流程优化政务服务的不断推进，逐渐构建形成包含政府门户网站、政务服务网站、移动端、政务微信、政务微博等在内的服务矩阵，通过多渠道为社会公众提供信息、服务等，构建形成政府与社会公众的双向互动桥梁。这样不仅意味着政府所发布的信息可以更有效率、更广泛地传递给社会公众，也为社会公众提供了多元化参与公共事务等城市治理的渠道，能够更加方便、有效地交流。既能增加公众获得感、满足感和幸福感，也能逐渐培育公众参与治理的能力。比如，借助统一政务咨询投诉服务所形成的大数据，不仅可以梳理、分析公众反映的社情民意、社会动态，也可以动态感知政府管理和服务效能，让政府可以更加主动出击解决公众的堵点、痛点、难点。

在我们的日常生活中，突然发生的黑天鹅事件很容易让城市措手不及，严重的甚至会出现城市服务功能瘫痪的现象。在此次抗击新冠肺炎疫情的过程中，以政府网站、政务 App、政务微博、微信为代表的治理平台，无论是及时通过政务微博、微信等新媒体平台公布官方信息，主动辟谣；还是依托政务服务平台提供“不见面、无接触”的服务，这其中都不乏政务信息资源的整合、共享，并且以开放、融合的形式，与社会化第三方服务进行合作，借助大数据、互联网等快速获取公众的诉求、态度，提高政府传播信息的效率。也以高水平服务、高效率回应，提升应对治理不确定性的能力，逐渐形成可伸缩、有弹性的治理系统。

二、完善政务信息资源关联，释放融合服务的裂变效应

当前，依托政府数字化转型、政府网站集约化等工作的推进，政府网站统一信息资源库得以建立、完善，持续汇聚包含政府公开发布的政务资讯、政策文件、政务服务以及通过互动交流沉淀的群众来信等信息资源，涉及城市生活、服务的方方面面，全场景化的为公众提供服务。并且，随着数字化转型的持续推进，政府门户网站和政务服务网集约化建设和融合建设也在不断加深，在政务信息资源和社会信息资源相互融合，强化资源的融合、利用方面，如何保持信息资源的活跃性、价值性仍是需要解决的问题。

多端同源管理，完善无差别式服务。随着政务服务逐步向多端延伸，包括 PC 端、移动端、公众号，线下服务大厅的自动终端机，各级政府以及各部门建设不同的服务端，整体多端矩阵需要进行统一规划，实现各端开发标准统一、服务后台统一、数据体系互通、达到数据同源、多端同步的效果。这样也就意味着，政府网站未来需要具备多端拓展、协同管理的功能，支撑政务信息与服务向多端发展。在应用方面，可以通过统一应用接入标准，按照规范将分散在各地、各部门、各渠道上的应用，统一接入整合到平台中，统一对多端提供应用服务，从而实现应用服务集中供给，多端服务的同源，不断促进政府资源的集约共享。而且，在内容管理方面，实现从内容报送、编辑、审核、多端发布等的全方位协同管理，构建政务应用的宣传推广和服务矩阵，提升政府生产、传播信息的速度和效率，既能强化网络空间中的政务管理，也能适应效能服务的高要求。以多端同源服务，强化政府的公信力，以便捷、多样化线上服务实现对线下服务的分流、转运。

强化信息联动，快速回应式一网通查、服务即刻呈现。提供智能精准的检索或搜索引擎，提高服务水平。打造智能挖掘式搜索引擎，从网站内容、用户访问信息等方面进行政务信息资源的深度挖掘，将政策文件、政务资讯、互动交流、政务服务、多媒体及附件等多个内容领域整合，将公众、企业的不同需求与具体的使用场景结合，快速准确地搜索到用户所需的信息与服务，提供快捷、精准、全面、智能的一站式搜索服务，降低用户获取政务信息、服务等的使用成本，进一步提升用户体验。并且依托多端融合服务，精进同源、同步公开发布水平，提高信息公开智能检索服务能力，支持如按照文件类型、时效等多维度自定义检索范围与条件，并且实现智能化展示搜索结果，支持对搜索结果进行筛选与排序，提高搜索结果的可读性和有用性，进一步提升信息资源利用率。使公众能够更为容易地获取到政务信息、资料，调动社会力量参与城市治理的积

极性。

整合多端数据，提供“千人千面”服务。一方面，通过构建政府门户网站、政务服务网、政务 App、小程序、自助终端等多端一体化的用户体系，汇聚、采集全量的用户行为数据，结合用户的基本信息，进行多维度用户行为分析与用户画像绘制，挖掘用户的真实服务需求，根据画像关联服务应用与场景，为用户提供精准的服务推荐或个性化的服务推荐。另一方面，为用户构建个性化的“数字空间”，以区块链、大数据等新技术为支撑，智能推送更多与用户相关度较高的优质服务和更有价值的信息，比如帮助用户快速获取办件进度、账户变化、证照到期提醒等消息。主动推送与消息触达结合，共同实现“人找服务”到“服务找人”的转变。

深化互动交流，畅通应急求助，提升社会效益。当前，大部分政府机构都建立了政府门户网站、政务服务网、政务 App、政务微博、政务微信等平台，比如以政务微信、政务微博为代表的服务端口，虽说有些地方在沟通形式上不断创新，尝试发布具备“萌新”“接地气”等特质的文章或资讯，及时发出权威声音，主动回应社会关切，但本质上仍是以信息发布功能为主，较少有与公众的互动设计，与公众的交流互动仅停留在留言评论区或专项征集、调查活动以及咨询投诉中。单一化的互动交流，虽能满足公众和企业了解与重大突发事件、卫生防护、运行数据等有关的信息需求，也可以在短时间内了解企业、公众在危机后的需求，及时提供支持、援助。但是，在危机事件发生初始却略显薄弱。比如，当面临洪涝灾害时，群众的求助渠道还是以电话求助和网络求助为主，没有除了应急救援电话以外的官方求助渠道。或许，可以尝试在政府网站、政务 App、小程序等中开通应急求助入口，满足不同群体的求助需求，比如提供手语翻译、无障碍服务等，提高群众尤其是弱势群体自救和互助能力，建立互动性更强的电子治理平台。

三、强化政务信息资源运用，政府网站集约化为城市治理赋能

构建集约化平台+社会平台的应用生态，增强服务合力。构建以政府门户网站、政务服务网为核心，智能自助服务终端为链接，政务服务 App 和社会化第三方服务输出和内容发布平台为补充服务的应用生态系统。在“政府网站集约化平台+社会化服务平台”的应用生态中，分为服务输出层和内容发布层。在服务输出层，要结合企业、公众的实际需求，提供场景式在线办事、个性化推送、智能化应答咨询等服务，实现智能服务移动化、数据化，重构服务模式、升级服务效果。在内容发布层，借助多端协同管

理，保持及时、准确、同源的发布信息和双向的交流常态化，保持新媒体传播的一致性、整体性。并且，有机整合社会力量，与媒体、专业机构等联动合作，共同甄别信息真假、共同提升网络信息质量。从传递信息的角度，既能保障政府的权威性，也能更便捷、更有效地服务好群众，形成与用户的有效互动，及时回应网民的诉求、疑问等，完善民众问政、获取服务的闭环，为公众参与城市治理工程提供强力支撑。

统一信息资源管理，多端协同管理，提升风险感知能力。在集约化建设中，围绕多端服务提供全面的运维监控服务，对多端进行统一管理、集中监测，借助新一代信息技术全面感知 PC 端、移动端、自助服务终端等各端的服务运行状态、运行风险等，比如精准识别信息更新情况、互动回应情况和服务使用情况，保障服务平台健康有序运行，全面提升政府的权威性和影响力。甚至，借助云监控服务，监控服务器资源使用情况，主动发现安全漏洞和网络攻击，保障平台的安全性和可用性，保障政府掌握的个人信息不被非法入侵、篡改、窃取、利用或删除，守牢用户的个人隐私。

数据与城市服务场景有机结合，为应急管理价值赋能。伴随着城镇化进程的推进，城市迎来了越来越多的新居民，城市体量和城市居民在增多的同时，城市问题也变得越来越显著，在涉及食品、交通、人口健康等方面，对公众的生活质量产生了巨大的影响。在面对灾害时，政府、企业等虽有针对台风、洪涝等灾害制定相应的防灾、救灾等应急方案，构建起应对突发事件的安全防御。但这种状态更多地致力于避免、消除和控制各种灾害的不良影响，维持城市的既有功能，对于如何恢复城市服务功能等方面少有涉及。当前，我们看到在政府网站集约化的同时，部分地区也有在依托统一信息资源库将政务服务与城市服务的应用场景进行结合，将官方通报的非表单式疫情数据或政务服务数据，进行汇聚整合，经过与地理位置信息、出行活动信息等进行结合分析，形成可视化图表或热点地图。

未来，政府网站的集约化仍然需要持续加深城市运行状态相关的数据开放程度，便于社会力量更好地结合开放数据研发或者创造新的应用服务，为公众提供更好地防疫、应急救援等服务，比如研发灾情预警通知和求助功能，借助政府网站、政务 App、小程序等的一体化服务，主动推送预警信息，或提供可根据位置信息查询疫情风险等级、台风路径信息等的服务，及时保障自身安全。

政府与社会化力量的合作，一方面能够创造更加多元的公共产品及服务，也能及时厘清城市危机的源头、扩散范围等关键因素，勾勒出以事实信息为基础的危机现状，为后续解决危机、恢复治理提供行动依据，也可以在危机治理中实现“事前识别-事中应急-事后恢复”的有效控制。另一方面也为社会公众创造便捷透明的信息渠道，将信息服务和数据治理进行融合，在治理中构建起城市与公众互动、沟通的直接桥梁，让公众更快速、有效地获取政府服务。

城市承载着越来越多的人类社会活动、经济活动，同样也面临着的诸多不确定的危机和难以预测的风险。在韧性治理时代，整合社会资源，及时处理解决重大应急事件，恢复城市服务功能是重中之重。当前，许多城市在推行数字化转型和智慧城市建设，各类数字化工具和智能化服务体系得以完善，而且政务服务或政府网站集约化与城市治理、城市服务的进程和动态紧密关联，如何借助政务服务平台、政府网站等智能化服务体系增强城市韧性或许将是未来城市发展的重要议题之一。

新发展阶段数字政府门户建设着力点探究

大汉软件副总裁　房　迎

《中华人民共和国国民经济和社会发展第十四个五年规划和 2035 年远景目标纲要》中提出要“提高数字政府建设水平”，将数字技术广泛应用于政府管理服务，推动政府治理流程再造和模式优化，不断提高决策科学性和服务效率。《国务院关于加强数字政府建设的指导意见》（国发〔2022〕14 号）中提出，到 2025 年，政府数字化履职能力、安全保障、制度规则、数据资源、平台支撑等数字政府体系框架基本形成；到 2035 年，整体协同、敏捷高效、智能精准、开放透明、公平普惠的数字政府基本建成。

数字政府是指以新一代信息技术为支撑，重塑政务信息化管理架构、业务架构、技术架构，通过构建大数据驱动的政务新机制、新平台、新渠道，进一步优化调整政府内部的组织架构、运作程序和管理服务，全面提升政府在经济调节、市场监管、社会治理、公共服务、生态环境等领域的履职能力，形成“用数据对话、用数据决策、用数据服务、用数据创新”的现代化治理模式。①

我国数字政府建设方兴未艾。实践表明，一方面，各地推进政府职能转变、数字化转型，满足了企业群众对政务服务越来越高的要求；另一方面，各地数字政府建设能力和水平差异化明显，数字和信息技术在政务服务上的应用不平衡，政务数据的开放共享不充分，数字政务服务精准对接公众需求有待优化，公共服务数字化、智能化水平有待提高。

在数字政府视角下，政府门户网站必将转型为数字政府门户。数字政府门户是将政务公开、政民互动、政务服务、开放数据等，通过数字化、智能化和服务化的方式，面向不同类型的用户群体和场景，将原先相互独立的服务充分协同和融合，体现政府履职能力、服务能力和治理能力，数字政府门户更像是政府在互联网端的数字化孪生形态。

---

① 广州市人民政府办公厅关于印发广州市基于城市信息模型的智慧城建“十四五”规划的通知。

数字政府门户建设具体可以从以下七个点着力发力。

一、从一到多：重新定义服务资源

数字政府门户应对政府门户网站集约化平台的服务资源进行重构，数字政府门户服务资源不仅包括信息资源，也涵盖政务服务、数据开放、政民互动、互联网+督查、互联网+监管等资源，按统一服务目录、统一数据标准、统一服务标签方式进行统一汇聚、管理和利用。服务资源的汇聚是将不同机构单位、不同标准、不同渠道的各类信息和服务功能经过聚合、转换，封装成统一标准、统一管理、统一展现的服务应用，使之能够被不同展现渠道调用、发布。

如何对服务资源进行重构？

一是要建立统一的资源接入标准，对服务接入进行规范，包括开发规范、页面规范、UI 控件规范、接入流程规范以及开发调试工具规范等，保证服务应用的规范化、标准化接入。

二是要对服务进行全生命周期管理，为服务应用提供应用创建、开发、接入、测试、审核、上下架、监测等全生命周期的应用管理服务，通过应用的集中管理、统一维护、即时启停等方式实现高效的运维。

三是要建立丰富的功能组件，为应用开发者提供组件调用服务，帮助应用开发者实现应用快速开发，减少开发工作量，降低开发和运维成本。

二、融通数据：打造全场景式服务

数字政府门户应为用户提供全场景式服务。围绕教育、社保、住房、交通、就业创业、社会救助和福利、婚姻生育、医疗健康、证件办理、企业开办等主题，以用户视角按照“查、看、问、办、评”的思维逻辑，聚合与该主题相关的新闻资讯、政策文件、服务事项、服务应用、咨询问答等信息、服务应用以及功能等于一体，快捷地完成信息的查询、服务的办理、诉求的响应，为企业和公众提供“一站式”“一体化”高效便捷的服务。具体来说：

利用新闻资讯数据，通过关键词信息聚合方式，打造服务日历、重大事件一览、大事记等特色数据应用，为用户提供资讯获取新模式。

利用政策数据，打造政策查询、政策解读、政策订阅、政策推送、政策匹配、政策兑现等特色数据应用，为用户提供全链路的政策服务。

利用政务服务数据，打造跨省通办、跨区域通办、智能审批、智能秒办、一件事以及反向办等特色数据应用，为用户提供网上办理创新模式。

利用互动交流数据，打造热门话题、热点事件回应、智能推荐、关联推荐等特色数据应用，为用户提供互动交流新方式。

同时，还可以利用多种资源数据，打造个性化用户专属空间、政务地图等其他形式的特色数据应用，为用户提供智能化、便捷化的服务。

三、三点发力：实现服务全渠道输出

“泛在可及、智慧便捷、公平普惠”是数字政府门户服务的核心目标。所有信息和服务不应只是简单地上线和发布，更应保证企业和公众可以通过各种渠道和方式获取到这些信息和服务。如何实现服务全渠道输出？

一是完成数字政府门户的多端多渠道构建，并充分利用各个端本身的特点和适用的场景，统一规划输出各端的服务功能、服务内容以及服务场景，实现信息“一次编辑、多端发布”，服务应用“一次开发、多端输出”，保障数字政府门户多端渠道之间“数据同源，服务同根”。同时，建成统一的消息中心，集多端（PC 端、移动端）多渠道（系统消息、邮件、短信、微信等）的消息快速触达服务于一体，为用户提供通知公告、办件进度、证件到期、社保医保资金变动等主动提醒服务。

二是可以准确地“问到”或“找到”信息和服务。通过对数字政府门户的结构挖掘实现多数据来源采集，采用人工智能自然语言语义处理的智能手段，实现数字政府门户服务资源的全样本信息聚合，面向用户打造快捷、精准、全面、智能的“一站式”搜索服务；通过对用户的行为习惯挖掘，实现自学习和良性积累扩展，构建集单轮会话、多轮问答、智能提示、复杂意图理解、智能推荐等功能于一体的智能客服，实现对用户快捷、精准、全面的“一站式”智能问答服务。

三是通过各种丰富的信息和服务表现方式，提升信息服务能力。建设集视频直播、图文直播等功能于一体的实时交互系统，为政府与公众搭建最直接、最实时的沟通交流方式和途径，实现政府部门与公众“面对面”的交流，推动数字政府门户成为政府与公众之间首要的沟通交流平台。

四是打造“关怀版”与“长辈版”数字政府门户，方便残疾人、老年人等重点群体便捷地获取数字政府门户的信息和服务，切实解决重点群体运用智能技术的实际困难，进一步消除数字政府门户与重点群体之间的“数字鸿沟”，充分体现“信息平等”。

四、释放价值：全面加强数据利用

数字政府门户既是信息和服务的提供平台，又是民意收集平台。数字技术的应用，使实时传递、动态跟踪成为可能，这也从根本上解决了过去信息传递慢、反馈周期长等问题，有助于建立畅通的社情民意反馈机制。依托数字技术建立起来的社情民意反馈机制，能够通过数据采集、脱敏、分析等手段，从海量数据中及时挖掘出对政府决策有价值的意见和建议。一方面，可以将自上而下的决策与自下而上的民意反馈结合起来，提升决策的民主性和科学性；另一方面，可以精准对接群众需求，促进政府服务与群众需求精准对接匹配，变“人找服务”为“服务找人”。

五、构筑防线：建立数据安全和隐私保护体系

在政府门户网站提供政务服务的过程中，很多服务是通过对数据的调用和计算得到的结果，数据中包含着大量企业和个人的隐私信息。因此，对于数字政府门户而言，建立政务数据的安全和隐私保护体系十分必要，需考虑以下三个层面：

一是围绕数据的全生命周期建立管理体系。同时，要建立数据的治理机制和数据安全管理制度，明确数据管理、维护的角色和职责，执行有效的数据安全方案；要以“原始数据不出域、数据可用不可见”为数据使用准则，加强数据安全的风险评估、合规管理，并通过加密算法、脱敏、密钥等相关安全技术，有效地监控和防范潜在的数据泄漏风险；要加强成熟度评估、相关法规培训，提升个人数据安全和隐私保护的意识。

二是构建数字政府门户平台自身的应用安全能力。数字政府门户是政府各类服务的总入口，数据也含有企业和个人的隐私，因此平台将会面临黑客攻击和数据隐私保护等问题的巨大挑战。国内各类安全公司提供的技术产品和解决方案虽然很丰富，但所有平台在安全防护上都有被攻破的可能性，因此一旦安全硬件设备和安全软件系统都被黑客突破，自身软件平台的安全防护能力便是抵御黑客入侵和病毒植入的“最后一道防线”。数字政府门户平台软件自身开发在代码安全、互联网安全防护方面显得极为重要。

三是构建数字政府门户的内容安全能力。内容准确关乎政府公信力和政府形象。因此，数字政府门户平台需要具备全过程内容安全主动防护能力，对敏感词、错别字、非法链接、个人隐私、内容篡改以及死链、错链、非法链接等采用事前纠错、事后检测的

方式，全面把好内容安全关。

六、夯实基础：强化技术平台支撑

一是要构建平台级的大并发高性能支撑能力。数字政府门户是提供全场景化政务服务的平台，更加强调服务体验和稳定可靠，大并发高性能支撑将是重要的平台能力。

二是服务的不停机热更新和应用的灰度发布能力。服务的不停机热更新是指网站、移动端和各类小程序等多端在服务展现方面，能够通过可视化拖拽进行快速改版。在服务应用方面，通过容器化、弹性伸缩和灰度发布机制，应用服务代码的更新可以在不停机状态下进行，为了不影响全网用户体验可以将新功能上线的影响控制在灰度范围内，让小范围的用户先行试用，成熟后再进行全网的复制，即在不停机的状态之下也能实现新功能的平滑更新。

三是构建平台的自主可控和信创能力。数字政府门户面向互联网开放，应用底层操作系统、中间件服务、数据库等方面，都会直接受到互联网的各种攻击、木马植入以及拖库等风险，直接涉及数据安全和隐私保护等问题。因此服务应用的安全稳定、自主可控尤为重要。

七、减负释压：升级运维保障

围绕数字政府门户所需的安全与运维保障需求，从业务、技术、平台、内容等层面综合考虑，构建内容管理、应用安全、数据安全、系统安全于一体的安全保障体系，通过为数字政府门户提供一体化安全保障与运维服务，轻松应对数字政府门户建设运行时所面临的各项安全保障与运维压力。具体来说：

针对数字政府门户内的服务应用提供连通性监测、可用性监测、故障统计分析等服务，帮助用户实时了解数字政府门户内服务应用运行情况，及时保障服务应用的可用性。

针对数字政府门户服务器提供风险文件扫描、安全基线检查、漏洞检查以及容器安全检查等监测服务，全面监测服务器的安全状况，帮助运维人员及时发现风险、处理风险，避免安全事故的发生，及时有效保障服务器的安全性。

针对数字政府门户服务器提供服务器检查、中间件连通性、数据库慢 SQL 检查、接口状态监测等监测服务，帮助运维人员实时了解服务器的运行状况，及时发现异常、处理异常，及时有效保障服务器的正常运行。

针对数字政府门户的新媒体提供统一的备案管理、发布的内容检查、内容的更新频率检查、名称的合规性检查、互动交流的回复及时性检查等服务，加强对政务新媒体的内容保障和日常监管，及时有效保证新媒体内容发布和回应质量。

针对数字政府门户中的业务系统/服务器运行日志、操作日志、数据同步日志、应用链路日志、用户访问日志等各类日志进行汇聚、统计、分析，帮助用户、运维人员全方位实时了解数字政府门户运行状况，为数字政府门户进一步优化提升提供决策支撑。

政府网站绩效评估更注重基于用户逻辑的资源汇聚和应用融合

中国软件评测中心　王庆蒙

2022 年 7 月，中国软件评测中心主办的“2022 年数字政府服务能力评估暨第二十一届政府网站绩效评估指标体系网上意见征求会”在北京顺利召开，会议公布了 2022 年数字政府服务能力、政府网站绩效和国家级开发区网站调查三大评估指标体系。

中国软件评测中心赛迪评估副总经理王庆蒙，聚焦 2022 政府网站绩效评估重点指标，围绕五个话题展开详解，为政府门户网站从集约化政府门户“小步快跑”转型升级为数字化孪生政府提供新思路、探索新路径。本文为王庆蒙观点实录。

一、集约化政府门户与数字化孪生政府的关系

据智政院观察，2022 年的政府网站绩效评估工作方案中将政府门户的未来发展目标定位为全新的数字化孪生政府。从集约化政府门户到数字化孪生政府，政府门户网站的阶段性转变说明了什么问题？

2022 年政府网站绩效评估指标较去年有所调整，在集约化相关指标方面，过去集约共享作为政府网站绩效评估的一个一级指标却没有出现在今年的一级指标中，这并不代表今年的评估不去关注和考核集约化了，而是把集约化视作评估的先决条件。

基于集约化是政府门户网站建设管理的底座，2022 年评估指标体系在集约化的基础上构建了由资源汇聚、数据应用、资源融合、资源传递、诉求回应、安全防护和运维保障七大能力组成的政府门户网站的能力建设模型，将其作为评测依据和参考。

通过梳理我国政府网站的发展历程，我国政府网站的发展先后经历了技术导向阶段、内容导向阶段、服务导向阶段，自 2018 年集约化试点工作不断推进后，我国政府

门户网站正式进入了集约化导向建设阶段，各级政府网站的集约化的建设水平由此不断提升。

在政府网站发展治理中集约共享的定义是要通过“四统一两集中”来实现政府网站资源的优化融合、平台的整合、安全数据互认共享、管理统筹规范，服务便捷高效。基于此定义，可以看出集约化基础设施、集约化平台及其建设是实现政府网站资源集约优化融合的基础，政府门户网站集约化建设的最终目标也是资源的优化融合。随着各级政府网站集约化工作的深入推进，多数地方已经实现了基础设施软件平台的集约化，因此资源的优化融合将成为集约化政府门户网站在数字政府新时期的下一个发展阶段。

伴随国务院印发《国务院关于加强数字政府建设的指导意见》，为全面开创数字政府建设的新局面，我国数字政府建设应进一步纵深发展，政府门户网站也要与时俱进去适应数字政府建设的新的发展阶段和要求，在继续发挥好公开解读、回应关切、便民服务的平台的基础上，依托集约化平台的统一信息资源库，汇聚融合其他政府资源，逐渐将政府门户网站发展成全新的数字化孪生政府，促进政府门户网站逐渐走向数字政府综合服务平台。

二、2022 年政府网站绩效评估指标的升级

和 2021 年相比，2022 年对省市县尤其是县级评估指标权重分布进行了一定调整，如“数据应用能力”一级指标和“安全防护”二级指标均覆盖县级，往年则不对县级指标作要求。评估团队是出于怎样的考量做出评估指标体系调整升级的？这一调整对于作为统一底座的省级、市级政府门户网站有什么影响？

通过回顾评测中心历年制定的政府网站评估指标体系，不难发现所有指标始终是站在满足政策要求的基础上坚持从第三方和用户视角来设计的，且省市县三级政府门户网站的指标应该是基本一致的。2022 年政府网站绩效评估指标在多方面覆盖到了县级也从侧面体现出指标体系的完善与升级。

实际上，随着集约化的全面推进，县级政府门户网站基本都集约到了市级或者是省级的集约化平台上，当集约化平台的建设和管理集中在省和市级政府门户网站，那么县级政府门户网站的重点工作则转变为信息的汇聚和应用。但在现实中，县级政府门户网站功能往往停留在信息发布的层面。为了去唤醒县级政府门户网站的运维意识、运营意识以进一步提升政府门户网站的价值，2022 年的评估指标更多是从用户需求出发来评估省市县三级政府门户对应的能力建设。

因此2022年的评估指标并不是简单地向县级覆盖，而是对以往评估指标的一个修正、完善和升级。这一方面体现了数字政府建设的普惠性，另一方面各省市级政府门户网站理应具备更强的汇聚和融合能力。

三、2022年政府网站绩效评估指标评估逻辑的变化

基于2022年评估指标的变化，从指标设计角度谈谈指标调整的原因及意义。

政府门户网站始终是展现数字政府建设成果的第一平台，企业群众也始终将政府门户网站作为获取信息和服务的统一入口，因此政府门户网站更应当将"第一平台"的资源内容有效地聚合在一起，向公众、企业提供更实用、更好用、更有价值的资源服务。

遵循这个思路2022年政府网站绩效评估指标再次进行了升级，新指标的设计思路考虑到了以下三个背景环境的变化：一是新时期数字政府建设为政府网站建设提出了新要求，如政府履职能力的更新需要依靠政府门户网站来反映；二是新时期政府网站建设呈现出了一些新的发展趋势，如政府网站绩效评估指标经历了技术导向阶段、内容导向阶段、服务导向阶段再到集约导向阶段，到集约化阶段后便呈现出融合优化的新趋势，2022年的指标也根据这种新趋势进行了相应的调整；三是新时期政府网站用户需求呈现出了一些新的特点，互联网时代公众更习惯于在综合性平台上"短平快"获取所需信息、资源和服务。

基于以上三大背景环境的变化，2022年的评测离不开新时期政府门户网站的能力建设模型，模型囊括了资源汇聚、数据应用、资源融合、资源传递、诉求回应、安全防护和运维保障七大能力。

在资源汇聚能力上，2022年的评测强调政府门户网站要基于统一信息资源库，汇聚各类政务信息资源，持续扩大资源的存量，来满足各类用户对资源的需求。同时为数据应用能力和数据融合能力奠定基础，只有融合了海量的资源才能去开发它并挖掘它潜在的价值。

在数据应用能力上，2022年的评测指出各级政府门户网站去挖掘海量的信息资源的价值为用户提供更加实用、好用的服务，来引导政府门户网站建立政府网站的数据治理体系。随着国家数据要素市场的建立，政府门户网站也应该有自己的数据治理体系。

在资源融合能力上，2022年的评测明确政府门户网站要承担起数字政府综合服务平台的作用，能够对各平台发布的资源提供的服务施以影响，来促进各平台的渠道、功

能、展现和内容这四个方面的融合。

在资源传递能力上，今年的评测重点考核政府网站用户导航和搜索两大功能，主要是加强对导航体系的合理性以及搜索的准确性和智能化水平进行评估。尤其是在搜索功能方面，将着重评测关键词的推荐、拼音转化、自动纠错、灵活设置等智能输入功能，以及关键词搜索结果的可视化、搜索场景化、聚合化的智能输出的功能。

此外，2022 年的评测在诉求回应能力上，在咨询、投诉、意见征集及舆情回应中重点考核用户咨询投诉的答复能力。在安全防护能力上，站在第三方视角，以结果为导向来通过扫描网站，监测其是否存在安全漏洞、安全事件、个人隐私泄露等问题。在运维保障能力上，沿用国办检查指标中的核心指标，以指标来扫描检测政府网站是否存在不准确、不回应等“四不”问题，时刻提醒政府网站永远要守住底线不放松。

四、数字政府新时期政府门户网站安全防护新要求

2022 年评估指标将“安全防护能力”列为政府门户网站能力建设的七大模型之一，现阶段政府门户网站的安全防护应当具备哪些能力？

安全是政府网站建设和运营的底线，所以 2022 年的评测继续把安全作为政府网站绩效评估的一个重要指标。现阶段政府网站除了要做好物理安全、网络安全、系统安全、数据安全外，要越来越重视内容安全和隐私安全。针对内容安全和隐私安全问题可参考以下几点建议：

一是集约化平台的建设管理方要做好安全漏洞的常态化检测和风险预警；二是各级政府门户网站要做好网站内容的事前监管和事后检查；三是各级政府门户网站主管单位要制定网站个人信息、隐私保护的政策标准规范。

五、数字政府新时期政府门户网站提质增效新思路

数字政府新时期，政府门户网站优化提质的主要路径从“2～3 年的全面改版”转变为“日常性的数据产品开发和功能应用优化”，接下来各级政府门户网站应该怎样去完成从“大改版”到“小步快跑”的转变？

以往政府门户网站的“大改版”工作主要停留在平台的建设或升级上，这种改版只能在短时间内起到一定的成效。2022 年的评估指标体系首先是想引导大家改变传统的“改版”思维方式，即将改版转化为真正意义上的提质增效。有别于“大改版”提

质增效一定是“小步快跑”式的，即从某一小部分开始从局部去改善、迭代优化和积累，同时要有一些配套的手段、方法和途径。2022年的评测统一将这些新的思维方式和配套手段贯穿于指标体系五大能力中。

在资源汇聚能力中，要确保建立一个区域内政府网站的统一信息资源库并制定统一信息资源库的建设规范。无论该地区是采用统建、分建还是统分结合的建设模式，都要实现各级统一信息资源库的互联互通，确保各级智库网站、各类业务应用系统之间能够跨网站、跨系统、跨层级、跨地域，通过信息资源的互认、互享、互调、互用，不断丰富网站信息资源的存量，加速资源相互融合，从而加强资源的融合开发利用、创造源源不断的价值。

在数据应用能力中，首先要建成并完善资源的标签体系，在统一的标签体系之下，各类信息资源必须按照资源库标准打上标签再入库，通过标签体系支撑数据的应用和开发。其次通过存量数据和增量数据双管齐下，针对不同的具体对象构建全维度的数据标签，助力政府网站不断推出能够及时落实重点工作要求、精准响应群众需求的应用、产品和服务。

在资源融合能力中，因资源融合的终极目标是持续不断去策划设计用户视角的沉浸式的情境式的场景，以场景牵引融合各类资源，因此在资源融合能力中关键是要培养既懂网站又懂业务的人才。

在资源传递能力中，要重点关注的是智能搜索能力。现阶段政府网站主要是通过采购搜索平台完善智能搜索能力，采购搜索平台必不可少但也不能忽视人工干预，如搜索结果可视化的展现、场景化的聚集，聚合化的目标资源的梳理和设计都需要依靠有丰富经验的人才。

在诉求回应能力中，要重点关注的是智能问答能力。和智能搜索一样，政府网站不能仅靠购入智能问答平台，而是要依靠人工干预和经验持续不断完善问答知识库。

谈政府门户网站集约化到“数字政府门户”的变迁

智政院原创

一、“数字政府”背景下政府网站集约化进入“数字政府门户”建设新阶段

数字政府可以说是为促进社会运行的全面数字化而建立的新型政府形态，注重运用互联网、大数据、人工智能、区块链等数字技术，追求以政府数据治理提高政府决策智能化程度、权力运行透明程度、政府服务运行高效和服务精准程度。尤其是在互联网的连接作用下，大数据、人工智能、云计算等数字技术和新理念逐渐渗透到政府服务和治理之中，在数字政府理念以及新技术的联合作用下，政府门户网站的建设理念和服务理念也产生了巨大的转变，更加注重信息资源的整合共享、服务供给能力。

如果将政府门户网站的建设作为观察对象，我们发现在政府数字化进程中，政府门户网站的角色和功能定位也在不断地发生变化。在早期的政府门户网站集约化建设中，政府门户网站更多的是承担起“信息载体”的角色，向企业群众传递政务资讯，政策文件与解读信息等。早期的政府网站集约化首先从建设“信息平台”和“管理型政府”入手，为用户提供统一的信息发布、政民互动、便民服务等入口，实现网上政府在“外立面”的“统一”，强调网站政务信息的增量，偏向满足网站用户的查阅需求，较少考虑用户享受“在线服务”的需求，比如在办事服务中，政府各部门仍是分别面对公众提供服务指南、办事表格等，用户更多的是“看信息、查信息”，而不能“用服务”。

政府在网站上提供的信息和服务就像是很多散落在干草堆里的针，而门户则是人们找到这些针的磁铁。随着“数字政府”建设的不断推进，办事服务、互动交流等各类信息数据资源不断聚合在一起，大部分政府网站也开始从提升“在线服务”能力来发

力，依托政府门户网站集约化和一体化在线政务服务平台的持续建设，构建集在线办事、在线咨询、在线交流、在线查询等多功能于一体的政府在线服务体系，形成政府网站从政务线上化走向服务线上化。比如，政府网站逐渐以统一门户、统一用户、统一应用、统一资源为依托，更注重以整体平台，最大范围地整合政府的服务资源，面向不同类型的用户群体提供全生命周期应用主题的信息与服务，为用户提供统筹的一体化服务，实现“一网通查、一网通办、一网通答”。

数字政府建设背景下的政府门户网站集约化已经发展成为新型“数字政府门户”，它并不是完全依据政府职能将政府服务内容和服务方式搬至“线上”，而是突破政府职能分工的界限，借助集中管理信息数据，集中提供应用服务等方式，在线上打通政府部门在执行、服务、结果和反馈等环节的壁垒，将政务业务流程进行重组和改造，将“碎片化部门”链接重组形成“整体型政府”，推动满足政府自身政策需要转向回应公众实际需求。比如：一键查询一类信息、集中办成一件事等。从企业群众的直观体验看，政府门户网站已从最初简单的“看信息、查信息”的渠道，演变成为“在线办事、在线找政府”的首要选择。从政府层面看，政府网站已从最初的杂乱无章，发展成为政府在互联网上的功能集成、服务集成，“公开信息、回应群众、服务群众”等职责都可以“在线”履行。

二、政府数字化变革，为用户在互联网端构建数字化孪生政府

政府的数字化变革，推动了政府全面数字化转型，“数字政府门户”成为数字政府的重要载体。政府门户经过集约化建设逐渐在“线上”集合了政府信息公开、互动、办事、治理等多项职能，随着云计算、大数据、元宇宙等技术的应用，实体政府部门的职能正在全面数字化，一个全新的“数字化孪生政府”正在形成。用户可以在线上轻松找到自己所需的任何政务服务，将来去政府部门和去网上找政府是一回事。数字政府门户变得更像是政府在互联网端的数字化孪生形态，一方面让企业、群众可以清晰地看到政府在线服务的全过程，也能为政府用户呈现更加“具像”化的运营、管理，在互联网端为整体联动的政府打造一个动态交互的平台，持续地感受外部用户的需求、内部的运行管理。从传统政府到数字孪生政府的发展动因主要有以下三点：

一方面是政府内部的数字化改革、服务理念、管理模式的升级，让政府数字化转型步伐加快，开始追求整体智理、协同高效。在数字政府的建设中，政务的数字化转型其实是思维方式的一种转变，并不是单纯的技术转型，而是驱动的战略业务转型，涉及跨

层级、跨部门的协同组织变革。在数字政府建设的引领之下，“数字政府门户”也正发生深刻变革，无论是政务公开还是政务服务领域，开始追求建设数据维度上的整体政府，政府的信息服务、办事服务、互动交流服务正从政府供给朝群众需求导向转变，通过建设统一前台的服务方式，以整体性的设计理念，创造性地进行系统重构、业务流程再造，将门户与政府的不同职能部门建立“交互关联”关系，降低用户对于政府组织结构、内部运行流程的理解要求。

另一方面是政府对外服务能力的升级。各地方政府积极利用互联网思维进行转变，“数字政府门户”作为政务公开第一平台和政务服务总门户，依托信息资源库数据共享共用、互联互通，通过统一的政民互动、开放透明的政务公开以及政务服务事项全部经由政务服务平台“一窗受理、一网运行”，使得政府在线的对外服务能力得以全面升级。在提升政务服务能力的背后，其实是各部门之间的数据信息共享和对“条块分割”管理的突破，在互联网空间中改变以前各部门分散式办公的局面，通过跨部门、跨领域整合与用户某一类需求相关的业务，以在线协同办公、联合服务等方式解决用户的一类需求，从解决“一件事”向解决“一揽子事”转变，为企业和公众提供“一站式”“一体化”和高效便捷的政府服务。

再者就是云计算、大数据、5G 等新一代信息技术和中台架构发展带来的新模式，政府开始应用数字技术创新“数字化服务”，追求“数智化”转型 。近年来，随着新兴信息技术的进一步发展和普及，数字政府建设呈现出通过政务云、5G、人工智能以及中台架构等一系列先进数字技术的运用，实现跨部门、跨层级信息资源共享的特征，不同部门的各类服务得以整合，多部门“线上”协同办公、联合审批成为现实。而且数字政府建设中基于大数据的决策模式和服务模式，不仅为传统的、被动的决策模式添加了“预测辅助”，还能有效解决在传统服务中企业群众反复跑动的难题。甚至，建立起与政务新媒体保持同步的信息化办公与政务服务模式，推动政府服务从以往的纯事务处理和纯技术运用转变为智能化服务，简化服务流程、服务程序等，提高政府服务效能。

三、数智化趋势下“数字政府门户”建设全景探索与思考

随着互联网生活在社会生活的深入，用户越来越习惯使用“综合类”服务平台，用户对“一站式”政务信息对外共享和政务服务平台也有着越来越高的期待。无论是信息公开，还是政务服务，其实对于企业群众而言，仍是一个查找政府信息、与政

府沟通交流、找政府办事的产品，依然是一个获取政府服务、向政府表达诉求或反馈等的工具。在未来数智化趋势下，“数字政府门户”建设，需关注以下六个方面的问题：

（一）“数字政府门户”是政府门户网站和政务服务网的服务融合

公众最希望通过统一的入口来找到自己生活、工作所需的全部服务或信息，需要的是“一揽子”综合服务，希望可以简单便捷地获取政务公开信息、政务服务、政务资讯等，企业群众期望只需进一张网便可办全部事、只需进一张网便可查全部政务信息，难以接受割裂式、跳转式的使用体验。可以在统一信息资源库的基础上，将政府门户网站、政务服务网等政务数据库打通，贯通政务公开、办事服务、政民互动各个板块的数据，实现多方共建共享。在“数字政府门户”从内容管理、互动交流、网站检索等方面突出总门户“贯通”的特色，以数据融通开启政府门户网站、政务服务网“两网融合”的新模式，形成政务的公开总渠道、服务总供给、业务总支撑、运行总枢纽的统一集中化平台，实现“数据同源、服务一体”。

（二）应用发挥“集约效应”，创新跨端、跨域无感服务

随着数字政府建设的深入，“数字政府门户”越发成为面向公众、面向企业、面向政府的综合性信息化服务平台以及电子政务应用系统集成的统一平台，成为数据分发、汇聚的中心枢纽，而移动端App、小程序、政务服务自助机等成为一体化政府服务的载体，因此跨端、跨域的无感服务是未来发展的方向。未来需要全面梳理政府的各类应用，重新构建或优化政府门户应用体系，持续增强集约化平台的开放性、拓展性，统一承载各类业务应用，在政府门户范围内构建多条系统数据流转通道，拆除之前存在的“数据壁垒”，以跨网站、跨系统、跨层级、跨地域、跨部门的信息资源相互调用和共享互认，丰富通问、通查等服务，以电子证照共享互认、统一的用户体系以及机器人流程自动化、人工智能等数字技术的创新应用，拓展跨端、跨域的“一网通办”，推动用户体验从多端的信息无感漫游向服务无感漫游转变。

（三）社会服务方式的进步，推动政府数字化转型提质增效

在互联网社会生活中，用户的行为习惯正在被电商、短视频等数字经济、数字商业影响，用户接受资讯的方式、与服务供给方的交互方式都在不断地发生变化，用户开始追求即时、在线、便捷、智能等服务。在这样的变化之下，“数字政府门户”也需要重

视用户“不见面”“视频化”以及“智能辅助”等需求，比如可以通过智能客服与服务后台的连通，借助视频在线的方式，为用户提供远程人工辅助，让用户可以边问边找信息、边问边办事。未来“数字政府门户”更像是一个“智能生命体”，政府服务将不再以首页、频道等界面面向用户，智能机器人可能成为用户与网站交互的第一站，智能助理或将成为“数字政府门户”在用户心中的新定位。

（四）“隐私保护”与“数据安全”，让数据价值全面释放

在未来的“数字政府门户”建设中，可以在政务信息资源共享的基础上，推动服务向以数据为主要驱动、创新数据产品方向转变，将各级各类政府处于“孤岛”中的政务数据和各个政务系统处于“封闭”状态的政务数据通过统一信息资源库进行加工、处理，将政务数据变为“服务用户”的燃料。“服务应用+数据开放”充分激活政府资源的价值，让数据跑起来、活起来。

在强化政务数据资源利用的同时，也需要考虑增强用户隐私保护和数据安全防护，比如，区块链技术的应用、用户可信授权、数据使用的可追溯，以及在监管侧的数据安全监测预警、态势感知和防控、用户行为分析、日常运营监控等，为“数字政府门户”构建起自我感知，实现运维与管理的全过程安全监管，确保政府门户安全稳定可靠运行，防止用户隐私及信息泄露或被盗用。

（五）深化政务服务智能化，提升用户需求感知能力

随着集约化程度的深入，“数字政府门户”会成为一个数据的收集和分析的主体，变得越来越理解用户、懂得用户，在主动服务、个性服务、预测服务和创新服务上表现得更灵敏，让政府的服务在未来更有智慧性、灵敏度和精准性。“自然语义分析”“智能政务图谱”“意图识别”等智能化技术的运用，可以从创新政府决策、公共服务、市场监管等方面，提升政府服务、政府管理的科学化与智能化水平。

同时借助数据挖掘、共享交换和区块链技术等，进行跨部门、跨区域的服务流程优化和再造，让政府服务突破摸不着、看不见的“藩篱”，不再受时间、部门和地域的限制。

（六）拓展信创资源池，国产化为“数字政府”保驾护航

在复杂多变的国际形势背景下，随着政务服务应用线上化、移动化的快速发展，各级政府需要愈发注重数据安全和系统稳定以及国产化改造升级。如：国密算法的电子签

章、国产化防火墙的应用等。在“自主、可控”的要求之下，“数字政府门户”的建设必须走全面国产化的道路，努力构建国产芯片、国产服务器、国产操作系统、国产数据库、国产中间件为支撑的服务应用，让门户从数据服务到底层架构的安全可控得到保障。

从“集约化”到“极约化”，未来政府门户网站集约化建设将会走向何方？

智政院原创

从“服务型政府”“整体政府”到“一网通办”，在政务公开、互动交流、在线服务、回应关切等职能实现过程中，“集约化”成为中国政府网站建设的基本遵循，并推动我国数字政府发展。随着数字新基建的不断发展，以及数据要素作为市场配置资源与重要生产力的出现，政府门户网站的集约化建设除了体现在建设模式、技术标准、运营管理、数据治理等方面的能力与优势外，面对新的内容形态、新的交互方式、“新的主流用户”以及算法势力的出现，未来政府门户网站集约化建设将会走向何方？

一、当前政府门户网站集约化建设的“基本动作”

（一）建设模式：“先总后分”与“先分后总”

在各省政府门户网站集约化建设中，主要有省级统建和省市分建两种模式。

“省级统建”是一种“先总后分”的建设模式——采用“自顶向下”的方式，将全省各级政府、各部门网站全部集约在统一的集约化平台，规定集约化平台统一资源规范，实现多个层级网站的标准化建设。而“省市分建”是一种“先分后总”的建设模式——省市分别自建集约化平台，数据则按照全省统一标准规范汇聚至省级信息资源库，依托统一的信息资源库实现数据互联融通，达成“先多级分层，后一体化统一”。

（二）“开放、标准”的技术架构，提高集约化平台的延续性

随着互联网的发展、政府治理理念的发展进步，传统架构的集约化无法满足数字政府时期的发展需求。数字政府时期，对网站集约化提出新的要求，基于统一标准规划之

上建立业务集中、技术集中、数据集中以及运维集中一体化模式群。纵观各地的集约化建设，发现集约化平台的技术架构一定程度上都具备开放、兼容的能力，具备支撑各类产品服务自由拼装组合的能力，符合个性化需求、支持功能扩展。也不会因为取消某些达不到性能要求的软件而使平台发生很大变化，一定程度上提高了集约化平台的延续性。

有些地区的集约化平台，依托“中台架构”的支撑高并发、快速迭代，服务创新等能力，以及应用管理和接口管理能力，接入来源于不同部门或应用的各类服务，构建起完善的政务应用生态体系，既解决了传统集约化架构的难题，也为业务应用赋能，实现应用快速迭代、运维实时监测和服务能力提升。在集约化平台中，中台如同前后台系统中间的齿轮，进行速度调和，实现同步运转，也能实现多端同源和一体化运维等，实现信息和服务的高效协同。

（三）依托功能集约以及一体化服务，增强集约化平台利用率

随着政府门户网站集约化建设的不断演进，政府门户网站逐渐依托集约化“自上而下”地为外部用户（如个人用户、企业用户）构建起统一的身份认证、统一的互动交流等服务，实现身份管理、信息发布、在线交互等功能的集约，为企业群众“记录一生、管理一生、服务一生”奠定坚实基础。有些地区的政府门户网站集约化平台，借助统一的智能检索、智能客服等，为用户提供“一网通查、一网通答”的一体化服务；也有些地区的政府门户网站集约化平台借助统一的应用开放生态，聚合第三方平台的创新服务以及其他业务平台的政务应用服务，让公众享受更加丰富、便捷、高效的“一站式”服务。

此外，对于政府内部用户而言，政府门户网站集约化平台构建起统一的门户网站群集约管理，为信息采集、创建、传递、发布、共享等进行“一体化”赋能，彻底解决对内与对外、本地与异地、多部门与多网站间的内容整合问题，构建起统一的集约化安全监测预警服务以及统一的网站集约化监测服务。政府门户网站实现统一的事前监测、提前预警、安全趋势分析等服务，为网站的安全运维提供“一体化”服务，为政府网站信息发布、互动交流、便民服务水平等保驾护航。这样一来，既从栏目、功能、内容等方面对政府网站进行统一的精进提升，也从内容保障、安全防护等方面全面提升政府门户网站的权威性和影响力。

（四）借助数据集约以及智能化服务，提高集约化服务黏性

纵观各地区的政府门户网站集约化建设，发现有些地区的集约化平台依托统一的信

息资源库，将文件资料库、互动交流平台、问答知识库等数据资源进行统一的管理、整合，实现不同平台或不同信息资源库的互联互通，不仅实现全平台、跨平台的政务数据统一检索、关联，也能快速、精准地搜索到用户所需的信息与服务，实现“搜索即服务”；也实现了对“信息孤岛”“数据烟囱”的破除，为政府网站向用户提供各种创新服务进行数据支撑。

比如，有些地区的政府门户网站集约化平台将统一的政务数据挖掘和统一的智能检索进行融合创新，既能将各平台的高频政务搜索关键词进行收集、整合，建立起“百姓体”词库，借助语义智能处理，进行政府官方语言与企业群众通俗语言的智能翻译，也能根据不同关键词与政府业务之间的匹配关联，智能推荐场景化服务。

而且，有些地区的政府门户网站依托集约化平台可以通过网站访问数据和运维数据，借助统一的大数据分析和量化评价，不但实现了统一的用户行为分析，也能进一步研判用户的潜在需求，主动为用户“标签化”智能推送政务信息或场景化服务，政府网站变得更懂用户，用户也可以更快、更便捷地找到所需的信息或服务；借助对集约化平台中各类栏目或服务等使用情况的研究分析，既实现动态感知政府门户网站的服务能力变化，也为提升政府门户网站服务能力和延长政府门户网站集约化平台的服务链提供可靠的数据支撑，比如网站能根据用户热点分析主动将高频服务展现首页，减少用户点击查询次数，化被动检索服务为主动推送服务。

二、政府门户网站集约化建设的未来趋势思考

在未来的数字政府建设过程中，伴随新兴信息技术的发展应用，政府门户网站集约化建设将会出现新的挑战，挑战主要集中在内容形态、交互方式、服务对象、数据资源、算法歧视等方面。

在内容形态方面：主流内容供给已经从图文转向视频，如何使直播、短视频基于集约化平台更容易操作，更富有生产力？

在交互方式方面：刷脸、指纹、声音等生物识别模式改变了单纯以鼠标、键盘为介质的交互模式，如何使刷脸、指纹、声音等更好地与用户体验融合？

在适老化服务模式方面：老年人服务模式是不是只需要将文字变大？集约化平台如何整体规划老年群体的在线服务需求？

在数据资源方面：集约化平台如何整体规划数据共享、开放、隐私安全保障等？

在算法歧视方面：随着集约化程度的加深，数据沉淀将越来越丰富，集约化平台的

服务创新能力越强，针对用户可能产生的事实性歧视会不会出现无法避免的情况？如何更好地规范算法？

针对未来的网站集约化建设可能会出现的问题，政府门户网站集约化建设可以做出以下改变：

（一）在内容形态方面，需要完成从“文字语言”到“视频语言”的切换

内容传播渠道的革新与变化正在反作用于内容形态的创新，政务新媒体的创新发展，正在不断改变用户消费数字内容的偏好与习惯，以碎片化、剪辑化、互动化为主要特点的视频内容，改变用户对新闻、现象、观点等的理解能力与表达方式。而从当前政府门户网站集约化建设现状来看，图文内容依然是主流，程式化、缺乏创新的动画解读内容也只是少数。

因此，面临新的用户需求与传播模式，推动政务平台的内容建设从“文字语言”转向“视频语言”应该引起足够重视。作为两种不同的“语言”，集约化平台建设已不能只是路径依赖通过内容的集约，为前端视频的输出提供文案、脚本及素材，而是需要从生产机制、制作模式、传播规律、推广通道等方面，从根本上塑造新内容时代的政府门户网站集约化平台内容影响力、吸引力与传播力。围绕快速变化的社会发展形势，针对疫情、政策、城市品牌、社会事件等，联合政务新媒体及社会化创意组织，批量化打造知识科普型、政策解读型、品牌传播型、深度报道型等视频内容，由此转变政府与公众的沟通语言与沟通方式。

（二）在交互方式方面，关注“虚拟现实”向“虚拟即现实”的转变

数字化时代，我们与机器的互动，从敲键盘、移动鼠标一步一步跨向手指点击或滑动屏幕、开口对话、抬头、眨眼等身体动作。随着5G、AR、大数据、云计算、人工智能等技术与生物识别技术的结合，公众的身份认证需求升级，越来越需要更高安全性、便捷性的身份认证方式，政府门户网站集约化也应当具备统一的智能交互服务支撑，实现刷脸、指纹、声音等多种生物识别的结合使用，尽可能多地满足所有场景的需要，让不同人群无论是在电脑端，还是在移动端都能极尽简单地“上网”，或者在智能问答机器人中提供语音问答服务或者语音识别服务，尽可能多地让用户享受到“数字时代”的红利。

随着以网络空间以及众多硬件设备和用户自愿的现实条件，以及由多类型建设者共同构建的极致开放、复杂的超大型数字应用生态——“元宇宙”的出现，在虚拟现实

（VR）、增强现实（AR）以及智能自助服务设备等不断涌现在政务领域，政府门户网站集约化的建设模式、服务方式与运营模式的不断革新，亟须关注从“虚拟现实”到“虚拟即现实”的转变，更精准、更安全、更有温度地为公众提供服务。

（三）在适老化服务方面，将老年群体作为数字服务产品的重要用户

随着信息化技术的发展，越来越多的“银发网民”开始使用互联网来实现自己对于各种各样的信息的需求，比如在政务新闻和公共服务等领域。近年来，各地政府网站、政务服务网都在进行适老化改造，但更多的是体现在页面字体的放大或排版模式的改变，对于很多细节方面的适老化改造或者无障碍服务还不是那么地完善。新技术赋能下的适老化改造，虽有优化服务体验，但也不能忽略用户间存在的学习和接受互联网应用的能力差异，需要极尽可能地贴近用户，尽可能地多为用户消除办事困扰。

在未来的政府门户网站集约化平台建设过程中，可以考虑将用户群体进行细致分类，比如可以将用户分为低视力用户群体、读屏用户群体。这样就可以从不同分类的用户需求出发，从读屏需求、视觉识别需求等出发，整体规划统一的适老化服务或无障碍服务，甚至可以将生物识别或手势识别等智能技术与适老化服务或者无障碍服务结合，提高政府门户网站的“可读性”，甚至实现手势操控浏览网站，提交办事申请等，提高政府门户网站的“可操作性”。

（四）在数据集约方面，创新多场景数据应用，强化安全防护

数据资源不仅仅局限于政府数据共享开放共享，而且在遵循自愿、授权的原则下，持续统一规范管理数据收集、加工、存储和传递，提高对政务信息、公众隐私等信息资源的安全防控。未来政府门户网站集约化，可以构建起统一的数据安全防控监测，当监测到发生或者可能发生数据泄露、毁损、丢失、篡改等数据安全的情况时，及时启动预警告知、分析定位、应急恢复等服务，实施统一的数据保障服务，避免出现过度收集个人信息、非法使用数据或加工数据等情况。并且依托集约化平台，可以利用大数据分析的技术，基于不同的业务场景提供如集约化运行监测分析、服务能力分析等服务，为政府网站建设提供精准全面的大数据量化分析服务。

完善数据归集或应用的各项管理规则，通过实现数据的流通、共享、融合、应用，利用数据为办事群众提供更多服务，构建数据资源上的良性供需关系，比如将各部门、单位在政府网站的政策信息、政策解读信息通过统一的解析、匹配，借由集约化平台统一为企业、公众等按需推送最新政策信息。

（五）在算法管理方面，建立对政务平台算法的全周期管理机制

随着算法技术、政务数据、用户数据的沉淀加深，政府门户网站的服务创新能力也越来越强，可以及时为用户推送政策福利、就业补贴等信息。但是在大数据时代，人们会有越来越多的利益分配和大数据直接相关，在集约化平台使用算法模型为用户服务的过程中会不会出现算法歧视呢？毕竟，谁都不想被大数据判定为“不符合给予奖励条件”或者“违法者”。

“算法黑箱”的非透明性导致歧视行为较为隐蔽、难以察觉，未来政府门户网站集约化的建设，可以统一规划对算法的数据使用、应用场景、影响效果等开展日常监测工作，统一管理、感知算法应用带来的网络传播趋势、市场规则变化、网民行为等信息，实现及时预警算法应用可能产生的不规范、不公平、不公正等隐患，规范算法公平与安全问题。

综合政府网站发展趋势与数字化演进态势，从更长的时间周期来看，“集约化”只是政府网站建设的手段与措施，而“极约化”才是目标与未来。所谓“极约化”包括四个方面：

一是“极限”。在日趋成熟的数字政府运营领域，依靠程式化、模板化的内容制作与服务推广模式已无法被用户关注，只有聚焦热点、对标行业动向以及流行传播风格，进行极限化创新才可能脱颖而出。比如，可以利用有限的数据，将图文内容转为视频，使政务信息、政策解读等基于集约化平台更容易被读懂。

二是“极速”。5G时代的用户对服务响应速度的要求将进一步提升，对政府部门通过内容、服务来回应社会关切与群众所需的期待也越来越迫切。因此，无论从平台的服务输出速度还是政府侧的回应速度都将要求“极速化”响应；比如，借助5G消息将政务消息转向多媒体化、轻量化，构建起政务信息“供给方与需求方”的交互渠道，实现“消息即平台、消息即服务”。

三是“极致”。随着用户群体的覆盖广度与数字服务应用深度的快速提升，对数字化服务从视觉、设计、交互、交付等方面的体验要求越来越高。甚至可以说，没有“极致化”的产品体验，就没有极致化的服务口碑。比如，借助集约化平台可以全渠道全场景监测量化客户体验，用数据指导数据化运营，提前一步将用户“应该做的”变成政府网站的“功能或服务”，不断减少用户预期之内的操作。

四是“极度”。由于集约化建设推动政府网站从内容、服务、数据的海量化升级，

从用户侧而言，要快速获取目标服务则需要极度精准的个性化推送、定制等功能辅助，对不同身份、不同年龄以及不同场景的用户进行“极度”细分。比如，根据用户的访问习惯主动为用户按照使用习惯适配全网站的无障碍服务或适应化服务，无需点击“模式切换”按钮，即可让不同用户享受到“开屏即阅读”的便捷服务。又或者在用户登录、注册账号等环节，创新验证方式，提供手势识别、动作识别等多种可选的验证方式，让验证环节更加简便。让不同用户都能享受到有温度的数字化服务，必然是未来政府门户网站的发展方向。

第四篇

政务服务多端一体化研究与实践

探究移动政务“跨省通办”的实现路径

大汉软件总裁　金震宇

近年来，随着新型城镇化的发展，人们工作生活的节奏和需求快速变化，市场资源优化配置的深度和广度不断拓展，人才流动也呈现高频化，公众和企业对“跨省办事”需求日趋旺盛，越来越多的移动政务服务平台开始上线跨省通办服务专区，汇聚各端不同的应用服务，不断拓宽跨省通办和跨地区通办的线上服务渠道。

但是，移动政务跨省通办和跨端应用汇聚不仅在政府部门间协同上有难度，在技术实现上也无法像链接调用那样简单，用户甚至需要下载多个移动端并在“端”之间来回跳转，这种种不方便、不友好的切换、跳转，实则为用户平添烦恼。

一、移动政务跨省通办的现状

（一）跨省通办“生态圈”不断扩大

近年来，全国多地已陆续启动跨省通办工作，并且也取得了很多亮眼的成果，随着跨省通办工作的深入，跨省通办“生态圈”也在不断扩大，出现线上“网办”“移动办”和线下“代收代办”的服务新模式。比如，在省级层面，河北、黑龙江、福建、江西等 11 个省区开展对接合作，通过签订政务服务跨省通办合作协议、建立相应的工作机制，以推进跨省通办。

同时，随着河北、内蒙古、山东、湖北、广东、贵州、云南、陕西、甘肃、青海 10 省（区）153 个地区政务服务管理部门的加盟“云上办”政务服务跨省通办合作，跨省通办联盟至此已覆盖至全国 14 个省（区）34 个州（市）136 个县（市、区）和开发区。诸多地市也都在尝试持续扩大自己的跨省通办“生态圈”。以江西赣州为例，赣州市目前已与福建省、湖南省、广东省等地部分城市实现了政务服务跨省通办。比如，京津经开区通过签署《北京、天津经开区推进政务服务“跨省通办”授权协议》，推动国家级经开区之间实现政务服务跨省通办。

（二）“跨省通办”逐渐向移动端延伸

目前，各地都有发布与跨省通办相关的工作方案，推动跨省通办向政务服务移动端延伸，“跨省通办”“掌办事项”“指尖办”等作为关键词频频出现。我们可以看到内蒙古、吉林、上海、江西等多地都有在移动政务服务平台中开设“跨省通办服务专区”，针对性推出跨省通办政务服务，让用户可以随时随地查看与跨省通办服务相关的办事指南，也可以在线发起申请，体验到“跨省通办”服务的“马上办、网上办、指尖办”。

比如，在赣州与东莞的跨省通办合作中，赣州、东莞两地的企业、公众可在“赣服通”赣州分厅办理76项通办事项；在广东省佛山与北京市海淀区的跨省通办合作中，办事群众可选择下载“佛山通”App、“海淀通”App，办事者使用“海淀通”可线上办理佛山市相关的通办事项，使用“佛山通”也可线上办理海淀区的相关通办事项。以下我们摘录国家以及部分地区“跨省通办”实施方案中对移动端的要求。（表1）

表1　国家及部分地区“跨省通办”实施方案摘选

	工作方案	对于移动端的要求
国家	国务院办公厅关于加快推进政务服务“跨省通办”的指导意见	加强全国一体化政务服务平台移动端建设和应用。推动“跨省通办”事项“掌上办”“指尖办”。
天津	天津市加快推进政务服务“跨省通办”工作方案	加强“津心办”应用程序（App）建设和应用，推动天津网上办事大厅已接入的“跨省通办”事项“掌上办”“指尖办”。
河北	河北省推进政务服务“跨省通办”工作方案	丰富办理渠道，推进事项向移动端、自助端延伸，提供多端受理、随处可办的政务服务。
吉林	吉林省民政厅加快推进政务服务“跨省通办”工作实施方案	按照《全国一体化政务服务平台“跨省通办”服务专区建设规范》，在“吉事办”计算机端和移动端建立“全国一体化政务服务平台吉林省政务服务‘跨省通办’服务专区”。
江苏	关于加快推进政务服务“省内通办”“跨省通办”的实施方案	（1）推动“省内通办”“跨省通办”向政务服务移动端延伸，不断增加办理事项，再造服务流程，提升移动服务办事深度和广度。 （2）升级江苏政务服务移动端，实现高频服务事项“掌上办”“指尖办”，并向国家政务服务平台汇聚。

续表

	工作方案	对于移动端的要求
安徽	安徽省加快推进政务服务“跨省通办”工作方案	2020年年底前，在“皖事通办”门户上线“跨省通办”专区，作为安徽“跨省通办”服务入口，并与国家一体化政务服务平台“跨省通办”专区互联互通。 2021年，不断丰富专区服务内容，加强“皖事通”App建设和应用。推动“跨省通办”事项“掌上办”“指尖办”。
福建	福建省加快推进政务服务“跨省通办”“省内通办”实施方案	根据全国一体化政务服务平台相关规范，在省网上办事大厅、闽政通等政务服务平台设立“跨省通办”“省内通办”专区，作为全省“跨省通办”“省内通办”服务入口，建立个人和企业专属空间，精准推送“跨省通办”“省内通办”服务。
贵州	贵州省加快推进政务服务“跨省通办”工作方案	加强移动墙建设应用，推动更多“跨省通办”事项“掌上办”“指尖办”。
云南	云南省加快推进政务服务“跨省通办”实施方案	进一步扩充“一部手机办事通”事项上线数量，提升应用效果。加快推动“跨省通办”事项“掌上办”。

（三）当前移动政务跨省通办的实现模式

在各级政务服务移动端中，“跨省通办”主要有三种模式：

（1）直接办理：在政务服务 App 中可直接点击办理相关的跨省服务事项；比如，有些地区会自行建设跨省通办服务专区，汇总提供跨省通办的事项清单，以及一些全程网办服务。

（2）跳转其他地区的移动端办理页面：在点击跨省通办事项的在线办理后，后续会指向下载相关政务服务 App，并跳转至相关政务服务 App 办理；比如，当登录 A 地区政务服务 App 办理 B 地区的某些事项时，会跳转要求下载 B 地区的政务服务 App，点击后会跳出 A 地区的政务服务 App 而切换至 B 地区政务服务 App 办理页面进行后续操作。

（3）跳转 PC 端办理：当我们通过进入一个省级政务服务 App 的跨省通办专区后，发现平台并未弹出相关的服务内容，而是直接跳转到网页版跨省通办专区，并且网页版的信息和服务列表与手机屏幕极不匹配，体验非常不好。也有部分地区移动端跨省通办服务专区中很多个人服务、法人服务内容都是跳转至其他地区的 PC 网站的链接，并友情告知用户需要再到 PC 端进行查询、提交材料、申报等后续操作。（图 1）

图 1　某省政务服务 App 跨省通办专区的事项详情页

二、移动政务跨省通办和跨端应用汇聚的难点

当前，移动端政务服务跨省通办在探索和实践过程中，仍然会遇到一些较为棘手的问题，比如：

（一）移动端用户体系不通，仍需注册多个政务服务 App 账号

基于全国一体化在线政务服务平台的统一身份认证、统一用户服务等支撑，在 PC 端的政务服务平台中各地已经实现使用国家政务服务平台账号登录，满足用户一次注册、单点登录的需求。但现实情况是，我们如果从一个省的应用去另一个省的应用办事，必须重新注册另一个省的用户，因为省级用户体系没有实现互认。比如，一个“浙里办”App 的用户想要办理吉林本地的业务时，还需要重新注册吉林地区的政务服务 App 账号，无法直接使用“浙里办”的账号进行注册登录。这样也就意味着，当用户想

要办理多个跨省通办业务时，需要重复注册与登录 N 个省的移动端政务服务 App 账号，才能继续在各个地区办事。

（二）移动端架构底层不通，应用建设缺乏规范

通过分析我国各级政务服务移动端应用建设模式，可以发现我国的省级政务服务 App 存在因各自分散建设造成底层技术架构、应用标准规范等不统一的情况。比如浙江“浙里办”“爱山东”“随申办”等，它们之间的底层架构并不一样，这样就导致浙江的用户如需使用山东的跨省通办服务，就很可能会因为标准不一、应用无法互调、数据难以打通等而遭遇线上“梗阻”的局面，难以完成线上的“跨省”办事。

而且，当前有些省份统一建设政务服务移动端，其下辖地市不再单独建设政务服务移动端；也有些省份则是采取分建模式，既建设省级政务服务移动端，也有地市根据自身实际情况，分别建设地市级政务服务移动端。但无论是统建还是分建模式下的政务服务移动端，其顶层设计并没有统一规范和技术标准。有些地区的政务服务移动端在开发建设过程中，虽然制定了开发标准、UI 规范，但是服务应用汇聚缺乏标准，经常由于某些地市或厅局的服务应用故障，造成整个移动端的故障或应用崩溃。

（三）“跨省通办”尚困于“链接互通”而止于“数据互通”，跨端应用无法互认互调

从目前各大主流移动政务服务平台的跨省通办服务来看，不少地区的移动端跨省通办并未实现真正意义上的“通办”，而是困于表面上的“链接互通”，止于本质上的“数据互通”。对于办事用户而言，这相当于将他们指向了“一道没有钥匙的门”。

从移动端跨省通办服务的办理深度来看，有些地区可以在移动端查看办事指南，也可以点击“在线办理”，甚至可以实现“跨屏”跳转。但是，有部分办事服务在移动端点击办理后，虽可以跳转到另一个政务服务 App，但并不能直接进入业务办理流程，而是弹出网页版的其他业务系统或平台的登录界面，用户需要再次登录。而且，某些查询服务也无法自动匹配相关数据，仍需要用户手动选择所属地。

（四）跨省通办服务查找不便，用户体验较差

通过实际体验政务服务移动端的跨省通办服务时可发现，有些地区的跨省通办事项，仅仅是以类似列表的形式展现，而且在分类方面也较为简单，有按照主题分类的，也有按照部门分类的，很难快速查找到所需的跨省通办服务。所谓“跨省通办”也就

是实现了一个类似“hao123”的网址导航目录罢了。林林总总的服务、应用简单地堆砌在一起，很容易让用户眼花缭乱、不知所措，甚至无法激发用户的使用欲望。

（五）移动政务“跨端”技术仍然是实现“跨省通办”的主要障碍

由于移动政务服务 App 在技术与体验方面的特殊性，独立 App 之间的服务只能通过 App 切换并跳转的模式，这有别于 PC 端网页 URL 地址之间的“链接”模式，而独立 App 与 PC 端的互相调用又涉及 PC 页面对移动端的适配问题。

比如，一位在山东工作的用户开始“沪漂”，想要把山东的社保、医保等转到上海来，那么他可能需要登录“爱山东”办理，然后再跳转下载一个上海的 App 来在线办理社保、医保的转移，无形中将增加用户的使用成本，并直接影响用户的办事体验。

因此，尽管当前特别是通过移动端实现政务服务跨省通办减少跨地区线下奔波的需求越来越迫切，但是无奈由于“跨端”的技术难点，使得大部分跨省通办仍存在办事体验的割裂感与落差感。

三、移动政务服务“跨省漫游、无感切换”的实现路径

针对移动端跨省通办的难点和问题，我们认为未来实现移动政务服务“跨省漫游、无感切换”，需要建立一个“跨应用”技术标准，实现跨省用户体系互认互通，并支持“跨端”应用横向漫游和纵向漫游，加强跨地区的应用标准和数据标准建设，实现真正意义的服务互通。具体实现路径如下：

（一）实现用户体系跨省互认互通

建立省际通办用户体系互认标准，同时与国家平台用户体系打通，完成用户跨省、跨地域的跨端一体化融合，让用户在任何平台注册和登录一次便可以实现省际漫游和跨地域漫游，为无感跨省通办打下基础。

（二）解决横向漫游——实现“跨省通办”的应用“跨端”

从横向角度来看，通过建立“跨应用”技术标准可以实现各省、各市、各厅局部门应用的独立开发、独立运行并支持互相调用，“跨端”的应用不必下载其他 App，也就是说跨省通办业务可以支持在任何一个政府的端内运行，同时方便地完成政务服务 App 与支付宝小程序、微信小程序、百度小程序、快应用等第三方移动应用的多端一体

化，实现应用横向漫游，无缝地“跨端”运行。

（三）解决垂直漫游——移动端应用向上汇聚

从垂直的角度来看，各省的政务服务 App 都在持续迭代升级，不断地推出新的服务功能，不断地将政务服务向基层延伸。未来，将会有越来越多的跨地区、跨部门、跨层级的跨省通办服务，这也将需要实现市级、委办局应用向省级汇聚，或省级的应用向国家平台汇聚，发挥省级平台与国家平台在跨省通办领域的“超级入口”作用。通过“跨应用”技术标准，本质上可以规避自身应用开发后，还需要按照上一级政府的标准重复开发，并且取消应用上报，取而代之的是依据“跨应用”技术标准的自动汇聚。本质上应用还是由各自提供服务，其他各个平台也仅需要通过“跨应用”技术标准就能实现应用之间的互认互调，无需再次开发，便可以直接跨端调用。同时还很好地解决了向上一级平台上报应用时，因原应用迭代造成的不能及时同步更新的问题，完美实现国家平台、省、市、区县各级应用汇聚，实现垂直无感漫游。

（四）加强应用规范建设并支持统一监管

随着移动政务跨省通办与跨端应用汇聚的推进，也需要建立统一的应用标准，包括：规范应用接入流程、对接模式、接入安全、数据规范等。将不同部门、不同标准的应用和服务功能进行整合聚合，形成统一管理、统一规范的服务入口，以便被多渠道、跨端调用。同时实现数据和服务跨端调用的多维度运行监测，将政务服务移动端的跨省通办纳入统一的监督管理，为公众提供更加便利的“异地受理、无差别办理”服务。

（五）强化跨省通办数据标准建设，建立高效的数据共享互信

“跨省通办”中较为关键的一环是“数据通”，通过明确跨省通办中的政务服务数据共享调度，运用大数据、人工智能、区块链等技术推动“跨端”电子证照互认共享、电子印章互认互信。在允许的范围内，为各级政府部门提供可信、可靠、可用的数据共享服务，满足“跨省通办”数据需求，打通跨省服务的数据链条，比如面向各级政府部门提供跨区域查询和在线核验等。也可以对共享的政务服务数据进行运行监测，以保障电子证照、用户信息、电子签章等信息的及时性、准确性和安全性。借助数据、电子证照等共享，在“跨省通办”中打造更加完善的个人或企业专属空间，以提升用户“跨省”办事的便捷性。

（六）基于“跨应用”技术标准，构建和培育移动政务服务的生态体系

无论是省级还是市级政务服务 App，它们都承载了很多的城市服务功能，面向企业公众提供统一的服务。有了“跨应用”技术标准，更加有助于将移动政务服务应用的开发和运营权限交给各个应用单位，大家专注做好自身的应用，并提供给第三方共享调用，减少应用的重复开发，保障政务服务移动端的一致性。

移动政务跨省通办对政务服务未来发展提出了新的挑战——当我们通过平台连接用户与服务时，如何避免数字化创新价值被跨区域、跨部门与跨层级的数据梗阻所消解？如何跨越行政区域的政务服务交付模式从基于 URL 链接的“跨屏”浅层次服务走向基于统一技术标准体系的“跨应用”深度服务？迅速建立“跨应用”技术标准，以实现政务移动应用服务的“纵向漫游”“横向漫游”和“自动汇聚”，不仅是解决“孤岛化”移动政务跨省通办现状的重要抓手与有效手段，而且也是我国构建整体政府格局的创新方向与关键举措。

数智赋能，协同发展
江西群众的掌中宝“赣服通”是怎么打造的？

江西省政务服务管理办公室　江西省信息中心

从2018年11月至2021年5月，短短三年多的时间，“赣服通”完成了从平台上线到市县的全覆盖，完成了从1.0至4.0版的迭代升级，实现了提供社保、公积金、公安户政等常见政务服务。现如今，“赣服通”已成为江西人智能手机的软件标配与不可或缺的掌中宝。同时，获得了国家层面数次肯定、国内主流媒体多次报道，得到了广大用户和社会各界的广泛认可。

目前，“赣服通”实名用户累计总数为4300万，各类应用访问累计次数达38亿余次，非税缴费金额180余亿元，非税缴费笔数2600余万笔，平均日活超100万人次。“赣服通”让群众到政府部门办事像“网购”一样方便，真正做到“手机一开、说办就办”，不断增强群众的获得感和幸福感，进一步提升政府政务服务治理水平。(图1)

图1　赣服通App首页截图

一、暖心爽心，让“赣服通”成为用户办事的“小助手”

秉承应上尽上的原则，提升平台服务完备度。截至目前，“赣服通”接入各类便民利企应用5万余项，涉及企业投资、社会保障、住房公积金、医疗健康、公安户政、出入境、税务等一系列查询类和办理类事项；并且上线包括身份证电子凭证、驾驶证电子凭证、行驶证电子凭证等270余种电子证照，“赣服通”平台去重事项数、电子证照完备度、服务覆盖广度稳居全国同类平台前列。

打造用户专属空间，提升服务个性化和消息推送效率。“赣服通”个人专属空间汇聚社保、公积金、信用、个税等部门服务，打破部门壁垒，打造在线数字生活服务中心，实现相关服务直接办理、增值服务主动推送。同时为每个企业用户创建企业专属空间，支持个人一键关联企业、企业法人多级授权、满足代办业务场景。基于企业画像，联通企业管理提供企业办事贴心提醒、企业动态实时监控、企业信息统一管理、惠企政策主动推送等功能。

深入推进多领域的跨界融合，提升服务应变型和整合度。深化电子证照应用场景，着力打造“企业服务专区”“金融服务专区”“部门服务专区”，推进“一件事”掌上办理服务，实现跨业务的应用融合、跨领域的业务融合、跨地区的服务融合，提升线上线下一体化服务能力，覆盖企业群众生活的方方面面，助力“赣服通”成为推进“五型”政府建设、“四最”营商环境的江西改革品牌。

应用互动，解决平台用户投诉建议需求。赣服通平台在每个应用的详情页面都增加“咨询”“监督反馈”“评价”三个主入口。用户点击咨询或监督反馈后，应用的相关信息会自动推送给后台，后台将采用智能机器人客服在线回答与人工客服的方式受理用户问答。打开应用，然后点击关闭或返回时，页面将以弹窗的形式展示“评价”界面，邀请用户对应用进行多维度评价与评分，包括页面响应速度、办事流程、办事速度等。（图2）

图 2　赣服通 App“找服务”页面截图

二、技术引领，让“赣服通”成为用户身边的“小赣事”

引进云计算、大数据等技术，提升服务精准度。“赣服通”基于数据中台的用户行为数据分析、服务关系网络模型，更精准地推送相关服务，以“数据驱动服务”的方式，将有感的政务服务以“无感”的形式提供使用。通过构建个人与企业用户画像，建立了服务关系图谱，智能匹配高频优质服务，实现个性化智能推荐服务，实现从“人找服务”到“服务找人”和“被动服务”到“主动服务”的办事体验。

引进 AI 人工智能等技术，提升客服完善度。“赣服通”平台通过引进“智能客服”“智能导服”等技术能力，打造江西政务服务智能客服“小赣事”，为用户提供智能问答互动服务，完善了平台客服功能。(图 3) 基于 AI 智能算法主动识别用户可能关心的问题，实现常见问答智能推送；融合自然语言理解、大数据分析等技术，自动识别用户意图，在线解答常见问题；联通“江西 12345”政务服务热线，疑难问题一键转接人工，打造群众身边最有温度的问题处理专家，提升平台回应及时性，让用户投诉建议整体流程更加精简便捷，营造了人机交互、沉浸式办事体验，助力“赣服通”成为“有温度”的移动政务服务平台。

图 3　赣服通 App“小赣事”页面截图

三、创新模式，让“赣服通”成为用户生活的“小秘书”

精简业务流程，提升服务办理效果。全面推行证照等政务数据共享使用，整合再造业务流程，推动审批服务掌上申请、审批进度掌上查询、审批结果掌上推送，提升服务办理流畅度。目前，建筑工程、交通运输、户政交管、农林牧渔、卫生医疗、市场监管等领域 100 余个事项可以通过“赣服通”实现不见面审批。推行“区块链+无证通办”，经过用户刷脸认证，系统即可调取证照等相关数据，自动生成办事材料，减少服务办理时间。目前，户政、交管、卫健、医疗、社保等行业近百项全省性服务可实现“无证办”。

创新运营模式，驱动服务成效和用户体验提升。“赣服通”坚持以用户为中心，持续为企业群众提供优质服务。“赣服通”参照先进省份经验，以互联网产品运营思维，构建一体化运营机制，持续推进政务服务从“可办”向“易办”“好办”升级、达到全省通办。运营体系为“赣服通”持续不断注入新的活力，提升服务成效，覆盖更多用户。

四、安全至上，让“赣服通”成为用户数据的“小管家”

“赣服通”引进区块链创新技术，部署全国首个全省统一的“区块链+政务服务”基础平台。借助区块链技术的多方共识、数据加密、不可篡改等特性，实现首批电子证照上链运行，确保证照授权、用证记录全过程可信任、可追溯。通过“区块链+可信数据授权”模式，所有涉及用户隐私信息的服务通过授权页面明确告知需要用户授权的内容，经过用户同意授权后方可调用相关数据，所有授权记录上链，支持随时随地可查询，做到用户知情所有数据使用。

实践无止境，创新不停歇。2022 年 11 月 16 日，全新升级的“赣服通”5.0 版已经上线，“赣服通”5.0 版创新引入新兴技术，整合共享数据资源，以开放共建的模式拓展数据智能应用场景，实现架构再升级、功能再升级、服务再升级、安全再升级，促进数字政务与数字政府、数字经济、数字社会协调发展，助力江西省全力建设全国政务服务满意度一等省份。

企业群众更爱用，“爱山东”绘就政务服务幸福底色

山东省大数据中心

高频业务“掌上办”，办事服务“掌上查”，电子证件“随身带”……越来越多的民生事项实现快速办、省心办，越来越贴心的“无证明”让幸福不断升级，企业群众生产生活，更加具有幸福感、获得感。“爱山东”政务服务平台（以下简称“爱山东”），在生活中扮演着越来越重要的角色。

2019 年，“爱山东”正式上线。（图 1）作为山东省数字政府建设的重要载体，“爱山东”在全国率先搭建起省市县一体化的“1+16+N”建设运营体系，提供 24 小时不打烊服务。三年多来，“爱山东”在政务服务的路上不断探索升级，逐步成为山东人手机里的标配软件和“百宝箱”。

图 1　爱山东 App 首页截图

一、数字赋能生活点滴 智慧民生更有温度

大数据是推动社会发展，实现人民美好生活向往的重要工具。乘着大数据的春风，“爱山东”正朝着日益细微、多元、充盈的方向发展。

同时，以惠民、利民为落脚点，为人民生活安康托底，绘就民生百事幸福底色。民生无小事，“爱山东”守护山东人的“小确幸”。让“数据流动”代替“群众跑腿”，智慧服务“一网通办”。办事不请假、不跑腿，线上一站式办理，这样的幸福体验，在“爱山东”上每天都在发生。老百姓都诉求就是“爱山东”的追求，“爱山东”正在生活的细小处托举起我们的幸福生活。

教育是民生之基，承载着千万家庭的希望。针对学生群体，“爱山东”上线教育专区，义务教育入学报名、入学缴费，中高考成绩、录取查询早已不在话下……2022 年义务教育报名阶段，有 1100 余万家长使用“爱山东”进行义务教育入学报名及结果查询，义务教育入学报名开启掌上报名新体验。家长带着各种材料去排队的景象已成为历史，注册登录“爱山东”政务服务平台即可实现“零跑腿”“网上办”。9 月，“爱山东”上线儿童疫苗预约功能，接种信息、入学查验、电子接种证等一系列服务都在“爱山东”上实现了整合。新生儿降生后，父母可足不出户为宝宝办理出生医学证明，一部手机指尖轻松办理。

追求速度不忘温度，“爱山东”让“银发族”搭上适老化“幸福快车”。“爱山东”积极推进政务服务适老化改造，在 2022 年 7 月上线的 3.0 版本中，将原有“老年专区”升级优化，实现一键切换“老年模式”。该版本更加关注老年群体的需求和使用习惯，让老年人能用、会用、敢用、想用数字化应用，轻松搭上“数字快车”。

有“爱”方能无“碍”，“爱山东”用关怀和温情填平“数字鸿沟”。“我家老大出生的时候，这些手续还需要去窗口办，跑了好几个地方才办好，现在线上办理真是太省事儿了!”李女士说。不久前，在省妇幼保健院，济南市民李女士通过“爱山东”在线提交相关资料，不到 10 分钟就完成了新生儿出生医学证明和落户的办理。

近年来，“爱山东”围绕群众办事痛点、堵点、难点，积极落实大数据创新应用突破行动，持续推进高频服务接入、不断优化用户体验，创造了全国多项“首个”。全国首个省级移动端救助平台“山东社会大救助”，实现 7 个救助职能部门 18 个救助事项的“一门受理、协同办理”；全国首个省级老年人电子优待证，实现 60 周岁（含 60 周岁）以上老年人免证件享受免费乘坐城市公交等六项优待政策。值得一提的是，“爱山东”的不动产登记“一网通办”业务，关联全省 137 个县（市、区）、190 个登记大厅，实现群众办理房产证“最多跑一次”，办件数量超过 50 万次。

从婚育到入学、从就业到安居、从医疗到养老……通过大数据与政务服务的深度融合，“爱山东”逐渐搭建起全生命周期的一站式服务。（图 2）数字新生活，重在全民齐畅享，“爱山东”织密覆盖山东的数据网，真正实现民有所需、“数”有所为，让“烦心事”逐渐转变为“舒心事”。

图 2　“爱山东”App 服务页面截图

二、筑牢数字政务根基 营商环境再添动能

从生产到生活、从制造到服务、从工业到金融商贸，商业生态正悄然发生改变。站在数字之巅，凝望整个世界，蓦然发现，这一切的改变已经到来，大数据的开发和利用，正源源不断地释放着数据红利。

2022 年 9 月，家住济南市的杨先生准备开办一家企业，得知现在通过“爱山东”App，即可在一日内完成企业申报的全过程，感到十分惊讶。“太方便了，目前，通过‘爱山东’很快就能拿到营业执照，还免费快递到家，现在政务服务真给力。”杨先生签收快递时忍不住赞叹！

本着“优化营商环境，赋能山东经济发展”的理念，“爱山东”持续以“便民利企”为出发点和着力点，持续优化再造政务服务，不断探索升级，提高企业开办的便利度。“爱山东”集成企业全周期高频事项：企业开办、准营运营、投资建设、变更退出，以大数据驱动极简办、全域办、不见面审批，巩固“放管服”改革成果，为市场主体发展再添动力。“爱山东”App中的“企业开办一窗通”服务，一次登录、一网通办、一个环节、一日办结，当天即可申领营业执照。（图3）

图3　“爱山东”App互动页面截图

良好的营商环境是企业蓬勃发展的“助推器”，也是吸引企业入驻山东发展的引金石。“爱山东”响应“企有所诉，我必有应”的号召，全面践行持续深入优化营商环境的创新机制，接通线上“接诉即办”平台，切实帮助企业解决政策咨询、服务求助、意见建议等诉求，以快捷高效的智慧政务服务为企业发展提质增效，激发经济发展新活力。

基于个人和企业对政务服务个性化、定制化、精细化的需求，“爱山东”借助大数据和云计算推出“政策直通车”服务，精准推送惠企利民政策并进行多层次解读，实现从“人找政策”到“政策找人”的本质性转变，释放政策最大红利。截至 2022 年 7 月，“政策直通车”已累计发布政策 6.7 万条，累计匹配政策 1.26 亿次。

数据激起的波澜，已经在时代的时光之河里发出铿锵声响。“爱山东”正在赋能经济社会发展中扮演越来越重要的角色，也在助推人民美好智慧生活中成为重要一环。

三、数字变革转型升级 智慧服务提质增效

数据的互联互通形成了四通八达的“数字高速公路网”，随着数字化改革在民生服务领域的深入，山东省的治理体系和治理能力日渐“智”治有方，服务水平和服务能力正不断完善。在持续深化“放管服”改革、推动智能化政务服务提档升级、着力建设高质量服务型政府方面，“爱山东”屡出“奇招”，“数据多跑路、群众少跑腿”日渐落地成为现实。

“前几天寄快递忘了拿身份证，还以为又得跑回家拿，没想到快递员告诉我可以使用手机里的电子身份证，一扫就行了，真是方便！”市民王女士切实体会到了“爱山东”带来的便利。当她准备为家里的亲人寄一些礼品时，在快递员的帮助下通过“爱山东”出示了电子身份证顺利完成邮寄。回到家后，王女士又仔细研究了一下，发现“爱山东”除了电子身份证，还有医保社保卡、居住证、结婚证、营业执照等上百种电子证照！

从黄海之滨到鲁西、从黄河入海口到鲁南。在山东，手机“亮证”办事已成为日常，“一部手机，畅行齐鲁”逐步成为可能。老百姓的生活方式正经历数字化变革，一些原本习以为常的生活场景，在数字化进程的推进下将迎来新生。

“爱山东”围绕个人和企业全生命周期，全面推行个人证照证明和企业证照证明的电子化应用，并不断拓展电子证照证明的应用范围，将其延伸到交通、文旅等多个领域。例如，当游客游览泰山风景区，通过“爱山东”扫描“景区码”即可实现实名制买票、检票，让广大游客真真切切地享受到了“免证”游览带来的便利。行走齐鲁大地，眺望智慧政务服务建设的轨迹，触摸到的是“爱山东”持续发力而跳动的“脉搏”。以“爱山东”为载体，从个人到企业，从生活服务到业务办理，电子证照的身影随处可见，无时无刻不在给人们提供便利。全省电子身份证已实现 400 余项政务服务和社会服务的场景应用，日均服务 20 余万人次，1370 多万户市场主体全部生成电子营业执照，已接入 204 个涉企业务系统。如今，这些数字还在持续增加之中……

三年多的踔厉进取，三年多的砥砺奋进，“爱山东”为群众办实事，为企业解难题的初心从未改变。据统计，“爱山东”已接入人社、公安、市场监管等40余个省级部门单位的服务应用，涉及医保社保、驾管营运、公共信用、准营准办等直接面向公众服务的28个领域。服务没有终点，只有连续不断的新起点。未来，“爱山东”将继续探索惠企利民的新路径，创造更多走在前的智慧政务服务新模式，为建设新时代社会主义现代化强省贡献力量。

掌上政务支撑数字政府服务体系建设的实践之路

智政院原创

数字政府的加速建设和服务治理的深度应用，都需借助移动信息技术，掌上政务则是推进政府治理创新、行政效能提升的主要渠道。本文通过厘清数字政府与掌上政务的关系、剖析移动政务服务当前的不足和成因，结合实践经验提出相应的解决对策。

《数字中国发展报告（2020 年）》指出，数字政府建设成为推进国家治理体系和治理能力现代化的有效手段，“掌上办”“指尖办”成为政务服务标配，政务服务持续深化向“掌上”延伸成为打造服务型政府的有力手段。截至 2021 年 11 月，28 家部委近四成建设政务服务 App，31 家省级政府建设政务 App，各部门、各地方广泛建设、创新实践的同时，亦发现安全、应用、运维等诸多要素的痛点。

国务院办公厅于同月印发《全国一体化政务服务平台移动端建设指南》（国办函〔2021〕105 号），明确以国家政务服务平台移动端为全国移动政务服务总枢纽，搭建架构清晰、统分结合的全国移动政务服务体系，推动移动政务服务应用的统筹整合和集约化管理，奠定同步接入、同源发布、同质服务的坚实基础。

一、数字政府推动政务服务移动化

（一）数字政府是提升综合治理能力的战略抉择

数字治理注重在政府管理中运用信息技术及信息系统，符合行政管理改革和政府职能转变需求。推进移动互联网与政务服务融合有助于政府治理水平和服务能力“双提升”。

（二）数字政府是推进服务体系跃升的基石

20 世纪末 21 世纪初，基于信息技术冲击各行业导致公众主体意识的增强提出了“服务型政府”的改变。在我国，政府高度重视并推动职能转变，体现了现代政府为人民服务的宗旨。因此，依据公众使用习惯，加强政务服务移动端建设至关重要。

（三）数字政府是移动政务发展的驱动力

数字政府开辟了政府治理新思路，在实践中摸索符合不同群体需求的治理标准。移动政务依托信息技术实现向用户提供服务，突破了电子政务发展的各项短板，推进电子政务向纵深发展，是建设好服务型政府的必由之路。

二、移动政务服务“六位一体”思维

（一）理念是基础

政府有效履职才能达到管理和服务公众的目的。从整体政府理念出发，需推动技术、业务和数据的多方融合，实现跨层级、跨地域、跨系统等多方协同管理和服务。从合作共创理念出发，通过政府、企业、第三方组织等共同创造，发挥各自的优势，形成多主体共同参与的建设模式，以此提升政务服务能力和数字政府治理水平。

（二）行为是导向

运用现代信息技术对传统政府管理流程进行重构。一是用户思维，以用户为中心，以需求为导向，根据用户行为习惯设计和优化政府管理和服务；二是成效思维，移动端建设成效要由多方的实践来检验。

（三）业务是资源

数字政府背景下的政务服务移动端建设，通过两方面的推动，迎来了更迅速的发展。一方面，政策引导为更多政务服务“掌上办”提供可能性；另一方面，基于一体化的政务服务、监管、协同办公平台，串联政府各个部门的职能。对内推动“一网联通”，对外推动“一网通管”“一网通办”。

（四）技术是支撑

数字政府建设是运用现代信息技术对政府决策和运行的优化重构。一是强化平台运行管理，通过集约化方式构建运行管理模式，输送服务通达、实现精准社会治理；二是加强统一公共支撑体系，为上层应用提供支撑保障；三是加固安全防护体系，形成数字政府安全体系，实现全防御。

（五）数据是资产

数字政府需要通过资产化运营管理，实现数据聚合、存储、共享、应用，使大数据服务于政府决策、服务于群众办事、服务于政府治理。

（六）制度是保障

制度是根本性保障。一是体制机制，明确领导角色和推进力量；二是标准规范，对业务、技术、数据等方面建立统一标准；三是法规体系，为数字政府建设保驾护航。

三、移动政务服务发展中不足之处

（一）统筹有余，规划不足

为积极响应国家政策，各级政府和相关部门建设推出政务服务 App，但由于缺乏整体部署和规范，导致建设运营缺乏顶层设计、管理实施缺乏统一标准、整体发展水平参差不齐等问题，没有完全落实国家相关政策的规划，各自为政加大了整合难度。

（二）广度有余，深度不足

当前政务服务移动端内容建设呈两极化。一种是普遍涵盖政务服务网的所有内容，可以视为将 PC 端平移至移动端，导致提供服务链接错误、访问无效等不适配问题；另一种是与小程序等同建设，忽略了小程序相较移动端体积小、缓存小、无法承载过多内容的弊端，没有将移动端的优势真正发挥出来。

（三）资源有余，延展不足

政府部门虽然掌握着独特资源，但是缺乏有效规划和利用，以及自身不具备部分功能需要借助第三方平台（如支付、数据库等）支撑。在功能定位上，许多政府部门视移动端为门户入口、宣传阵地，对其服务性功能和优势没有准确定位，以及忽略对用户的深层次需求分析。因数字化趋势的介入，知识、文化乃至价值观念的差异导致老年“数字难民”越来越多，诸如此类问题都需进一步落实。

（四）应用有余，兼容不足

掌上政务建设发展过程中，不同地级政府部门可推出自己的移动政务应用，“各自为政”现象突出，公众办理业务的范围相对较窄，且需要能够快速定位所需办理业务，需要能够全面涵盖政务服务的载体。

（五）数据有余，共享不足

移动政务服务的数据挖掘、分析、应用、管理尚有欠缺，体现出入口严重分散、交互界面不友好、数据处理简单等问题，易造成用户使用意愿下降，信息孤岛也违背了国家要求达到跨级别、跨地域、跨部门的目标，因此更需要完善。

（六）开发有余，运营不足

目前，政务客户端数量众多，形式各样，但运营、维护以及部门之间的协调仍是难题。随着国办函〔2021〕105 号文的印发，政府需要改善移动政务服务的建设和创新实现有效供给，从重数量转向重质量，从重形式转向重内容，也需要建立考核评价制度，联动用户评价机制，定期评估、不定期抽检，通过设置运营维护、服务供给、用户体验、平台创新等硬指标发现问题、督促整改，重塑闭环的服务流程。

四、移动政务服务建设的实践经验

（一）小前端，精准化供给

1. 统一规范化建设管理夯实基础

政府信息公开是较早开始向移动互联网延伸的服务，通过移动渠道向社会公众公示信息、传播资讯、引导舆情，其后以简政放权将政务服务资源进一步网络化、移动化、数字化，发展至今渐成服务整合、集成开放的态势，建设基础在于实现对外口径一致、服务统一。

统一标准规范。制定移动端建设和接入标准，包含开发规范、页面规范、UI 控件规范、接入流程规范及开发调试工具等内容，保证新建服务应用的规范化开发和已建服务应用的标准化接入。

资源整合管理。将不同来源、不同标准、不同渠道的各类信息和应用进行聚合、转换，封装成统一标准、统一管理、统一展现的应用单元或服务接口，达到不同服务渠道均可调用、发布。

多端同源发布。按照统一标准对移动服务应用进行规范管理，服务资源一次开发、应用程序多端覆盖，即实现移动端、政务服务大厅、自助终端等多渠道同源发布，为一体化服务打牢基础。

2. 立足需求侧视角推出高频分区

自“放管服”的概念首次提出后，政府秉承“以人民为中心”的理念持续推进政务服务供给侧改革，移动政务应用的不断完善就是满足公众需求的过程，在保持政务服务内容多样性的同时，删除无用内容、整合碎片服务，使公众能够迅速定位所需业务，避免“迷路”。

重点领域专区。根据政府和部门办理频次较高的服务事项编制移动端政务服务高频事项清单，按照国家及地方标准对事项进行存储、分类及校验，对事项数据进行同步、监控及动态化更新。

便民服务矩阵。开发与企业群众的生活生产相关的服务应用，封装服务场景和业务流程，形成移动多端建设所需的各种基础公共组件，通过“开箱即用”等方式无感化即时更新服务。

3. 聚焦特殊群体拓展个性化服务

信息技术的高水平发展与公众需求相碰撞呈现出多样化趋势，移动政务不仅要为公众提供高效便捷的服务，还对政府根据服务对象的群体特征进行定制服务提出了更高的要求，因此针对具有同一特征并达到一定数量的服务对象需要有针对性地提供个性化服务。

适老化改造。一方面开发辅助模式，通过界面优化、语音辅助等上线大字版、语音版及导办服务。另一方面建立可信授权，通过面对面授权给亲属或工作人员，帮助老年人足不出户在线办事。

信息无障碍。按照国家标准和行业标准，开发大字模式和朗读模式，兼容读屏软件和助听工具，提供加配字幕和自定义手势，针对信息获取存在障碍的不同特殊人群提供完善的访问机制。

（二）中平台，一体化支撑

1. 中台体系赋能一体集约化建设

在电子政务快速发展的20多年过程中，政府不断创新实践建设了大量的业务系统，但随着系统迭代、产品增加形成了诸多“烟囱式”单体应用，亟须通过建设应用共享服务体系和基础设施赋能系统，从而提升各类场景下的业务整合、产品研发和数据运营的能力。

业务中台。即为业务支撑赋能平台，将独立部署的业务应用进行微服务化，以服务组件的形式部署构建整体生态，实现各业务应用间的资源共享、业务协同，避免重复建设和资源浪费。

数据中台。运用大数据、云计算等信息技术，对下沉的中台数据和第三方数据进行归集、存储、整合、分析、挖掘与展示等，打造数据应用的生产线，提升数据利用价值。

技术中台。作为底层技术支撑，解决服务认证、性能保障以及服务调用之间的关系，解决服务调用不成功等问题，分流和缓解服务压力，促进服务对接效率，保障大并发和高性能的支持。

2. 大数据分析支撑管理预判决策

在国家级战略的总体指导下，近年来产生了相当规模的数据存量，为使分散于各处、存储于各种不同介质的海量数据持续产生价值，需要对现有的多样化的数据进行提炼、分析与挖掘，从而为政府及企业的审计、决策与部署提供有力支撑。

一站式管理。首先建立从数据采集、指标建模、数据处理的全生命周期管理策略，其次通过对采集数据抽象化处理进行多维度的数据建模与分析，最后对海量呈规模化的数据实现秒级处理。

可视化呈现。针对设定的指标进行大数据处理后，按照既定的模型通过大屏进行可视化展现，为管理者提供实时动态数据展示与多维分析，为决策部署提供可靠的数据支撑。

3. 统一应用接入与整合构建生态

“互联网+政务服务”深入开展以来，涌现出大量依托政务服务各渠道和载体的便民服务平台，由于开发时间不同、技术标准不一、功能定位迥异，造成一定程度上的管理粗放、互相封闭，通过打造应用开放生态，可以实现服务集中管理与供给，促进资源集约共享。

应用标准化。基于统一标准，将不同部门、不同开发标准的应用和服务功能进行聚合、转换，形成统一管理、统一展现的服务接口与应用单元，实现集中管理、统一维护、即时启停。

全生命周期管理。对应用安全、兼容性、压力进行监测，同时进行多种维度的全方位统计分析以及对测试、审核、上下架等各阶段的管理，多层次、多角度构建应用审核与管理体系。

（三）大生态，多元化场景

1. 拓展移动化服务应用深度、广度

随着经济社会的持续进步发展，政府服务理念与形式也随着公众需求不断改进升级。一方面向更多政府办事机构扩展，另一方面形成“以用户为中心”的高效灵活的运行方式，整体面向所有的服务对象和事务延伸，从而使得政务服务环境总体不断优化。

集成式服务。以需求侧为导向，对事项按规范进行颗粒化梳理，将梳理后的颗粒要素进行情形计算，通过一个入口申报后向多系统分发的“前一后多”模式，实现一张清单告知、一张表单申报。

一链办理。根据服务事项的办理业务流程规划设计场景，对涉及的多种服务进行有机结合生成场景式服务，内部整合管理常用的常规轻应用便于复用，外部面向用户提供场景式服务。

无感通办。梳理优化服务事项，以“少填、少报、少跑、快办”为目标制定标准规范，对填写信息和提交材料进行简化，针对无法简化的情况，在办事过程中通过数据共享、网络核验等措施解决。

专属空间。基于用户空间系统，为企业群众建立专属空间的功能模块。用户在用户中心可查看空间内隐私数据、订阅办事服务数据变动的消息推送，以及根据空间数据自动向用户推荐相关应用。

2. 新型技术联动与线下服务协同

线上线下融合是互联网创新发展的方向，驱动着政务服务探索创新。运用新型技术

重塑政府运转流程，倒逼线上线下政务服务流程再造、数据共享和业务协同，完善制度向公众满意度评价体系保障服务质量，打造功能互补、有机衔接的一体化政务服务新模式。

评价反馈。建设全覆盖的一体化评价中心、“好差评”全流程闭环机制和实施保障机制，以办事体验为导向设计评价体系，对全部服务机构和线上线下服务渠道进行评价的统一汇聚、分析和管理。

区块链+。结合云计算、大数据构建基于区块链的可信平台，全面接入多种数字生态和场景服务应用，将业务常用数据、个人信息上链以及对数据留痕追溯，通过代数优化加密算法保障隐私安全。

扫码亮证。按照国家标准要求将业务审批系统接入电子证照系统完成注册登记管理，依托统一实名身份认证系统将互认电子证照接入移动办事平台进行信任传递，支撑授权用证、业务系统调用。

智能客服。基于知识库与自学习词库，通过自然语义识别技术，智能分析提取关键字，检索定位站群及知识库、词库的信息，快速匹配列举答案，通过智能计算能力和追踪用户行为推荐关联信息。

3. 融合第三方资源探索更多可能

移动政务服务推进需要与第三方能力有机结合，打造政府与企业的双轮驱动模式，将政府规划管理优势和企业技术创新优势进行积木式重组，形成“强强联合，聚力创新”的协同范式，构筑政企协同、管运分离的运行机制，合力破解复杂性、综合性的难题困境。

应用入驻。建立标准化的入驻流程，根据企业服务特性，建立接入申请、表单开发、能力调用、接口开发、服务开发、服务测试、服务上架、服务监控、服务推广流程，加快企业服务应用输出。

多端发布。政务服务资源与银行、邮政、电信、融媒体等行业领域跨界融合，进行标准化接入、管理和标准化输出及应用的统一授权管理和使用，实现一项服务完成后在各服务渠道、终端投放。

（四）强运营，智能化防控

1. 多形式宣传推广拓宽知晓程度

创建品牌进行系统化推广，从用户角度出发合理调配资源，充分发挥运营工具的能力，以高频事项为抓手，以群众喜闻乐见的方式，不定期组织开展活动，重点以推介服务的方式引导用户使用，用市场化手段拓展知名度和正面形象。

内容传播。传播内容导向正确、资讯实用，主题内容贴近民生、细腻真诚，适当进行情感营销。充分利用各渠道机会，合理规划推文主题，以固定、备选（机动）主题相结合的形式定期定时推送。

活动策划。以图文包装、直播、投票、内容/照片评选、H5 页面活动/游戏、线下路演等形式，结合公众号推文及各渠道进行推广。借力节假日、时下热点、顶尖平台进行联合推广、策划。

用户推送。通过用户自然属性生成画像，根据喜好特点、行为痕迹进行定向推广，选取共性大的业务、全民关注的热点进行覆盖推广，以及通过老带新方式引导忠实种子用户自发传播。

线下推广。除在官方平台自有渠道联合发声，以及借助新媒体、应用市场等渠道拓宽传播覆盖面，还可以在线下实体办事大厅张贴海报、宣传折页册以及联办活动进行宣传。

2. 长效化联合运营护航服务品质

加强运营保障工作可以确保移动端平台的稳定运行，与稳定可靠的高素质、高水平第三方团队合作可以实现长效管理。按照“制度化的方法”制定标准规范和运营机制，安排专业人员严格按照要求负责基础环境和日常运维巡检，及时发现问题、指导解决。

信息运维管理。施行信息同步接口运维管理，对信息同步接口实时进行可用性监控、稳定性监控以及安全性监控，保障信息同步接口能够安全、稳定，确保信息能够成功同步至移动端管理平台。

页面优化调整。从设计角度，根据业务、职能的调整及移动端迭代升级的需要，关注潮流趋势，对整体风格设计和美化进行可行性改进，对各类页面进行设计和优化调整。

服务运维管理。通过对应用可用性进行监控管理，及时发现失效应用，并提醒相关责任单位进行维护，保障应用的可用性。对应用访问行为进行分析和监控，捕捉热点服务应用，精准推送服务。

应用可用性监测。通过多种类型指标对应用进行监测，从多维度对运维情况进行监控，周期性出具可用性数据统计报表记录监测数据，针对故障应用及时发现并通知整改，建立应急处理机制。

3. 体验感分析研判保障升级创新

政务服务的发展基于用户使用习惯转向移动互联网，因此用户需求是移动政务服务建设的原动力，应聚焦服务对象的感受和体验，持续把脉用户体验感，服务方面升级质量增强用户获得感，产品方面把脉需求优化迭代，以能办好办、实用爱用留住用户。

能力评估促优。从政务服务的供给侧和需求侧两个维度，建立面向用户的评估指标体系，采集与监测服务数据并多维分析，诊断问题、有效整改、及时反馈，以评价考核推动服务质量升级。

用户行为分析。采集用户访问行为数据进行多维度科学分析，深入了解用户属性，挖掘真实需求，按照自然人、法人和其他社会组织划分，实现政务服务精准供给，为产品优化迭代提供数据支撑。

4. 实时监测预警全方位安全防控

由于政务服务应用及接口部分来源纷杂，相关应用、接口数量庞大，一旦缺乏长效监测和应急处理措施，会造成服务应用使用出现风险。通过对目标应用、接口提供持续高效监测，可以及时甄别检查指标项异常，实现全天候 24 小时自动监测。

系统监控。监控和管理系统运行状态，日常监控管理产生的运行状态事件和系统操作事件生成日志传递到相应管理岗位处理报警事故，通过轮询时间监测和机器人告警双重保障监测行为准确高效。

数据监控。根据监控实时采集数据处理过程中的各个监控点上的质量信息，执行数据监控流程，进行数据稽核诊断，直观展现检查结果，并及时向监控人员报告数据现状，协助追溯分析问题并予以解决。

可视化复盘。在异常情况处理完成后，对异常指标的智能分析，生成详尽的可视化监测图表与实时报告，详尽说明问题与定位，为有效推进政务服务平台移动端建设与发展提供现状分析与数据支撑。

2022 年移动政务服务平台运营发展报告

智政院原创

一、前言

随着移动互联网的迅猛发展和智能手机的全面普及，公众日益增长的信息服务需求推动着网上政务服务模式和渠道的变革，以微信、支付宝为载体的移动政务服务应用正成为移动互联网时代移动政务的新渠道。国务院办公厅先后印发《全国一体化政务服务平台移动端建设指南》《关于加快推进政务服务标准化规范化便利化的指导意见》等相关文件对政务服务移动端进行部署，各个省份为适应时代趋势以及落实文件工作要求，争先探索掌上政务服务，将移动政务服务作为提升服务水平和效能的重要载体，积极推进高频服务事项向移动端延伸，推动更多政务服务事项“掌上办”。

各地以“掌上办事”为指引，按照国家要求积极部署，推动移动政务持续健康发展。通过平台建设拓展移动政务服务应用场景，依托前沿技术促进政务服务水平提升，基于线上线下一体化服务体系完善，推进线上线下融合发展。推进“跨层级、跨地域、跨系统”协同。

针对各地 2022 年 1～10 月移动政务服务平台运营发展情况进行追踪，从数据增长情况、政策热点、服务拓展广度及深度、创新性举措等多个方面展开分析，综合研讨全国移动政务发展趋势。

二、2022 年移动政务服务平台运营情况分析

（一）1 月运营情况分析：“北京通”新版上线、惠企服务、创新信用体系

（1）从数据层面来看，以江西“赣服通”、上海“随申办”、江苏“苏服办”为主

要分析案例。临近春节，江西处于务工人员返乡高峰，“赣服通”用户新增情况突出，环比超过100%；上海“随申办”访问量环比增长13%，平均日活增长10%，整体增长情况稳定；江苏“苏服办”整体访问量较上月则有所下降。

（2）从政策层面来看，当月国务院发布《关于印发“十四五”数字经济发展规划的通知》，重点提出数字赋能，助力数字营商环境更加优化，电子政务服务水平进一步提升，网络化、数字化、智慧化的利企便民服务体系不断完善，数字鸿沟加速弥合，强调持续提升公共服务数字化水平。

（3）在行业动态方面，北京“北京通”3.8版本正式上线，对现有搜索功能进行优化拓展，新增“推荐服务”“历史搜索”功能，支持模糊、拼音、同义词等搜索，搜索结果会以服务、事项、消息、指南等分类展现。打造市民卡体系，汇聚了身份证、社保卡、居住证、出生医学证明等各类电子证照，市民可在手机一键关联电子证照并展示使用，3.8版本电子证照功能已全面升级，以电子居住证为例，新增居住证逾期未签注和逾期6个月需重新申领提示功能，解决由于卡证到期引起的生活、办事不便等问题。

（4）从服务拓展情况来看，一是江苏“苏服办”本月上线惠企政策集成化、标准化的服务平台“苏企通”，集成政策汇聚、查询、推送、解答等功能，围绕企业全生命周期，实现企业开办全程网上办理。二是浙江“浙里办”在“一事通办”服务、适老化改造、基层服务、乡村振兴等四个方面加强部署：推出“退休一件事”联办2.0版，改革前在浙江办理退休需要跑路多达11次、提交材料多达38份、办成事最多达145天，改革后最多只需要提交13份材料，最多在30天内就能办成事，除了视同缴费年限核定和合同制工龄认定的两种情况外，其他情形均可全流程在线办理。完成主页及老年版适老化改造，首页可以直接点击长辈版切换至老年版，长辈版提供1000余项大字版便民服务，上线“代办联系人管理”功能，支持添加父母、子女、其他亲属、非亲属人员作为被代办人，可为其办理老年人优待证、城乡居民参保登记、转移接续手续办理等近200项政务服务。部署线下网点，通过政银合作方式，在舟山、丽水两地借助浙江农信系统网点遍布全省的优势培训农信人员，提供优质的政务服务，试点地区所有村（岛）根据人口结构、办事需求等划分成政务服务网点空白、薄弱、提升三类，在空白区，农信人员携政务平板电脑上门服务，实现服务向山区海岛延伸，进一步扩大基层服务覆盖面。推出“浙里乡伴”专区，梳理二十四节气村、历史文化重点村、农业文化遗产地等信息，与农产品展销、乡村休闲游、研学教育等结合，从美食、美景、文化、活动等多方位地为用户展示乡村特色亮点，助力乡村振兴。

（5）在创新举措方面，北京“北京通”上线地铁信易行，打造了基于用户信用体系的安检新模式。实名制乘客进站前仅需打开北京通 App，出示地铁信易行服务-开通成功的界面，即可直接快速进站，与普通安检通道相比，专用通道几乎不用排队，高峰时段可以节省两分钟左右安检等候时间。

（二）2 月运营情况分析：乡村振兴、适老化改造、一码多用

（1）从数据层面来看，2 月新年假期，各地人流量逐渐稳定，新增及访问整体增长情况也渐趋平稳，江苏“苏服办”、上海“随申办”等平台在本月用户访问及活跃数据环比上月波动均在 10%以内，江西“赣服通”因 1 月返工潮影响用户激增，2 月呈现回调。各地热门服务中，健康码访问仍占较大比重，其次是社保、公积金等高频服务。因临近开学，教育缴费类服务访问占比略有提升。

（2）从政策层面来看，一是 2 月 22 日中共中央、国务院发布《中共中央、国务院关于做好 2022 年全面推进乡村振兴重点工作的意见》，提出：大力推进数字乡村建设，推进智慧农业发展，以数字技术赋能乡村公共服务，推动“互联网+政务服务”向乡村延伸覆盖。持续推进农村一、二、三产业融合发展，推进电子商务进乡村，促进农副产品直播带货规范健康发展。目前“皖事通”、“浙里办”、江苏政务服务均已上线相关专区，一是围绕乡村美景、特产、风俗文化等进行展示推荐，带动乡村旅游、农产品推广等，二是助力乡村发展，政府背书提供融资担保，并提供各类农村补贴申请入口、农情咨询等。

二是 2 月 21 日国务院布印发《“十四五”国家老龄事业发展和养老服务体系规划》，提出：建设兼顾老年人需求的智慧社会。完善传统服务保障措施，对医疗、社保、民政、生活缴费等高频服务事项，设置必要的线下办事渠道并向基层延伸。加强身份证信息归集和数据互联互通，在更多领域推广“一证通行”。推进智能化服务适应老年人需求，持续推进互联网网站、移动互联网应用适老化改造，优化界面交互、内容朗读、操作提示、语音辅助等功能，鼓励企业提供相关应用的“关怀模式”“长辈模式”；支持终端设备制造商、应用产品提供商、养老服务机构联动，促进上下游功能衔接。

目前各地政务服务平台均已进行适老化改造，支持长者模式并提供老年群体常用服务。如“浙里办”推出了以社区为单位的养老相关服务，提供上门服务，针对空巢老人提供健康监控、居家智慧监护等，并支持 200 余项政务服务帮办代办。

（3）从服务拓展情况来看，聚焦各地在乡村振兴服务方面的探索，“浙里办”结合浙江农业特点，围绕传统农业、林业、渔业和畜牧业建设“农林渔牧”栏目，提供覆盖广、服务深的乡村服务。除“浙里乡伴”外还推出“浙里担”，由政府背书，为浙江

农业主体提供融资担保，为农业发展乡村振兴提供助力。安徽“皖事通”推出“三农服务专区”，提供农机购置补贴申领和农情咨询服务，符合条件的个人或组织可以根据要求申请农机购置补贴；农户可以查看官方发布的各类农情信息，为农作物病虫防治提供专业指导。

（4）在创新举措方面，各地都在“一码多用”方向进行多维度探索。如广东“粤省事”将生活中的图书借阅、校园卡、免证办理等场景身份验证功能融合在“粤省事”码中，在文旅应用方面创新推出革命英烈在线祭扫、互动留言等功能。

（三）3月运营情况分析：“帮代办”服务、用户专属空间

（1）从数据层面来看，3月受疫情影响，各地陆续展开大范围核酸检测，访问量大幅上升，江苏和上海3月因外来人口输入较多，江苏“苏服办”、上海“随申办”新增用户环比增长超过20%，访问量环比增长超过70%，平均日活环比超过45%。江西用户新增情况基本持平，用户访问频次增长较为明显，整体访问量环比增长50%，主要为疫情相关服务及缴费类服务。

（2）从政策层面来看，2022年3月1日国务院印发《关于加快推进政务服务标准化规范化便利化的指导意见》，主要从规范线上线下服务，推进“一事通办”“免证办”及更多应用场景，提升智慧化、精准化、个性化服务水平这几个方面提出具体意见。

（3）从服务拓展情况来看，江西“赣服通”增设“电子材料空间”功能板块，提供材料上传、材料管理、材料调用等服务。用户可以通过手动上传证照、证明、证书等图片材料，材料支持png、jpg、pdf等常规格式，满足企业群众不同存储需求，提供大容量政务办事材料云存储空间。同时，对接各部门办件结果材料，用户在办件结束后的办结电子材料将自动同步至用户专属电子材料库中，支持用户在平台办事过程中需要上传办事材料的情况下，直接在本地材料库中选取相应的材料附件进行事项申请，进一步提升企业群众办事体验。

（4）在创新举措方面，本月主要关注各地“帮代办”服务模式的探索。一是广东“粤省事”接入了志愿者平台，为热爱志愿服务人群提供志愿活动查询、报名，活动扫码计时、服务记录查询、志愿者组织/团体查找等一条龙服务，为线上线下融合的帮办代办体系建立打好了基础。通过核验帮办人的身份信息即可帮助残疾人办理相关的证件业务及补贴申请，为弱势群体提供人性化服务改造。

二是江西“赣服通”针对老幼、年群体需用到的高频服务开发了亲友帮办代办功能，例如幼年用户需要用到的教育缴费服务；老年用户需要用到的高龄津贴申请、养老

认证、社保缴费等服务；用户只需要平台核验亲属相关信息即可在平台为亲友完成相关的服务办理；在满足大部分正常用户的同时，“赣服通”也解决了线上办事困难人群的使用问题。建设“帮办代办”专区，创新推出远程视频帮办代办模式，用户可以在“赣服通”进入帮办专区选择远程指导办，选择空闲客服发起语音或视频请求，对应帮办人员在平板上与用户进行视频交互，指导用户进行材料填写及申请，方便企业群众办事。

三是浙江“浙里办”宁波分厅提供一键上门帮办服务，按个人和企业分类，其中个人部分按照部门细分，用户可以根据需求选择帮办项目，填写预约上门时间或其他要求，提交后等待上门帮办，操作简单方便，适合老年人或者办事不方便的用户。

四是贵州“多彩宝”上线“企业代办”服务，企业用户通过“多彩宝”App 即可线上预约经营许可证新办、变更、延期等事项代办服务，从预约下单、上门服务、资料提交到证件领取，实现“一次都不跑”。

（四）4 月运营情况分析：一屏多码、一码多用

（1）从数据层面来看，各地用户新增及访问情况较上月有所回落，江西“赣服通”、上海“随申办”新增用户环比下降达 20%以上。广西政务近期开始加快建设，平台处于高速成长期，用户增长较快，增长率达 35%。健康码等疫情相关服务的访问量仍占据整体访问量的 50%以上，社保、公积金等常用高频服务访问热度有一定回升。

（2）从政策层面来看，3 月 25 日，国务院印发《国务院关于落实〈政府工作报告〉重点工作分工的意见》，主要提出以下几点内容：

一是稳市场主体保就业、激发市场活力。聚焦推进高标准市场体系建设，扩大市场准入，提升融资便利度，推进涉企信用信息整合共享，规范中介，提升双创平台服务能力；推动政务数据共享，进一步压减各类证明事项，扩大“跨省通办”范围，电子证照互通互认，高频事项异地办理；推进居民身份证电子化，实现扫码办理；推进政务服务事项集成化办理，推进便民服务等。

二是创新驱动发展，促进数字中国建设。发展数字乡村，促进乡村振兴，加强劳务协作、职业技能培训，加强农村金融服务，加快发展乡村产业，深入开展文明村镇建设。

三是保障和改善民生。重点关注提高医疗卫生服务能力，完善跨省异地就医结算；加快构建居家社区养老服务体系，发展普惠托育服务；推进公共文化数字化建设，支持文化产业发展；创新和完善基层社会治理，强化社区服务功能；健全社会信用体系。

（3）在创新性举措方面，本月聚焦各地健康码一屏集成方向的优化。江苏“苏康码”实现“一码多屏”。

江西“赣通码”同样升级“多码一屏”，在页面设计上下足功夫，如数据大字版、绿色盾牌提醒，用户体验更近一步。

海南“海易码”集成消费、办事、亮证等多项功能，除支持基本的健康打卡、抵琼登记等防疫相关服务外，完成离岛免税的补购场景对接，支持海南多个免税店的线下消费，升级线下购物的新体验；支持身份证、居民户口簿、驾驶证掌上亮证、一键授，同时，打通医保电子凭证系统，扫码就能看病买药；支持在线下办事时，窗口办事人员可以扫码获取本人信息，减少填写表单，提高办事效率，并支持个人用户绑定企业信息，帮助企业用户完成办事。

（五）5月运营情况分析：扶贫助困、服务“掌上办”

（1）从数据层面来看，5月劳动节假期，各地用户访问和新增上情况有所差异。江苏省“苏服办”用户访问量和新增数量呈下降趋势，环比下降10%左右；江西“赣服通”用户访问量则有小幅上升，新增用户环比增长25%。

（2）从政策层面来看，5月13日国务院办公厅发布《国务院办公厅关于进一步做好高校毕业生等青年就业创业工作的通知》，主要提出多渠道开发就业岗位、强化不断线就业服务、简化优化求职就业手续、着力加强青年就业帮扶等。其中，在开发就业岗位方面，可重点拓展人才技能培训、人才补助、就业创业补贴等服务；在强化就业服务方面，可重点关注就业招聘相关服务，依托政务平台推进人才资源归集，为人才及企业搭建桥梁，打通供需链，同时提供相关的法律援助服务；在优化求职就业手续方面，依托政务服务平台推进落户相关服务、异地通办服务、入职所需相关服务网上办理；在加强青年就业帮扶方面，重点拓展失业登记、扶持政策推送等服务。

（3）从服务拓展情况来看，针对疫情期间因为封闭管理、停工停产等导致部分群众生活出现困难的情况，浙江“浙里办”上线“浙里救”，如遇到家庭基本生活发生困难等情况，可在线发起掌上救助申请，不用去乡镇（街道）书面提出，也不用请社区（村）代办申请，享受一步到位的优质服务。

（4）在创新性举措方面，一是江西“赣服通”结合政务服务与“低碳环保”热点上线低碳生活专题活动，用户在日常生活各个场景的低碳行为可产生碳积分，通过碳积分可兑换各类的优惠权益。通过探索全民参与的碳普惠应用场景，凝聚上下共识，发动广泛参与，助推形成人人碳普惠的低碳生活新风尚。

二是安徽医科大学附属安庆第一人民医院在安徽“皖事通”上线云胶片服务，患者可通过扫描检查报告单上的二维码在手机微信上查看报告和云胶片，既减少了排队等候时间，也有效减少交叉感染的风险，同时也为患者带来更多的便利，真正让市民拥有自己的一手健康档案，更加方便会诊和定期随访。芜湖打造“社保云课堂”，以图文直播的形式详细介绍职工养老保险待遇资格认证，指导用户使用“皖事通”App进行职工养老保险待遇资格认证的操作方法。直播现场除主持人互动答疑外，人社局工作人员还通过留言板现场互动交流，为用户答疑解惑，并就“皖事通”操作中的相关高频问题进行讲解，切实让群众体验到政务服务事项“掌上办”的便利。

三是“爱山东”上线场所码“代扫登记”，针对使用手机困难的群体，场所管理员可以通过扫描通行人员的二维码，管理员手机端可显示人员健康码信息，方便没有智能手机的群体完成出行登记。

（六）6月运营情况分析：“粤省事”App上线、青少年服务、稳市场主体保就业、健康码功能拓展

（1）从数据层面来看，6月受中高考成绩查询热点影响，各地新增用户上涨，环比上月平均上涨20%，但该服务非日常高频类服务，与疫情类服务使用频次降低的情况对冲后，各地整体访问量仍环比下降20%左右。上海本月进入复工复产阶段，因复工防疫要求，用户访问随申办、随申码次数频率增高，月度数据与5月份相比全面增长，新增及访问环比分别增长30%及54%。

（2）从政策层面来看，6月23日国务院发布《国务院关于加强数字政府建设的指导意见》，主要提出构建协同高效的政府数字化履职能力体系、构建数字政府全方位安全保障体系、构建科学规范的数字政府建设制度规则体系、构建开放共享的数据资源体系、构建智能集约的平台支撑体系、以数字政府建设全面引领驱动数字化发展等。在构建协同高效的政府数字化履职能力体系方面，可重点关注推动数字化治理模式创新，利企便民服务优化，行政管理和服务方式创新，政府履职效能提升。可聚焦各地数字化改革，如“浙里办”数字化改革，聚焦数据治理，全面提升社会事业领域数字化能力，拓展数字社会多场景应用，持续迭代提升未来社区智慧服务应用。

（3）在行业动态方面，5月13日，广东“粤省事”App已正式上线。在现有微信小程序的基础上打造出App并与小程序并行，实现渠道和能力优势互补，满足用户多元化需求。

（4）在服务拓展方面，一是广东“粤省事”推出政企共建“粤贸全国”线上专区，

汇聚广东省内100余家精选品牌，以最优的价格提供给消费者，助力广东优质产品走向全国，有力提升消费者的获得感和幸福感，提升企业用户获得感。

二是“浙里办”与“粤省事”纷纷在本月围绕青少年成长推出相关专区，“浙里办”上线“浙里青年”服务，提供各式各样的志愿活动及线上课程，围绕助困、助学、助医、助急等内容，在线发布公益项目，提供一站式交友服务，打造值班专家、我要咨询、案例分析、新闻集锦、维权先锋、优秀组织等模块，为青少年提供心理咨询、法律咨询等服务。“粤省事”打造青少年专区，围绕青少年成长全周期设计为青年朋友提供政策查询、就业创业、青少年求助、志愿服务等内容，为创业青年们提供全方位精准帮扶，除了帮助创业青年报名参加各类活动，寻找合适的创业导师、投资机构与办公场所等，也向大学生和创业者开放相关单位的实习及见习岗位的在线申请。

三是江西“赣服通”上线全省统一的惠企综合平台“惠企通”，“惠企通”服务平台开启了政策梳理、发布公示、解读咨询、匹配推送、申报兑现、评价监管“六位一体”惠企政策全流程闭环管理模式，构建了全省“线上一网、线下一窗”惠企政策简便快捷兑现服务体系，为企业提供一站式惠企服务。企业进入“惠企通”服务平台可随时随地查询政策，支持政策与现金申报智能匹配，实现政策直达企业、一网兑付、一站查询。

四是“i深圳”上线求职用工专区，面向求职者及企业主提供服务，求职者板块为应届毕业生、在职人员提供了深圳招聘专场、公共就业中心等多个公益招聘专题，帮助大家找工作。与此同时，还为广大来深求职者打通了毕业生接收、在职人才引进、入职健康、毕业生户籍迁入、居住证申领、公租房申请、社保与公积金等全链路服务，一站式掌上即办，让求职者充分感受到在深工作和生活的顺畅与便利。企业主板块汇聚了一系列“助企纾困”惠企政策以及职工参保登记、自主创业补贴、技能竞赛资助、特殊津贴申请等企业服务，通过各类企业帮扶手段，助力企业恢复正常的生产经营。

五是“浙里办”为在浙台胞台企专属打造了“一站式”惠台政策办理数字服务平台——“浙里台融”，提供“我要政策”“我要资讯”“我要办事”三个功能模块，让台胞台企享受“一窗可知”特色资讯，高频事项“一网通办”。

（5）在创新举措方面，广东“粤省事”对健康码进行深度挖掘，不仅上线语音播报功能，还推出了“团体码”。

（七）7月运营情况分析：“爱山东”3.0版发布、个人空间、积分体系、部门专区、健康码功能拓展数据互联

（1）从数据层面来看，7月各地整体数据趋于稳定。随申码小程序与随申办小程序

进行了合并，新增用户大幅增长，环比增长70%。广西政务服务对公积金查询等高频服务进行优化，上线公积金预约及高考录取查询等热门服务，访问量呈爆发式增长，环比增长106%。

（2）在行业动态方面，本月“爱山东”3.0版正式上线，打造全新功能“数字空间”，打破数据壁垒，实现医疗保险、养老保险、公积金的聚合，一次授权全省通查。个人信息实时更新，打开“爱山东”就能直接查看医疗保险、养老保险、住房公积金等相关信息，省略查询步骤。

推出积分商城体系，用户可在积分商城内通过完成任务获取积分，如注册账号、每日签到、使用健康码、分享朋友圈等，还可以查看积分明细及个人积分的全省排名，通过积分运营活动充分提升用户的参与感与获得感。

增设“鲁小智”客服，推出“鲁小智”卡通形象，提供7×24小时自动化客户咨询服务、人工客服转接、问题应用一键跳转咨询、语音识别输入的智能互动问答服务。

（3）从服务拓展情况来看，一是“赣服通”联合消防救援总队推出消防专区，全面实现消防安全许可“掌上办”、消防安全承诺“在线签”、消防安全知识“指尖学”、电子证照“随身带”、消防服务“随时评”。专区将全省各级消防救援机构分散建设消防安全许可线上办理渠道集中整合，企事业单位可“掌上办理”消防安全许可；开辟消防安全承诺书线上签署通道，便于单位落实风险隐患“自知、自查、自改”公示承诺制度，现在全省已有4515家单位签署消防安全承诺书；提供消防安全常识自主学习板块，结合气候特点、季节变换和时下热点提供风险提示、自救常识、火灾扑救等消防安全知识，用户可随时点击、自主学习。

二是江西进一步拓展健康码功能，融合交通出行一屏展现。此外，针对老年群体和未成年群体，“赣通码”还提供代领功能，代领页面支持纸质打印、查询疫苗接种记录等。

三是“爱山东”上线“就诊一件事”，涵盖全省5家省级三甲医院及28家市级三甲医院，整合了预约挂号、预约记录查询、门诊费用、门诊报告、住院报告、住院费用等11项常用模块，向市民群众提供便捷的线上挂号、缴费等就诊相关服务。

（4）在创新举措方面，“安康码”通过与长三角核酸数据共享平台对接，在长三角区域流动的人员，可以直接使用三省一市的任何健康码，一键查询长三角区域核酸检测报告，进一步方便三省一市人员来往交流。

（八）8月运营情况分析：核酸结果互认、快速亮码、体育健身、“一件事”建设、数字人民币、积分体系

（1）从数据层面来看，本月因临近开学，缴费类服务访问有明显上涨，如江苏“苏服办”本月缴费类服务访问占比达20%以上。各地数据仍受疫情类服务影响较大，江西本月省内疫情加重，本地开展多轮核酸检测，用户新增及访问环比增长45%及55%，平均日活环比增长43%。

（2）从服务拓展情况来看，一是江西“赣服通”上饶分厅上线“就学一件事”，围绕每年入学方案科学合理设置程序，整合了户籍、住房等相关信息，把入学条件和所需要的证明材料在“赣服通”一次性告知，避免了因家长不了解入学政策而造成的“跑多趟”“多趟跑”问题，从原来扎堆排队到足不出户“网上办”“掌上办”“指尖办”，切实减轻了家长负担。通过与市、区大数据管理部门积极对接打破了原有部门之间的数据壁垒，实现由“所有材料申请人提供”优化为“系统后台自动核验”，为学生和家长们提供更加高效的入学报名绿色通道，有效解决了人工审核效率低下的问题，全面实现入学报名“秒办结”，新生报名3分钟内可办完，并通过大数据自动比对，从源头上杜绝了入学材料造假的可能。

二是由浙江省发展改革委牵头、多部门共同指导、省发展规划研究院负责建设的浙里生态产品价值转化重大应用的子场景“两山云交易”在“浙里办”上线，“两山云交易”是与建立健全生态产品价值实现机制重大改革相配套的服务，主要服务于农户、村集体经济组织、企业、乡镇、地方“两山合作社”等多方群体，帮助闲置低效分散的生态资源资产进行流转、整合、开发、经营、管理，促进供需精准对接。该应用面向政府、企业、公众三方在生态资源资产经营开发等方面的需求，通过建设“资源供给市场”“资源需求市场”“登记资源”“发布需求”等功能模块，助力打造政府引导、市场参与、生态富民惠民的“两山转化”新路径。

此外，“浙里办”全新上线“浙里健身”服务，该服务聚焦体育领域健身高频需求，围绕百姓去哪里健身、如何科学健身等关键小事，不仅满足人们户外运动、场馆健身的日常需求，还提供体质测试预约、教练指导等专业服务，同时还可以满足用户在服务内申请相关事项办理的需求等。同时针对老年群体增设了“老年体育服务”与“10分钟健身圈”两项服务，将“体有所健”的理念进一步落实在关注老年人的运动情况、满足人们高效健身的运动需求中。

（3）在创新性举措方面，一是上海“随申办”上线全国核酸关联互认服务，用户

可以查询外省市核酸检测结果并关联至上海随申码，在外出差、游玩时进行的核酸检测也可以在上海随申码上及时更新核酸天数，不影响进返沪出行，实现全国数据“核酸结果互认”。

二是“皖事通”健康码再升级，实现三码合一、快速亮码。这时已完成购票码、电子身份证信息、“安康码”三码合一，游客购票后，在景区入园时只需展示安康码验票，即可实现1秒钟入园。游客不管是扫健康码、扫门票二维码还是刷身份证，都可以实现上述三码的同步确认，无需重复扫码，实现无感快速进入景区，既减少了检票口核验双码的工作量，又有效降低了高峰时期检票口人员聚集的风险，为游客进入景区提供了便利。而快速亮码功能支持用户在手机桌面长按“皖事通”App图标，选择快速打开“扫一扫”或快速出示“安康码”，即可快速打开相应功能，扫码亮码一步实现。“爱山东”“粤省事”“i深圳”本月也同步上线了“一键亮码”功能。

三是“粤省事”推出“粤省事码”，打造个人服务二维码，实现“一码通行”。同时，“粤省事”上线了个人数字空间，采用全新个人授权用数模式，使用过程中将生成“数据资产凭证”，在用户的“个人数字空间”即可查询数据使用详情，全过程留痕且可追溯。

另外，粤省事App品牌与省内多家银行联合，打造数字人民币专区，包含数字人民币钱包开通指引、使用指引、付款码、热门活动等多项内容。

四是“i深圳”打造积分体系，全新推出“小i分”，用户可通过常用服务及出行步数等完成任务获得积分，引入签到打卡形式，提升用户活跃，强化用户使用心智，促进平台从刚需App向常用型App转型。

（九）9月运营情况分析：涉企服务、人才服务、低碳生活、便民生活圈、智慧助老

（1）从数据层面来看，9月各地核酸检测类服务访问频率有所下降，常态化防控阶段中场所码等服务数据有一定提升。各地整体用户新增及访问数据波动不大，上海“随申办”近期持续线下场所码物料铺设，强化用户使用支付宝扫场所码的心智，本月新增环比增长16%。广西平台功能还在优化中，缺少宣传推广，平台数据增长缓慢，环比增长不足10%。

（2）从服务拓展情况来看，一是“浙里办”“浙里营商”板块改版上线，面向浙江省内所有市场主体，集成省、市、县三级涉企资源，通过营商知识库建设，政策精准匹配推送，政企之间诉求反馈闭环管理，为企业提供从开办、选址、融资、政策兑现等一

站式、全生命周期在线服务。其中，营商导航板块提供投资精准导航，为用户介绍十大标志性产业在全省的产业集聚区情况，可一键获取园区的重点产业、产业定位、投资环境、要素成本、周边配套、联系方式等；投资智能导航，按照区域、空间类型、行业分类、投资环境、要素成本等条件，自动为用户匹配适合投资的具体方向；全球浙商导航，特别提供海外侨团、国内商会、境外商务代表区、驻点招商机构、境外经贸合作区、山区26县浙商回归项目推荐等重要信息。“我要办事”板块提供近300项常用涉企办事事项线上办理入口，可根据“常用办事”“科技创新”“人力资源”等分类进行查询，为企业办事提供清晰指引，提升办事效率。

二是“苏服办”南京分厅公积金新增贷款业务、在线公积金还款、出境定居提取、微客服服务。页面底部还新增了微客服功能菜单，连接中心智能客服系统，通过对问题关键词组合、语义分析，形成智能判断，可为缴存职工提供7×24小时咨询解答服务。

三是“蒙速办”对接“蒙企通”综合服务平台，提供诉求/建议、反映问题、政策匹配、民营经济政策通晓卡、调查问卷、促进民营经济工作服务站、免费法律服务站等服务。

四是“闽政通”推出“士兵退役一件事”服务，为当年度依法退出现役在福建省由政府安排工作退役士兵，提供退役报到、待安置期间生活补助、恢复户口登记等3个联办服务事项；为当年度依法退出现役在福建省自主就业退役士兵提供退役报到、一次性经济补助申请、教育培训和就业创业需求调研、恢复户口登记、党组织关系转移接续登记（团组织关系第三方二维码扫码转接）、灵活就业医保或城乡居民医保参保登记、社会保障卡申领（现在仅开放福州市、漳州市、泉州市3个设区市社保卡业务线上申请）等7个联办服务事项。

五是“粤省事”推出“人才与就业”专题，提供三大板块功能：展翅计划、就业服务、人才服务，针对应届生、社会人士等不同群体提供人才服务。

（3）在创新性举措方面，一是浙江“浙里办”上线“浙江碳普惠”，该应用是浙江省双碳数智平台的重点应用，是围绕个人低碳需求设计的多跨应用场景，也是全国首个省级碳普惠应用。“浙江碳普惠”是一个倡导公众低碳生活的公益性平台，比如每天的公交、地铁出行以及寄取快递等行为都可以在服务中获得碳积分，利用这些碳积分可以兑换各种权益，通过这种方式引导群众积极、有趣地践行绿色低碳生活。

二是贵州“多彩宝”打造“一刻社区”便民生活圈，以“15分钟生活圈半径”为核心，向全省社区居民提供邻里中心、政务服务、物业服务及商业服务于一体的“一站式”综合服务。除社保、医保等常用服务外，可通过业主认证享受如小区开门、物业缴费、报事报修等业主服务，并依托多彩宝平台提供家务上门、家装设计、心理辅导、美食、车辆等各领域服务，围绕社区完善生活服务链条。

贵州聚焦老年群体的实际需求，打造了一款集离退休干部党建、老同志个性化服务、在线业务办公、数据资源适时共享为一体的App——“数字黔老”贵州省离退休工作服务管理平台，并在多彩宝App上线“数字黔老”专区，精准为老同志和工作者提供学习生活、医疗、缴费等多方面服务。

（十）10月运营情况分析：二十大、“一事通办”服务、“跨省通办”服务、地方补充性医疗保险

（1）从数据层面来看，10月国庆长假，部分地方疫情有扩散现象，如江苏部分城市出现散发疫情，要求乘坐公共交通、出入公共场所查验健康码、核酸证明，“苏服办”访问量激增，环比增长48%，平均日活环比增长24%。上海等地疫情较为平稳，疫情以外服务访问占比逐渐提高，整体用户新增及访问情况无较大波动。

（2）从政策层面来看，10月16日，中国共产党第二十次全国代表大会在北京人民大会堂开幕，习近平总书记在二十大报告中强调“着力解决人民群众急难愁盼问题，健全基本公共服务体系，提高公共服务水平”。

10月3日国务院办公厅发布《国务院办公厅关于加快推进“一件事一次办”打造政务服务升级版的指导意见》，要求加快推进企业及个人全生命周期相关政务服务事项“一件事一次办”，并发布了2022年版企业及个人政务服务“一件事一次办”事项基础清单。

10月5日国务院办公厅印发《关于扩大政务服务“跨省通办”范围进一步提升服务效能的意见》，提出聚焦异地办事难点堵点，统一服务标准、优化服务流程、创新服务方式，扩大“跨省通办”事项范围，提升“跨省通办”服务效能，加强“跨省通办”服务支撑的要求。

10月8日，国务院办公厅发布《全国一体化政务大数据体系建设指南》，强调深入推进政务数据共享开放和平台建设，整合构建标准统一、布局合理、管理协同、安全可靠的全国一体化政务大数据体系，加强数据汇聚融合、共享开放和开发利用，促进数据依法有序流动，充分发挥政务数据在提升政府履职能力、支撑数字政府建设以及推进国家治理体系和治理能力现代化中的重要作用。

（3）从服务拓展情况来看，一是安徽推出2022年全新升级的皖惠保，提高基础款和升级款2个版本，新增特药保障，提升赔付比例，提供家庭参保优待并拓展线上购药补贴服务。

三、2022 年移动政务服务平台运营情况总结

2022 年国家陆续发布《国务院关于加快推进政务服务标准化规范化便利化的指导意见》《全国一体化政务服务平台移动端建设指南》《国务院关于落实〈政府工作报告〉重点工作分工的意见》等文件，从提升政务服务个性化、智慧化水平，不断丰富移动政务服务应用场景，推进线上线下融合发展无差别受理等多方面作出了具体要求。如何让平台真正服务于群众，便利企业和群众办事，打造群众满意的政务服务平台，让群众“知道用、会用、喜欢用”是现阶段的重要任务。各地积极响应国家要求，陆续出台相关政策，从服务可用性、有用性、易用性、安全性等多维度对本地政务服务质量展开评估及优化，推动本地政务服务水平不断提升。

下一步，需要进一步规范移动政务服务运营，按照分层运营、分级运营的原则，根据各地移动政务平台建设情况进行精细化运营。发布本地化运营标准，根据国家及省级考核要求建立本地化数据运营体系，通过数据持续收集评估推动移动政务服务水平不断提升，同时推进各支撑平台的业务规划与平台升级。

建立多端一体化的运营体系，搭建数字化运营平台，以服务运营、内容运营、活动运营、渠道运营、数据运营、用户运营为抓手，持续优化平台建设工作与日常运营推广工作。对平台运营数据进行综合分析，多维度划分用户群体，构建面向业务的用户标签体系，洞察群体特征，完善用户画像，支撑全面赋能精准营销的业务行动，实现智能高效决策。

以用户为中心，常态化开展拉新、促活、转化系列运营工作，让更多用户参与平台建设，不断提升人民群众的参与感、获得感和满意感，推动政务服务向需求导向转变。